Montserrat Cunillera/Hildegard Resinger (eds.)
Implicación emocional y oralidad en la traducción literaria

Hartwig Kalverkämper / Larisa Schippel (Hg.)
TRANSÜD.
Arbeiten zur Theorie und Praxis des Übersetzens und Dolmetschens
Band 36

Montserrat Cunillera/Hildegard Resinger (eds.)

Implicación emocional y oralidad en la traducción literaria

Verlag für wissenschaftliche Literatur

Umschlagabbildung: Barcelona, Rambla de Mar –
Fußgängerbrücke im Port Vell, dem Alten Hafen
© Hildegard Resinger

ISBN 978-3-86596-339-0
ISSN 1438-2636

© Frank & Timme GmbH Verlag für wissenschaftliche Literatur
Berlin 2011. Alle Rechte vorbehalten.

Das Werk einschließlich aller Teile ist urheberrechtlich geschützt.
Jede Verwertung außerhalb der engen Grenzen des Urheberrechts-
gesetzes ist ohne Zustimmung des Verlags unzulässig und strafbar.
Das gilt insbesondere für Vervielfältigungen, Übersetzungen,
Mikroverfilmungen und die Einspeicherung und Verarbeitung in
elektronischen Systemen.

Herstellung durch das atelier eilenberger, Taucha bei Leipzig.
Printed in Germany.
Gedruckt auf säurefreiem, alterungsbeständigem Papier.

www.frank-timme.de

Índice

Prólogo 7

Abreviaturas 11

Victòria Alsina Keith
La oralidad fingida en las traducciones del *Satiricón* de Petronio 13

Luis Pegenaute
El estilo conversacional en *Tristram Shandy* y sus traducciones al castellano 43

Luminiţa Vleja
Marcas de oralidad en *El molino afortunado* de Ioan Slavici 75

Gemma Andújar Moreno
La traducción de algunas locuciones de indefinición en la oralidad fingida de
The Catcher in the Rye 91

Montserrat Cunillera Domènech
Marcas de oralidad y sentido: las repeticiones en *La Vie devant soi* de Romain
Gary y sus traducciones al español, catalán e inglés 113

Caterina Briguglia
La oralidad fingida en *Ragazzi di vita* de Pier Paolo Pasolini: reflexiones sobre
su traducción al catalán y al castellano 135

Susanne M. Cadera
Aspectos de oralidad fingida en la narrativa de Mario Vargas Llosa y sus
traducciones al alemán 153

Xavier Barceló Pinya
«Puc fer de torsimany, si voleu». Oralidad fingida en *Dins el darrer blau* y su
traducción 175

Francesc Fernández
La oralidad concepcional en el ensayo histórico *Nemesis*. Análisis de su
traducción al español 203

PRÓLOGO

Este libro recoge un conjunto de reflexiones sobre la traducción de la oralidad fingida en diversas obras literarias. El objetivo global consiste en explorar nuevos tratamientos traductológicos a partir de las respuestas que ofrecen algunos traductores a esta eficaz estrategia de comunicación consistente en simular lenguaje oral a través del medio escrito. Todos los autores analizados utilizan diversas formas de oralidad para dar vida y otorgar mayor realismo a sus creaciones. Los traductores de estos textos se ven forzados a restituir voces, fórmulas y modismos diversos mediante unos signos lingüísticos distintos, no concebidos para ello. Los trabajos incluidos en el volumen se proponen analizar los interesantes retos de orden lingüístico, estilístico, social e incluso ideológico que estos mecanismos plantean, con el fin de perfilar estrategias para trasladar estos fenómenos a otras lenguas y culturas.

En esta línea, Victòria Alsina Keith estudia aspectos de la oralidad fingida que presentan tres traducciones castellanas de la obra de Petronio *El Satiricón*. Las tres versiones, según pone de manifiesto la autora, coinciden en la voluntad de reproducir la coloquialidad del original. Sin embargo, algunos factores, entre los que destaca la evolución en las normas traductoras experimentada entre la aparición de la primera versión (1968) y la más reciente (2007), dan razón de las disparidades detectadas en las traducciones.

Luis Pegenaute, por su parte, subraya las dificultades de preservar el estilo conversacional de la inmortal novela de Laurence Sterne, *The Life and Opinions of Tristram Shandy, Gentleman*, en sus distintas versiones castellanas. La obra, caracterizada por una gran multiplicidad de voces y por la naturalidad que el autor imprime a todas ellas, fuerza a estrategias interpretativas sumamente elaboradas.

El estudio de Luminiţa Vleja, «Marcas de oralidad en *El molino afortunado* de Ion Slavici», señala las vicisitudes que entraña traducir en 1983 una novela rumana escrita ciento dos años antes, en 1881. La obra, que destaca por el uso de una lengua rumana rural en una narración literaria muy precisa, combina la manifestación verbal de estados emocionales, la expresión de la ironía y de actitudes afectivas diversas, muy dependientes de reglas culturales específicas. Este complejo edificio narratológico debe sortear múltiples escollos al ser trasladado al español.

Gemma Andújar Moreno, a su vez, se centra en la obra de J. D. Salinger *The Catcher in the Rye*, caracterizada por el abundante recurso al argot juvenil y a la utilización de vulgarismos, para examinar algunas locuciones de indefinición, propias de la lengua oral espontánea. Se trata de fórmulas que pretenden reflejar estados emocionales y, al mismo tiempo, establecer cierta complicidad con el lector. Para que sean creíbles en otras lenguas, se requiere una gestión verbal muy precisa y, sobre todo, unificar y sistematizar los criterios aplicados a la búsqueda de soluciones.

Desde una perspectiva similar, Montserrat Cunillera Domènech aborda la traducción de las repeticiones en la obra *La Vie devant soi* de Romain Gary y sus traducciones al español, catalán e inglés. La autora detecta con acierto la tendencia generalizada a la supresión de la figura retórica de la repetición, crucial en este texto, en las versiones traducidas, lo que le lleva a evaluar las repercusiones de esta omisión en la pérdida de fuerza intencional que afecta a las tres traducciones.

Caterina Briguglia analiza las traducciones al catalán y al castellano de la novela de Pier Paolo Pasolini *Ragazzi di vita*. El dialecto de Roma se convierte en la obra no sólo en el envoltorio verbal característico sino, tal como se señala, en el protagonista absoluto y, en consecuencia, en la referencia esencial que rige el acto interpretativo de las dos versiones estudiadas.

Susanne M. Cadera se interesa por los aspectos de oralidad fingida presentes en la obra de Mario Vargas Llosa y sus traducciones al alemán. La especial fascinación por el lenguaje de este importantísimo autor peruano le lleva a experimentar técnicas muy planificadas para elaborar formas diversas de oralidad. Este especial tratamiento lingüístico da pie a respuestas traductoras muy variadas entre las que destacan, por sus aciertos, las variadas e imaginativas soluciones utilizadas por Luchting en sus traducciones.

La comparación entre las versiones castellana, portuguesa e inglesa de la novela de Carme Riera, *Dins el darrer blau*, constituye el objeto de análisis del trabajo de Xavier Barceló Pinya. Tras poner de manifiesto diversas estrategias léxicas, semánticas y estructurales utilizadas por Riera para representar una oralidad virtual, el autor pone de relieve la sensible pérdida que provoca la supresión de las formas dialectales constitutivas de la esencia original de la obra. Mediante esta omisión, los traductores han desactivado el factor clave que estructuraba los diversos planos estilísticos y narratológicos del original.

Y, finalmente, abandonamos el terreno de la novela para observar las soluciones que se han adoptado en la traducción del ensayo histórico *Nemesis. The Battle for Japan, 1944-1945*, obra reciente del historiador británico Max Hastings dedicada a la Segunda Guerra Mundial en el frente asiático. Desde su propia experiencia traductora, Francesc Fernández analiza una selección de ejemplos que suscitan problemas de traducción por tratarse de documentos formulados originariamente bien de viva voz, bien en el medio escrito pero en un registro informal, como es el caso de las cartas personales o los diarios escritos por los soldados.

El lector de este volumen encontrará pues variadas aproximaciones que, desde perspectivas distintas, han analizado algunos de los múltiples fenómenos relativos a la expresión de la oralidad en los textos literarios. Esperamos que las conclusiones que se desprenden del conjunto de los trabajos contribuyan a poner de manifiesto el lugar crucial que esta heterogeneidad de voces desempeña en las construcciones narrativas y permita asimismo, desde una perspectiva traductológica, dilucidar los complejos caminos, lingüísticos, textuales, cognitivos y culturales, que los traductores intentan recorrer para plasmar estas interesantes manifestaciones verbales.

Barcelona, julio de 2010   Mercè Tricás Preckler

Este libro se ha editado en el marco del grupo de investigación consolidado CEDIT (Centre d'Estudis de Discurs i Traducció) reconocido por la AGAUR (Agència de Gestió d'Ajuts Universitaris i de Recerca) de la Generalitat de Cataluña con número de referencia 2009 SGR 771 y los proyectos de investigación HUM2007-62745/FILO *La oralidad fingida: descripción y traducción* (OFDYT) y HUM2006-03897/FILO *Interpretar sentimientos y actitudes: la intervención del traductor* (ISAT), financiados por el Ministerio de Educación y Ciencia.

ABREVIATURAS

Para garantizar cierta homogeneidad de los trabajos presentados en este volumen, se han adoptado las siguientes convenciones.

Las obras originales analizadas se citarán por las iniciales de su autor. Por ejemplo, Laurence Sterne, *The Life and Opinions of Tristram Shandy, Gentleman*: LS. Cuando el corpus estudiado abarca dos o más obras del mismo autor, se añadirá un elemento identificativo del título, como en el caso de Mario Vargas Llosa (MVL-*Cachorros* por *Los cachorros*; MVL-*Casa* por *La casa verde*; etc.).

Las traducciones de los originales estudiados se citarán por las lenguas a las que han sido versados (cf. *infra*). Por ejemplo, Ioan Slavici, *El molino afortunado*: ISE; es decir, se trata de la traducción al español, descrita a partir de estas iniciales en la bibliografía que figura al final del artículo respectivo.

En el caso de que el corpus incluya dos o más traducciones de la misma obra, éstas se indicarán con la ayuda del apellido del traductor o la traductora. Por ejemplo, puesto que *Tristram Shandy* ha sido traducido varias veces al español, se citarán las distintas versiones de la siguiente manera: LSE-Aznar, es decir, se trata de una traducción de Ana María Aznar, a diferencia de LSE-Letona, traducción realizada por José Antonio López de Letona, y la traducción de Javier Marías de la misma obra: LSE-Marías.

En alguna ocasión, la abreviatura incorpora igualmente el año de la edición para distinguir entre dos versiones diferentes, como ocurre en el caso de JDSE78-Criado (Jerome David Salinger, 1978. *El guardián entre el centeno*, traducción de Carmen Criado, Madrid: Alianza) y JDSE06-Criado (Jerome David Salinger, 2006. *El guardián entre el centeno*, traducción revisada de Carmen Criado, Madrid: Alianza).

Lenguas: A = Alemán   I = Inglés

C = Catalán   IT = Italiano

E = Español   P = Portugués

F = Francés   R = Rumano

Puesto que la traducción es uno de los hilos conductores de este libro y la herramienta por excelencia de toda persona que realiza o estudia traducciones son los diccionarios, hemos querido resaltar las fuentes de referencia alfabetizadas (diccionarios y enciclopedias) mediante el uso de siglas identificativas (por ejemplo, DRAE para el *Diccionario de la Lengua Española*, de la Real Academia Española) o el nombre con el que se conocen (por ejemplo, CLAVE identifica el diccionario *Clave. Diccionario de uso del español actual*, de Ediciones SM). Esperamos con ello contribuir a una mayor concisión y precisión de las citas.

Victòria Alsina Keith

Universitat Pompeu Fabra, Barcelona

LA ORALIDAD FINGIDA EN LAS TRADUCCIONES DEL *SATIRICÓN* DE PETRONIO[*]

In memoriam optimi magistri Johannis Bastardas

1. Introducción

El presente trabajo tiene como objetivo describir cómo tres traducciones españolas han reproducido los rasgos de oralidad de la novela romana el *Satiricón*,[1] escrita probablemente en el siglo I de nuestra era por Petronio.

El *Satiricón* se caracteriza por su lenguaje vivo, rico y abigarrado, lleno de neologismos y vulgarismos propios del latín oral. En él los personajes de clase social más alta utilizan un lenguaje más culto y similar al literario, mientras que los de menor categoría social utilizan un lenguaje más vulgar, probablemente cercano al latín oral de la época. Esto es especialmente notable en el episodio llamado «La cena de Trimalción», en el que todos los personajes, la mayoría libertos (menos el narrador, Encolpio, y sus amigos, que proceden de buena familia) hablan un latín lleno de colorido y plagado de vulgarismos de todo tipo. Por este motivo centraremos nuestro análisis en una parte de este episodio.

Las traducciones que vamos a analizar son las siguientes: la que realizó Manuel C. Díaz y Díaz en 1968 para la colección «Ediciones Alma Mater» de Barcelona (PE-Díaz); la de Lisardo Rubio Fernández para la editorial Gredos, de Madrid, en 1978 (PE-Rubio); y la de Marta Sampietro Lara y Matías López López publicada por la

---

[*] Este estudio se ha escrito en el marco del grupo de investigación consolidado CEDIT (Centre d'Estudis de Discurs i Traducció) reconocido por la AGAUR (Agència de Gestió d'Ajuts Universitaris i de Recerca) de la Generalitat de Cataluña con número de referencia 2009 SGR 711 y del proyecto de investigación HUM2007-62745/FILO *La Oralidad Fingida: Descripción y Traducción* (OFDYT), financiado por el Ministerio de Educación y Ciencia.

[1] Citamos según la edición de 1968 revisada por Manuel C. Díaz y Díaz, abreviada a partir de ahora con P.

editorial barcelonesa PPU[2] en 2007 (PE-Sampietro/López). De entre las muchas versiones que se han realizado al castellano de esta novela, hemos elegido estas tres porque, aparte del hecho de haber sido realizadas por latinistas, presentan características distintas: dos de ellas son versiones acompañadas del texto latino, a diferencia de la tercera, que consiste solamente en la traducción; dos de ellas se encuentran en colecciones dedicadas a los clásicos greco-latinos, mientras que la tercera parece una iniciativa aislada; otra diferencia que presentan es el año de su publicación, que es respectivamente el 1965, el 1978 y el 2007.

En primer lugar, de manera sumaria, hablaremos del autor y situaremos la obra objeto de traducción en su contexto histórico y cultural, para a continuación analizar los rasgos lingüísticos del fragmento del *Satiricón* estudiado, centrándonos en los que son propios de la oralidad e intentando establecer hasta qué punto la lengua hablada por los personajes de la obra refleja de manera realista la lengua oral de su época y hasta qué punto constituye un constructo artificial. En segundo lugar estableceremos el contexto en el que se han realizado las tres traducciones, y hablaremos de sus autores y de las editoriales que las acogen. A continuación pasaremos al análisis de la oralidad que presentan las distintas traducciones. Y acabaremos con unas conclusiones en las que vamos a intentar establecer las diferencias que se observan entre las tres versiones y relacionarlas con el contexto en el que se realizó cada traducción. Veremos sobre todo si se observa una diferencia marcada entre las obras más antiguas y la moderna; si el hecho de tener la versión latina a la vista ha podido tener alguna influencia sobre las traducciones; y, finalmente, si se aprecia en ellas alguna influencia de los objetivos de la editorial o de la colección donde aparecieron.

2. El *Satiricón*. Obra y características lingüísticas

2.1 La obra y su autor

El *Satiricón* fue escrito probablemente por Cayo Petronio Árbitro (?-65 d. C.), un miembro de la alta sociedad de Roma durante la época de Nerón. Petronio fue un sibarita, amante de todos los placeres y durante mucho tiempo amigo íntimo de Nerón, sobre el que tuvo gran influencia, hasta que el descubrimiento de una conspiración en la que se le acusó de participar le obligó a suicidarse. Parece probable

---

[2] Promociones y Publicaciones Universitarias, vinculada a la Universidad de Barcelona.

que la obra se escribiera en la segunda mitad del siglo I d. C., e incluso se ha llegado a datar como escrita entre el 64 y el 65 de nuestra era (Díaz y Díaz 1968: XIV-XXXIII, especialmente XXXI). En la novela, que por desgracia nos ha llegado en estado muy fragmentario (sólo se conservan resúmenes de los libros XIV a XVI), se relatan las peripecias del narrador, Encolpio, un joven de buena familia, que, junto con su amigo Ascilto y su amante Gitón, recorre las calles de una colonia griega en Italia. El pasaje seguido más largo que se conoce de la obra es el texto sobre el que vamos a centrar nuestra atención, *La cena de Trimalción*;[3] en él se narra el banquete en la casa de este personaje, un nuevo rico vulgar y ostentoso, aunque también generoso y hospitalario, en el que aparecen e intervienen un gran número de personajes de procedencias diversas.

2.2 El latín vulgar y la lengua del *Satiricón*

Como es de suponer, no existen testimonios directos del latín oral de la época en la que se escribió el *Satiricón*. Sin embargo, se tiene una idea bastante clara de sus características a partir de los muchos tipos de textos que reflejan o comentan la lengua oral; estos son principalmente el corpus de inscripciones, pero también otras obras de diversos tipos: correspondencia familiar,[4] obras como glosarios o gramáticas en las que se llama la atención sobre ciertos usos considerados vulgares,[5] o bien obras de teatro o novelas que, como el mismo *Satiricón*, contienen diálogos que aspiran a la naturalidad; otra manera de reconstruir el latín oral es a partir de las lenguas románicas, que, como es lógico, evolucionaron desde la lengua hablada y no desde la escrita.[6] Por otro lado, la oralidad, en concreto la oralidad espontánea, comparte una serie de rasgos comunes en todas las lenguas, que han sido identificados: anacolutos, la tendencia a la parataxis, el uso de la repetición, la hipérbole, las interjecciones, elementos expresivos, presencia de elementos coloquiales, etc.;[7]

---

[3] Los textos objeto de nuestro análisis se encuentran transcritos en sendos apéndices al final de este estudio.

[4] Por ejemplo, las cartas de Cicerón, cuyo lenguaje presenta algunos rasgos que reflejan la oralidad.

[5] Por ejemplo, el *Appendix Probi*, escrito entre los años 200 y 320 d. C., o la obra de gramáticos como Consencio, del siglo V (cf. Díaz y Díaz 1974: 46-53 y 91-94, respectivamente).

[6] Por ejemplo, Väänänen (1971).

[7] Cf. Halliday (1990), Briz (1998), Payrató (1998) y Castellà (2002).

estos rasgos, o muchos de ellos, son introducidos en los textos que pretenden reproducir el habla espontánea (diálogos de novelas, de películas, teatro, etc.), y también se pueden encontrar sin lugar a dudas en los diálogos de los personajes de Petronio.

De todos modos hay que tener presente que la lengua oral no es homogénea; al contrario, presenta más variación que la lengua literaria, y eso ha querido reflejar Petronio en los diálogos del *Satiricón*; como lo expresa Lisardo Rubio Fernández, «en Petronio hay dos estilos notoriamente distintos: el del propio Petronio, que es estilo de gran señor, y el que Petronio presta a sus personajes plebeyos» (Rubio Fernández 1988: 19); como también lo dice Martín Smith:

> In the *Cena* a clear distinction is made between the elegant Latin of the narrative and the speech of Trimalchio and his freedman guests. Petronius sets out not merely to reproduce colloquial speech in general but to give at least the flavour of the lower-class speech. (Smith 1975: XXI)

Y también subraya que Petronio incluso introduce diferencias bastante claras en la lengua de los diversos personajes, que reflejan sus distintos niveles de ignorancia y vulgaridad. Todavía otra cuestión, comentada por varias fuentes bibliográficas (por ejemplo, Smith 1975 y Díaz y Díaz 1974), es hasta qué punto los vulgarismos del *Satiricón* deben ser atribuidos a Petronio, ya que parece probable, o por lo menos posible, que algunos se deban a errores de copista transmitidos por los manuscritos; afirma Díaz y Díaz que:

> [...] es probable que buena parte de los vulgarismos de Petronio no sean en realidad más que grafías típicas de la escritura de los siglos VII y VIII a que debía remontar el tipo irlandés del que deriva [el manuscrito] *H*; de aquí que se haya podido pensar que Petronio anuncia fenómenos que se dan de hecho en la lengua mucho tiempo después de él. (Díaz y Díaz 1974: LXXXVIII)

El mismo autor opina que los rasgos estilísticos que acumula Petronio «—repeticiones, clisés, refranes o proverbios, circunloquios, imágenes populares, pedanterías y crasos errores— en la expresión de sus personajes, hasta lograr en algunos casos una diferenciación efectista de éstos gracias a tales procedimientos» son más bien «recursos ingeniosísimos de estilo que [...] auténticas documentaciones de carácter vulgarizante» (Díaz y Díaz 1974: LXXXVIII).

Estas ideas enlazan con la cuestión de si la lengua hablada por los personajes del *Satiricón* refleja con cierto grado de fidelidad la lengua oral o es sólo una idealización, como se ha afirmado. El mismo Díaz y Díaz expone en otro sitio la opinión que «el tono vulgar es sólo un recurso de expresividad estilística, y, a menudo, más que imitación es parodia» (Díaz y Díaz 1974: 24).

Resulta claro, pues, que no es nada sencillo saber cómo interpretar el estilo rico, abigarrado y lleno de color de Petronio: por un lado, parece que la aparente coloquialidad u oralidad contiene más de artificio de lo que es habitual en la oralidad fingida, e incluso parece que algunos de los rasgos que la caracterizan pueden no ser atribuibles al autor. Por otro lado, no cabe duda de que sí quiso reflejar, quizás no de manera totalmente realista sino parodiándolo, el modo de hablar de las personas procedentes de ciertos estratos. Este lenguaje es el que vamos a caracterizar brevemente para después ver cómo lo han entendido y tratado los distintos traductores.

2.3 Los rasgos de oralidad del *Satiricón*

Los elementos que se pueden encontrar en los diálogos del fragmento analizado que pretenden reflejar la oralidad son los siguientes:

a) Elementos propios del latín vulgar y tardío, que un autor culto como Petronio no habría introducido en textos de tipo más canónico, pero que puestos en boca de personajes populares tienen la función de reflejar el habla coloquial de la época y de caracterizar a dichos personajes. Por ejemplo, elementos del vocabulario, como *homo bellus* (P: 42, 3),[8] donde *bellus* es la forma usada popularmente (y la que ha pervivido en las lenguas románicas), aunque en los textos clásicos se prefería *pulcher* (PE-Sampietro/López: 47; PI-Smith: 99); o *Non [...] hodie buccam panis inuenire potui* (P: 44, 2), donde *buccam* tiene el sentido coloquial de *bocado* (PI-Smith 107); también, cambios de género que normalmente implicaban la sustitución del neutro por masculino o femenino: *malus fatus* (P: 42, 5), donde *fatus* se usa como masculino en lugar de neutro (PI-Smith: 101), o *schemas loqui* (P: 44, 8), donde el femenino *schemas* sustituye al neutro clásico (PI-Smith 110); construcciones *ad sensum*, más frecuentes en latín vulgar que en clásico, como *isti maiores maxillae* (P: 44, 3) o *laruas [...] istos* (P: 44, 5; PI-Smith: 108 y 109); etc. La presencia de estos elementos es muy numerosa.

b) Interjecciones, repeticiones y exclamaciones, que pretenden reflejar la naturalidad y espontaneidad propias del habla oral, como *Modo, modo me appellauit* (P: 42, 3), donde la repetición tiene función intensificadora (PI-Smith: 79); la interjección *mehercules*

---

[8] Los números se refieren al capítulo y episodio (si se indica) de la obra.

puesta a menudo en boca de los personajes que dialogan; y exclamaciones como *O si haberemus illos leones* (P: 44, 4) o *Heu heu, quotidie peius!* (P: 44, 12).

c) Expresiones fijadas, principalmente locuciones verbales y adjetivas, con carácter coloquial, vulgar o incluso grosero, que confieren gran expresividad al habla de los personajes, como por ejemplo *tam bonus Chrysanthus animam ebulliit* (P: 42, 3), donde *animam ebullire* es una expresión coloquial para *morir* (PE-Sampietro/López: 47; también PI-Smith: 99); *populus minutus* (P: 44, 3), un cliché para referirse a la gente humilde (PI-Smith: 108); *linguam caninam comedi* (P: 43, 3), una locución verbal que, según López López (PE-Sampietro/López: 51), significa literalmente 'comer lengua de perro', y que él traduce como *no tengo pelos en la lengua*; o bien *In curia autem quomodo singulos pilabat* (P: 44, 8), donde *singulos pilare* es una locución verbal que literalmente significa 'tomar el pelo, desollar [a todos y a cada uno]' (PE-Sampietro/López: 55), etc. Este tipo de expresiones son abundantísimas en la obra, y son las que más contribuyen a dar fuerza, viveza y colorido al lenguaje usado en la obra, aunque también su densidad es seguramente bastante superior a la que presentarían en una conversación auténtica.

d) Refranes y expresiones proverbiales, o alusiones a frases proverbiales, como *amicus amico* (P: 43, 4; 44, 7) para describir a un buen amigo;[9] *Longe fugit, quisquis suos fugit* (P: 43, 5), un probable «"refrán" incorporado a la cultura popular» (PE-Sampietro/López: 53; también PI-Smith: 104); *semper Saturnalia agunt* (P: 44, 3), una variación sobre un refrán (PI-Smith: 108-109), y muchos otros.

e) Metáforas, comparaciones e hipérboles que, aunque no siempre nos consta que se usaran en la lengua cotidiana de la época de Petronio, sí aportan una apariencia de espontaneidad, además de expresividad, al discurso de los personajes. Son, por ejemplo, *aqua dentes habet* (P: 42, 1), para indicar la frialdad del agua; *piper, non homo* 'pimienta, y no hombre' (P: 44, 6), para ponderar el carácter vivo y combativo de una persona; o *paratus fuit quadrantem de stercore mordicus tollere* (P: 43, 1), literalmente 'estuvo dispuesto a recoger una moneda [de muy poco valor] de la basura con los dientes' para dar a entender la pobreza de alguien, que parece una hipérbole propia de la lengua coloquial.

Así, pues, en el análisis de sólo tres capítulos de una obra de la que nos quedan 141, además de fragmentos sueltos, hemos encontrado una gran densidad de elementos

---

[9] «Common proverbial expression» (PI-Smith: 103).

que, de distintas maneras, pretenden reflejar la oralidad de los personajes populares de la época. Si bien no hay que olvidar que en algún caso lo que se interpreta como un uso vulgar puede ser un error de un copista, o lo que parece una expresión vulgar puede ser una conjetura errónea, sin embargo no puede negarse el carácter oral del conjunto de la obra, aunque es cierto que probablemente haya un alto grado de artificio en la lengua que Petronio puso en boca de libertos y esclavos.

Veamos, pues, cómo se ha tratado este aspecto tan importante de la obra en las tres traducciones analizadas.

3. Las traducciones

En primer lugar, situemos cada una de las versiones en el contexto en el que se realizó y veamos qué características presenta cada una.

La primera traducción, cronológicamente, es la que realizó Manuel C. Díaz y Díaz en 1968 para la «Colección de Autores Griegos y Latinos Alma Mater». Esta colección fue fundada a principios de los años cincuenta por el latinista Mariano Bassols de Climent, que también la dirigió hasta 1973, en el ámbito del Consejo Superior de Investigaciones Científicas. Su objetivo era, y es, aportar a la cultura española un texto original revisado por un especialista y con aparato crítico, junto con una introducción completa y una traducción sólida, normalmente acompañada de notas, que también cumpliera el objetivo de ayudar al lector que lo necesitara a entender el original. El modelo de esta colección era la prestigiosa «Collection des Universités de France», popularmente conocida como «Collection Budé». Manuel C. Díaz y Díaz, fallecido muy recientemente, en noviembre de 2008, fue un importante latinista, catedrático de la Universidad de Salamanca en el momento de la traducción (después lo fue de la Universidad de Santiago) y especialista en latín vulgar y medieval.

La segunda traducción la realizó Lisardo Rubio Fernández para la colección «Biblioteca Clásica Gredos», de Madrid, en 1978. Esta colección, inaugurada en 1977, tiene el objetivo de traducir al castellano la totalidad de la obra conocida de los clásicos grecolatinos; se estima que cuando llegue a los 420 títulos habrá alcanzado este objetivo. No incluye el texto original, sino que se basa para sus traducciones en ediciones críticas de prestigio, y por su intención de exhaustividad no se limita a los grandes autores, como las «Ediciones Alma Mater», sino que incluye autores menores, autores científicos e incluso autores fragmentarios. Lisardo Rubio Fernández, nacido en 1915 y formado en la Universidad de Salamanca, catedrático de Filología

Latina y especializado sobre todo en crítica textual y en gramática latina, realizó, además de la traducción de Petronio, varias traducciones de obras latinas de peso: *El asno de oro* de Apuleyo, *Comedias* de Terencio y *El arte de amar* de Ovidio.

Y la tercera traducción es la realizada por Marta Sampietro Lara y Matías López López y publicada por PPU, de Barcelona, en 2007. Esta versión no es una traducción completa del *Satiricón*, sino sólo de un fragmento, la cena de Trimalción, y por ello su título es *El festín de Trispudientillo*. A diferencia de las otras dos versiones analizadas, esta no forma parte de un proyecto más amplio, sino que parece ser producto de una iniciativa individual. El libro contiene, además de la traducción, el texto latino revisado y numerosas notas. La revisión del texto y las notas, así como una advertencia preliminar y un epílogo, son obra de Matías López López. Los dos autores de esta versión son más jóvenes que los anteriores: nacidos en 1960 y en 1982, respectivamente, él es profesor de Filología Latina de la Universidad de Lérida, mientras que Marta Sampietro Lara es profesora de Lengua y Literatura Castellanas en enseñanza secundaria.

4. Análisis de las traducciones

4.1 La traducción de Manuel Díaz y Díaz

En la versión de Díaz se observa una voluntad clara de reflejar la oralidad del original, al tiempo que un esfuerzo de literalidad, lo que le ha llevado a reproducir repeticiones, exclamaciones, interjecciones, expresiones coloquiales y refranes de manera exacta allí donde los encontraba. Los elementos que contribuyen a conferir un carácter oral a las tres intervenciones del texto analizado son los siguientes:

a) Interjecciones, exclamaciones, repeticiones y preguntas, es decir, aquellos rasgos que caracterizan el habla espontánea, como son, por ejemplo:

(1)   Hace **nada nada** me llamaba a gritos
(2)   **¡Ay, ay!**, somos globos hinchados que andan
(3)   Y **¡cómo va durando la sequía!**; **Mal hayan los ediles**
(4)   **¡Por Hércules, que...!**

Este último aparece tres veces en el fragmento analizado, siempre como traducción de *mehercules*. Cabe señalar, además, que estos rasgos siempre se corresponden con rasgos del original latino, que se traducen con toda exactitud.

b) Elementos léxicos propios del registro coloquial: *me embaulé* (en el sentido de *me tomé*); *tipo* (para *hombre*); *vocinglero; limpió* (por *robó* o *se quedó con*); *ese tarugo; verde* (en el sentido de *hombre mayor lujurioso*); *tugurio; aconchabados; tragaderas; sacudían* (en el sentido de *golpeaban*); *espantajos* (refiriéndose a personas); *picarse* (para *enfadarse*); *señoronas*, etc.

c) Conectores y reformuladores del discurso propios de la lengua oral, sobre todo *bueno*. Son los siguientes:

(5)   Los muchos médicos lo mataron, **bueno** [*immo*], más bien su mala suerte; **a fin de cuentas** [*enim*] un médico no es más que consuelo.

(6)   ...en su mano el plomo se convertía en oro. **Bueno** [*autem*], es fácil cuando todo rueda bien.

(7)   Pero me acuerdo de Safinio; [...] en las reuniones de la curia cómo los desollaba. Y nada de florituras, sino al grano. Y **bueno**, cuando actuaba en el foro...

(8)   Que no vea más a mis hijos si no creo que todo esto no viene de arriba. **Claro** [*enim*], nadie cree que el cielo es cielo, nadie guarda el ayuno...

Es interesante constatar que estos conectores no reproducen, como en los demás casos, elementos coloquiales que se encuentran en el original, sino que han sido introducidos por el traductor, ya que cuando tienen alguna correspondencia en el texto latino se corresponden con elementos más neutros.

d) Expresiones fijadas, frases hechas que van desde la simple informalidad hasta la vulgaridad, aunque la mayoría se quedan en una coloquialidad media. Este recurso, como en el original, es sin comparación el más usado. Veamos algunos ejemplos:

(9)   **mando al frío a tomar por saco**
(10)   el bueno de Crisanto, **la ha diñado**
(11)   y todo lo tenía en **dinero contante y sonante**
(12)   **yo que no tengo pelos en la lengua**
(13)   vendió el vino **al precio que quiso**
(14)   tiempo atrás **era de muchos perendengues**
(15)   si nosotros **los tuviéramos bien puestos**...

Son sólo una pequeña parte de los encontrados en el fragmento. Hay que señalar que algunas de estas expresiones, aunque no la mayoría, son traducciones de una literalidad que les hace perder espontaneidad respecto del original, ya que, aunque en algunos casos —no todos— resultan comprensibles, desde luego no remiten a ninguna expresión utilizada habitualmente en la lengua oral (o escrita) en español. Por ejemplo:

(16)   Empezó a **crecer desde un as**
(17)   A los comienzos estuvo a punto de **desollar un gato rabioso**
(18)   dejó todos sus bienes a no sé qué **hijo de la tierra**
(19)   Andáis con historias que **nada tienen que ver con el cielo ni con la tierra**

e) Frases de apariencia proverbial, todas ellas traducciones literales de las que se encuentran en el original, con lo cual en realidad no remiten a ningún refrán real español, aunque sí confieren un sabor popular a lo dicho. Dos ejemplos:

(20)   Lejos tiene que escapar quien escapa de los suyos
(21)   Cuídame, yo te cuidaré

f) Metáforas, símiles e hipérboles, que se utilizan español solamente en algunos casos, pero que contribuyen a dotar el lenguaje usado de una gran expresividad propia de la lengua oral. Por ejemplo:

(22)   el agua tiene dientes
(23)   tenía unos esclavos [...] que lo mandaron a pique
(24)   de pelo negro como un cuervo
(25)   nadie se cuida de por qué tira dentelladas la escasez
(26)   ya me he comido mis harapos y tendré que vender mi tugurio[10]

Como en el caso de las expresiones vistas en *e)*, algunas de estas también son calcos del original, como las siguientes:

(27)   la pimienta en persona, no un hombre
(28)   Esta colonia crece para atrás como el rabo de un ternero

---

[10] Hipérboles, cabe suponer, para referirse a su ropa y a su casa.

En resumen, en esta versión el traductor ha tenido empeño en reflejar la oralidad que ha encontrado en el texto latino. Lo ha hecho con una cierta literalidad, esforzándose por hacer equivaler a cada expresión latina de carácter oral una expresión española de carácter oral, normalmente del mismo tipo (interjección, repetición, proverbio, etc.), incluso calcando expresiones, proverbios y metáforas o símiles latinos. Un elemento interesante de esta versión son los reformuladores del discurso (aunque son pocos), que no se encuentran en el texto latino y que han sido introducidos por el traductor como elemento oral por el mecanismo de la compensación.

4.2 La traducción de Lisardo Rubio Fernández

En la traducción de Rubio, los elementos que tienen la función de reflejar la oralidad son menos numerosos que en la versión anterior, aunque se pueden clasificar en (casi) los mismos tipos, que son los siguientes:

a) Exclamaciones, interjecciones, repeticiones, etc., que, como en la versión de Díaz, se corresponden casi siempre con las encontradas en el original. Son las siguientes:

(29)   Ayer, todavía ayer
(30)   ¡Ay, ay!
(31)   ¡qué ave de rapiña la mujer!
(32)   Por Hércules[11]
(33)   ¡Malditos ediles...!
(34)   ¡Qué amabilidad la suya!
(35)   ¡Cada día peor!

b) Algunos (pocos) elementos del léxico y de la sintaxis propios del registro coloquial:

(36)   me figuro que **habrá dejado** sus cien mil sestercios bien redondos
(37)   Aquel **alcornoque**
(38)   **negrote** como un cuervo
(39)   **sacudían leña** a todos estos **peleles**[12]

c) Expresiones fijadas pertenecientes al registro coloquial. Como en el original latino y en la versión de Díaz, este recurso es con mucho el más usado en la traducción de

---

[11] Aparece tres veces, como en el original y como en la traducción de Díaz.
[12] En este caso nos encontramos una acumulación de tres elementos coloquiales.

Rubio, aunque, a diferencia de las dos versiones citadas, no pasa casi nunca de una moderada coloquialidad, como se puede comprobar en los siguientes ejemplos, creemos que representativos del conjunto:

(40)   me río del frío a mis anchas
(41)   y todo en moneda contante y sonante
(42)   vendió el vino al precio que quiso
(43)   No andaba con rodeos, iba directamente al grano
(44)   bastaba y sobraba para dos personas
(45)   si nosotros tuviéramos cojones
(46)   Júpiter no importa un bledo a nadie

Nuevamente encontramos algunas expresiones calcadas, como son, entre otras:

(47)   hubiera estado dispuesto a hozar un estercolero para recoger de un bocado un cuarto de as
(48)   yo no me he alimentado con lengua de perro
(49)   Estáis charlando de lo que nada importa al cielo ni a la tierra
(50)   un edil que no vale tres higos

En esta traducción las expresiones calcadas son más numerosas que en la versión de Díaz.

d) Frases proverbiales, aunque sólo se encuentran un par en el fragmento analizado:

(51)   Uno va lejos cuando huye de los suyos
(52)   Apóyame y te apoyaré yo a ti

e) Y finalmente un grupo de *metáforas, hipérboles, símiles*, etc.:

(53)   el agua tiene dientes
(54)   Yo conocía a este hombre desde tiempo inmemorial
(55)   lo que escuece la carestía de la vida
(56)   leones en privado, gallinas en público
(57)   ya me he comido mis harapos, [...] tendré que vender mi barraca
(58)   calados como ratas de agua

Un cierto número de los elementos que encontramos en este grupo son calcados del original latino:

(59)   Así ha crecido como ha crecido: como un panal de miel
(60)   más que un hombre era pura pimienta
(61)   Calcinaba la tierra bajo sus pisadas
(62)   Nuestra colonia va creciendo al revés, como la cola del ternero

Se trata, pues, de un texto que recoge la oralidad del original, pero con una intensidad marcadamente más baja que en la traducción de Díaz, no solo porque la cantidad y densidad de elementos orales son inferiores a los que aparecen en esta versión y, desde luego, a los del original, sino también porque, como se puede comprobar con los ejemplos vistos (aunque se trate de una comprobación impresionista, puesto que no hemos establecido un sistema para medir la intensidad en el grado de vulgaridad o de coloquialidad), los elementos orales o coloquiales son de una intensidad menor. El traductor se ha preocupado sobre todo por transmitir el contenido del original, es decir, las historias narradas, las anécdotas, las descripciones de personajes, etc., procurando que se entendieran bien (para explicar algunos aspectos que podrían escaparse al lector no avezado en el mundo romano, ha provisto el texto de notas al pie de página), dando solamente una pincelada de coloquialidad al conjunto.

4.3 La traducción de Marta Sampietro Lara y Matías López López

En esta traducción los elementos encontrados en el texto analizado que tienen la función de reflejar la oralidad son de más tipos, más numerosos y más intensos que en las dos traducciones anteriores. Veamos primero de qué tipos son estos elementos:

a) Grafías que denotan una pronunciación relajada propia del lenguaje informal de gente con poca cultura, indicados con cursiva en la traducción:

(63)   Hace *na* andaba llamándome
(64)   ha *palmao*
(65)   Los médicos le han *buscao* la ruina
(66)   el médico no es *na* más que un consuelo *pa'* el alma
(67)   Se le ha llorado a moco *tendío*
(68)   su esposa lo ha *lloriqueao* cicateramente
(69)   diré la *verdá* sobre el particular
(70)   con eso de que estaba *enfadao* con su hermano
(71)   Él llevaba bien la *edá*
(72)   se han *confabulao*

(73) ¡y con qué *suavidá* devolvía el saludo!
(74) Esta colonia va *pa' tras*
(75) prefiere un as *pa'* él antes que nuestra vida
(76) hemos *olvidao* los rituales

Estos dos traductores son los únicos que han introducido el factor de la pronunciación en su versión.

b) Exclamaciones, interjecciones, repeticiones y otras características propias de la lengua oral, que confieren espontaneidad al discurso y que, de hecho, reproducen elementos expresivos tal como se encuentran en el original:

(77) ¡Ay, ay!
(78) ¡y eso que la trató con consideración!
(79) ¡Mujeres...!
(80) ¡por Hércules![13]
(81) ¡Parta un rayo a los ediles...!
(82) ¡ay, ay, cada día peor!

Hay que decir que en el caso de las exclamaciones e interjecciones, a diferencia de lo que hemos visto con los elementos de pronunciación, estos rasgos orales no son sino la reproducción de lo que se encuentra en el original: no se encuentra interjección o exclamación que no reproduzca una del latín. En este apartado no difieren, en lo general, de los otros dos traductores.

c) Elementos del vocabulario propios del registro coloquial, utilizados sobre todo en la lengua oral:

(83) Un **tipo** bien parecido
(84) ha **palmao**
(85) con un ataúd **estupendo**
(86) y era todavía un **crápula**
(87) el muy **zoquete**
(88) no se privarían de **arrear tortazos** a esas **sabandijas**[14]
(89) siendo yo **chaval**
(90) ¡y cómo **se merendaba** a todos y cada uno en las asambleas...!

---

[13] Tres veces.

[14] Con una acumulación de tres elementos léxicos orales en una frase.

d) Formas verbales utilizadas sobre todo en la lengua oral, aunque este es un recurso poco usado:

(91) Hace *na* **andaba llamándome** (con un uso expresivo de la perífrasis *andar* + gerundio)
(92) Ahora, **estoy viendo** *ojos de buey* más grandes

e) Expresiones fijadas. Como en el original y en las otras dos traducciones analizadas, el elemento más utilizado, con diferencia, para conferir naturalidad y sensación de oralidad al discurso son las expresiones fijadas del tipo:

(93) le digo al frío que **se vaya a tomar viento**
(94) todo en dinero **contante y sonante**
(95) **no tengo pelos en la lengua**
(96) esos engullidores **de tomo y lomo**
(97) **no se andaba con rodeos**, sino que **iba al grano**
(98) Júpiter a nadie **le importa un rábano**

Como se puede ver, muchas de las expresiones coinciden, o se parecen, en las tres traducciones, ya que los traductores se han esforzado por reproducir expresiones latinas con expresiones españolas. Sin embargo, en esta tercera versión se percibe un empeño mayor por evitar calcos del texto latín, como lo muestran los ejemplos siguientes, en los que se contrasta la versión de Sampietro/López con las otras dos:

(99 a) levantó cabeza a la primera vendimia (PE-Sampietro/López: 43, 4)
 b) le levantó la paletilla la primera vendimia (PE-Díaz)
 c) la primera vendimia le hizo recobrar el aplomo (PE-Rubio)

(100 a) estaba hecho un roble (PE-Sampietro/López: 43, 7)
 b) Pero era duro (PE-Díaz)
 c) Fue resistente como el cuerno (PE-Rubio)

(101 a) el pueblo raso las pasa canutas (PE-Sampietro/López: 44, 3)
 b) Y de esta manera el pueblo bajo venga de trabajar (PE-Díaz)
 c) Y entretanto el pueblo humilde padece (PE-Rubio)

(102 a) Esta colonia va *pa' trás* como los cangrejos (PE-Sampietro/López: 44, 12)
 b) Esta colonia crece para atrás como el rabo de un ternero (PE-Díaz)
 c) Nuestra colonia va creciendo al revés, como la cola del ternero (PE-Rubio)

(103 a) Tenemos un edil que no vale un bledo (PE-Sampietro/López: 44, 13)
   b) Tenemos un edil que no vale un higo (PE-Díaz)
   c) ello por tener un edil que no vale tres higos (PE-Rubio)

A pesar de la voluntad de los traductores de usar expresiones españolas, también en esta versión se encuentran algunas fórmulas (pocas) que en realidad calcan la de la versión original:

(104)   en sus inicios **desplumaba aves de mal agüero**
(105)   no sé a qué **paria de la tierra** legó su patrimonio
(106)   en sus manos **el plomo se convertía en oro**
(107)   Contáis **lo que ni al cielo ni a la tierra atañe**

f) Frases proverbiales o frases que lo parecen:

(108)   y sin embargo se fue adonde la mayoría
(109)   Muy lejos tiene que escapar quien huye de los suyos
(110)   nunca obrará bien quien confíe a la ligera
(111)   ¡Hoy por ti y mañana por mí!

Como se puede ver, la mayoría de estos casos sólo aportan la sensación de frase proverbial, sin serlo, por lo menos en español.

g) Metáforas, símiles, hipérboles, etc., que confieren a la lengua una expresividad propia del discurso oral:

(112)   el agua tiene dientes
(113)   la mujer es un ave de rapiña
(114)   estuvo dispuesto a arrancar a dentelladas un cuarto de as del estiércol
(115)   Él llevaba bien la *edá*, moreno como un tizón
(116)   la pimienta en persona, no un hombre
(117)   por donde pasara, abrasaba la tierra
(118)   ya me he comido mis harapos, [...] venderé mi cuchitril

En resumen, pues, esta es de las tres traducciones la que más esfuerzo pone en encontrar fórmulas espontáneas, soluciones propias de la lengua oral, la que más intenta alejarse de la versión latina para encontrar soluciones españolas. Y no solamente en los diálogos; también se han adaptado los nombres (Floriáureo, Erotófilo,

Lindas-sus-partes, Pulido), que en el original son, como dice López, «nombres parlantes», es decir, con un significado alusivo, generalmente irónico, a alguna característica del personaje que lo lleva; en las notas se explica el significado de los nombres.

El resultado es un texto con tal grado de expresividad y tal densidad de elementos orales que se aparta de la naturalidad pero en cambio se acerca a la creatividad que se encuentra en el original latino.

5. Conclusiones

En conclusión, pues, hemos visto tres versiones que hasta cierto punto coinciden, pero que también difieren entre sí en diversos aspectos. Coinciden en la voluntad de reproducir lo que podemos llamar coloquialidad u oralidad del original, en definitiva, su estilo, aunque esta voluntad es más marcada en Díaz y en el tándem Sampietro/López. También coinciden en reproducir, por lo general, los tipos de elementos utilizados en latín para fingir la oralidad, es decir: interjecciones y exclamaciones, algo de léxico coloquial, un alto número de expresiones fijadas, frases proverbiales y un grupo de recursos expresivos formado por metáforas, símiles e hipérboles. En este segundo aspecto, Díaz se aparta algo de los otros dos, y también del original, al introducir unos (pocos) conectores propios del español oral en su versión, y también se apartan de los otros dos Sampietro/López con un gran número de grafías que reproducen una pronunciación relajada y vulgar.

Sin embargo, también se observan diferencias entre los tres: la primera es en la densidad e intensidad de los elementos coloquiales: no hay duda de que la versión que más se ha preocupado por introducirlos ha sido la de Sampietro/López, seguida por la de Díaz. En la traducción de Rubio, sin que se hayan obviado, no se han considerado tan fundamentales como en las otras dos. Esto se puede apreciar con una simple lectura de las versiones analizadas: la versión de Rubio es informal, con elementos coloquiales, y da una cierta sensación de oralidad, pero no posee la riqueza expresiva de las otras dos. Cabe señalar que las dos versiones que han reproducido con más fuerza esta característica son las que publican el texto original al lado de la traducción, factor que puede haber tenido alguna influencia en este resultado.

Una segunda diferencia se encuentra en el grado de adaptación: la versión de Sampietro/López es la más «española», es decir, la que más se ha esforzado en buscar la naturalidad en la lengua meta, o, en otras palabras, la aceptabilidad. Tanto la versión de Rubio como la de Díaz contienen una mayor cantidad de expresiones calcadas del original, que muchas veces no resultan incomprensibles, pero restan espontaneidad a su versión, aunque por otro lado tienen la propiedad de acercar el lector más a las estructuras sintácticas y semánticas del lenguaje expresivo del original; son traducciones que han buscado más la adecuación. Es probable que este enfoque tenga que ver con el hecho de tratarse de obras que forman parte de colecciones de gran prestigio y envergadura, lo que hasta cierto punto las ha hecho dependientes del texto latino. En cambio, los autores de la versión independiente se han sentido más libres de alejarse del texto latino, aunque pretendiendo en otro sentido acercarse más a él, al intentar reproducir su efecto en español.

Dos factores más que pueden haber influido tanto en el grado de presencia de los elementos coloquiales como en la mayor literalidad de las dos primeras traducciones y la naturalidad de la tercera son, en primer lugar, la evolución que sin duda ha sufrido el lenguaje literario español entre los años 1968/1978 y el 2007 y, en segundo lugar, el cambio en las normas traductoras que haya tenido lugar en este período de tiempo.

En conclusión, es probable que en los distintos enfoques y estrategias vistos en las tres versiones hayan influido las circunstancias en las que se llevó a cabo cada traducción: el tipo de colección en el que aparecieron, la presencia del texto original en la página opuesta, la época de publicación y, qué duda cabe, la personalidad y estilo de cada uno de los traductores.

6. Corpus

P; PE-Díaz = PETRONIO (Cayo Petronio Árbitro) [64 d. C.?] (1968). *Satiricón*. Texto revisado y traducido por Manuel C. Díaz y Díaz. Barcelona: Consejo Superior de Investigaciones Científicas.

PE-Rubio = PETRONIO (Cayo Petronio Árbitro) [1978] (1988). *El Satiricón*. Introducción, traducción y notas de Lisardo Rubio Fernández. Madrid: Gredos.

PE-Sampietro/López = PETRONIO (Cayo Petronio Árbitro) (2007). *El Festín de Trispudientillo* (Cena Trimalchionis) [Satiricón: *26, 7-78, 8*]. Advertencia preliminar, revisión del texto latino, notas y epílogo de Matías López López. Traducción de Marta Sampietro Lara y Matías López López. Barcelona: PPU.

PI-Smith = PETRONIUS (1975). *Cena Trimalchionis*. Edited by Martin S. Smith. Oxford: Clarendon Press.

7. Referencias bibliográficas

BRIZ, Antonio (1998). *El español coloquial en la conversación. Esbozo de pragmagramática.* Barcelona: Ariel.

CASTELLÀ, Josep M.ª (2002). *La complexitat lingüística en el discurs oral i escrit: densitat lèxica, composició oracional i connexió textual.* Tesis doctoral. Barcelona: Universitat Pompeu Fabra. URL: <http://www.tdcat.cesca.es/TDCat-0311102-134928>; fecha de consulta: 11-12-2009.

DÍAZ Y DÍAZ, Manuel C. (1968). «Introducción». En PETRONIO (Cayo Petronio Árbitro) [64 d. C.?] (1968). *Satiricón.* Texto revisado y traducido por Manuel C. Díaz y Díaz. Barcelona: Consejo Superior de Investigaciones Científicas. IX-CXVIII.

DÍAZ Y DÍAZ, Manuel C. (1974). *Antología del latín vulgar.* Madrid: Gredos.

HALLIDAY, M. [Michael] A. K. [1985] (1990). *Spoken and Written Language.* Oxford: Oxford University Press.

PAYRATÓ, Lluís (ed.) (1998). *Oralment. Estudis de variació funcional.* Barcelona: Publicacions de l'Abadia de Montserrat.

RUBIO FERNÁNDEZ, Lisardo (1988). «Introducción». En PETRONIO (Cayo Petronio Árbitro) [1978] (1988). *El Satiricón.* Introducción, traducción y notas de Lisardo Rubio Fernández. Madrid: Gredos. 7-28.

SMITH, Martin S. (1975). «Introduction». En PETRONIUS (1975). *Cena Trimalchionis.* Editado por Martin S. Smith. Oxford: Clarendon Press. IX-XXIV.

VÄÄNÄNEN, Veikko (1971). *Introducción al latín vulgar.* Traducción de Manuel Carrión Gútiez. Madrid: Gredos.

Apéndice I

Petronio (Cayo Petronio Árbitro) [64 d. C.?] (1968). *Satiricón.* Texto revisado y traducido por Manuel C. Díaz y Díaz. Barcelona: Consejo Superior de Investigaciones Científicas. Páginas 59-62 (texto latino).

42. Excepit Seleucus fabulae partem et: «Ego», inquit, «non cotidie lauor; baliscus enim fullo est; aqua dentes habet, et cor nostrum cotidie liquescit. **2.** Sed cum mulsi pultarium obduxi, frigori laecasin dico. **3.** Nec sane lauare potui; fui enim hodie in funus. Homo bellus, tam bonus Chrysanthus animam ebulliit. Modo, modo me appellauit. Videor mihi cum illo loqui. **4.** Heu, eheu! Vtres inflati ambulamus. Minoris quam muscae sumus: tamen aliquam uirtutem habent; nos non pluris sumus quam bullae. **5.** Et quid si non abstinax fuisset? Quinque dies aquam in os suum non coniecit, non micam panis; tamen abiit. At plures medici illum perdiderunt, immo magis malus fatus; medicus enim nihil aliud est quam animi consolatio. **6.** Tamen bene elatus est, uitali lecto, stragulis bonis. Planctus est optime — manu misit aliquot — etiam si maligne illum plorauit uxor. **7.** Quid si non illam optime accepisset? Sed mulier quae mulier miluinum genus. Neminem nihil boni facere oportet; aeque est enim ac si in puteum conicias. Sed antiquus amor carcer est».

43. Molestus fuit, Philerosque proclamauit: «Viuorum meminerimus. Ille habet, quod sibi debebatur: honeste uixit, honeste obiit. Quid habet quod queratur? Ab asse creuit et paratus fuit quadrantem de stercore mordicus tollere. Itaque creuit, quicquid tetigit, tanquam fauus. **2.** Puto mehercules illum reliquisse solida centum, et omnia in nummis habuit. **3.** De re tamen ego uerum dicam, qui linguam caninam comedi: durae buccae fuit, linguosus, discordia non homo. **4.** Frater eius fortis fuit, amicus amico, manu uncta, plena mensa. Et inter initia malam parram pilauit, sed recorrexit costas illius prima uindemia: uendidit enim uinum quantum ipse uoluit. Et quod illius mentum sustulit, hereditatem accepit, ex qua plus inuolauit quam illi relictum esto. **5.** Et ille stips, dum fratri suo irascitur, nescio cui terrae filio patrimonium elegauit. Longe fugit, quisquis suos fugit. **6.** Habuit autem oracularios seruos, qui illum pessum dederunt. Nunquam autem recte faciet qui cito credit, utique homo negotians. Tamen uerum quod frunitus est, quam diu uixit ‹...› cui datum est, non cui destinatum. **7.** Plane Fortunae filius. In manu illius plumbum aurum fiebat. Facile est autem ubi omnia quadrata currunt. Et quot putas illum annos secum tulisse? Septuaginta et supra. Sed corneolus fuit, aetatem bene ferebat, niger tanquam coruus. **8.** Noueram hominem olim coleorum; et adhuc salax erat. Non mehercules illum puto domo canem reliquisse. Immo etiam puellarius erat, omnis Mineruae homo. Nec improbo, hoc solum enim secum tulit».

44. Haec Phileros dixit, illa Ganymedes: «Narratis quod nec ad caelum nec ad terram pertinet, cum interim nemo curat, quid annona mordet. **2.** Non mehercules hodie buccam panis inuenire potui. Et quomodo siccitas perseuerat! Iam annum esurio fui. **3.** Aediles male eueniat, qui cum pistoribus colludunt: "Serua me, seruabo te". Itaque populus minutus laborat; nam isti maiores maxillae semper Saturnalia agunt. **4.** O si haberemus illos leones, quos ego hic inueni, cum primum ex Asia ueni. **5.** Illud erat uiuere. † Similia sicilia interiores et † laruas sic istos percolopabant, ut illis Iuppiter iratus esset.

6. Sed memini Safinium; tunc habitabat ad arcum ueterem, me puero: piper, non homo. **7.** Is quacunque ibat, terram adurebat. Sed rectus, sed certus, amicus amico, cum quo audacter posses in tenebris micare. **8.** In curia autem quomodo singulos pilabat. Nec schemas loquebatur sed directum. **9.** Cum ageret porro in foro, sic illius uox crescebat tanquam tuba. Nec sudauit unquam nec expuit; puto enim nescio quid † asiadis † habuisse. **10.** Et quam benignus resalutare, nomina omnium reddere, tanquam unus de nobis. **11.** Itaque illo tempore annona pro luto erat. Asse panem quem emisses, non potuisses cum altero deuorare. **12.** Nunc oculum bublum uidi maiorem. Heu heu, quotidie peius! Haec colonia retrouersus crescit tanquam coda uituli. **13.** Sed quare non? Habemus aedilem trium cauniarum, qui sibi mauult assem quam uitam nostram. Itaque domi gaudet, plus in die nummorum accipit quam alter patrimonium habet. Iam scio unde ac ceperit denarios mille aureos. **14.** Sed si nos coleos haberemus, non tantum sibi placeret. Nunc populus est domi leones, foras uulpes.

15. Quod ad me attinet, iam pannos meos comedi, et si perseuerat haec annona, casulas meas uendam. **16.** Quid enim futurum est, si nec dii nec homines eius miserentur? Ita meos fruniscar, ut ego puto omnia illa a † aedilibus † fieri. **17.** Nemo enim caelum caelum putat, nemo ieiunium seruat, nemo Iouem pili facit, sed omnes opertis oculis bona sua computant. **18.** Antea stolatae ibant nudis pedibus in cliuum, passis capillis, mentibus puris, et Iouem aquam exorabant. Itaque statim urceatim plouebat: aut tunc aut nunquam, et omnes redibant udi tanquam mures. Itaque dii pedes lanatos habent, quia nos religiosi non sumus. Agri iacent...».

Apéndice II

Petronio (Cayo Petronio Árbitro) [64 d. C.?] (1968). *Satiricón*. Texto revisado y traducido por Manuel C. Díaz y Díaz. Barcelona: Consejo Superior de Investigaciones Científicas. Páginas 59-62 (traducción).

Entró Seleuco en la conversación, y:

—Yo —dijo— no me baño todos los días; pues un chapuzón es como un batán: el agua tiene dientes y el corazón de día en día se hace papilla. Pero en cuanto me embaulé un pozal de vino con miel, mando al frío a tomar por saco. Y no me he podido bañar ademas: porque he estado en un entierro. Un tipo guapo, el bueno de Crisanto, la ha diñado. Hace nada nada me llamaba a gritos por mi nombre: me parece aún estar hablando con él. ¡Ay, ay!, somos globos hinchados que andan. Menos valemos que moscas: al menos ellas alguna fuerza tienen; pero nosotros no somos de más valor que burbujas de aire. ¿Y qué habría pasado si no se hubiera puesto a dieta? Cinco días estuvo sin llevar a la boca ni agua ni una migaja de pan. Con todo allá se fue. Los muchos médicos lo mataron, bueno, más bien su mala suerte; a fin de cuentas un médico no es más que consuelo. Con todo fue bien enterrado, con una caja estupenda, con sus mejores colchas. Le hicieron un buen duelo —había libertado algunos esclavos—: pese a que su mujer lloriqueó por él, de mala gana. ¿Qué habría pasado si no la hubiera tratado tan bien? Pero la mujer que es mujer es un buitre. Nadie tendría que hacerle bien: pues es exactamente lo mismo que si se tirara a un pozo. Pero un amor de antiguo es una cárcel.

Se ponía pesado, y Fileros chilló:

—Volvamos a lo que importa. Él ya tiene lo que se mereció: vivió honradamente, murió honradamente. ¿De qué ha de quejarse? Empezó a crecer desde un as y estuvo siempre dispuesto a recoger con los dientes un ochavo de la basura. Así le medró cuanto tocó como la espuma. Creo por Hércules que dejó unos cien mil sestercios; y todo lo tenía en dinero contante y sonante. Con todo, y diré la verdad, yo que no tengo pelos en la lengua: fue de boca mordaz, vocinglero, la discordia en persona no un hombre. Su hermano sí fue un buen hombre, amigo del amigo, de mano generosa, de mesa siempre dispuesta. A los comienzos estuvo a punto de desollar un gato rabioso, pero le levantó la paletilla la primera vendimia pues vendió el vino al precio que quiso. Y lo que más le hizo erguir la cabeza, recibió una herencia, de la que limpió más que lo que le habían dejado. Y ese tarugo, con que está reñido con su hermano, dejó todos sus bienes a no sé qué hijo de la tierra. Lejos tiene que escapar quien escapa de los suyos. Y es que tenía unos esclavos en los que creía como artículos de fe, que lo mandaron a pique. Nunca obrará cuerdo quien se fía de ligero, sobre todo si es hombre de negocios. Con todo la verdad es que ha disfrutado mientras vivió...; pues lo que vale es a quien se ha dado, no a quien se había prometido. Era talmente un hijo de Fortuna: en su mano el plomo se convertía en oro. Bueno, es fácil cuando todo rueda bien. ¿Y cuántos años piensas que tenía a cuestas? Setenta y pico. Pero era duro, llevaba muy bien la edad, de pelo negro como un cuervo. Yo conocía al tipo que tiempo atrás era de muchos perendengues; todavía era muy verde. Por Hércules que no creo que haya dejado en paz una perra en su propia casa. Mejor aún, era muy dado a los muchachitos jóvenes: un individuo a quien le servía todo. Y no lo censuro: es lo que se llevó ganado.

Eso dijo Fileros, y esto Ganimedes:

—Andáis con historias que nada tienen que ver con el cielo ni con la tierra, y entre tanto nadie se cuida de por qué tira dentelladas la escasez. Por Hércules que hoy no he podido conseguir un bocado de pan. Y ¡cómo va durando la sequía! Ya un año siendo Donhambre. Mal hayan los ediles que están aconchabados con los panaderos: «Cuídame, yo te cuidaré». Y de esta manera el pueblo bajo venga de trabajar; pues esos grandes tragaderas hacen todo el año su agosto. ¡Oh si tuviéramos los leones que yo encontré aquí recién llegado de Asia! Aquello era vivir. Si había el menor fallo, sacudían tanto a estos espantajos que Júpiter llegaba a picarse.

Pero me acuerdo de Safinio; entonces vivía en el Arco viejo, cuando yo era un niño: la pimienta en persona, no un hombre. Por donde pisaba, quemaba la tierra. Pero recto y de fiar, amigo del amigo, con quien podías atreverte a jugar a oscuras a la morra. Y en las reuniones de la curia cómo los desollaba. Y nada de florituras, sino al grano. Y bueno, cuando actuaba en el foro, su voz se llenaba como una trompeta: sin sudar en ningún momento ni escupir. Creo que tenía algo... Y qué amable respondía al saludo, llamaba a cada uno por su nombre, como uno más de nosotros.

Y así por entonces los precios estaban por los suelos. El pan que se podía comprar con un as, no se daba acabado entre dos. Ahora ya he visto ojos de buey más grandes. ¡Ay! ¡ay! cada día a peor. Esta colonia crece para atrás como el rabo de un ternero. Y ¿cómo no? Tenemos un edil que no vale un higo, que prefiere un as en su provecho que la vida de todos nosotros. Y así está de alegre en su casa: más dinero recibe en un solo día que otro tiene de hacienda. Ya sé yo de dónde recibió mil denarios de oro. Pero si nosotros los tuviéramos bien puestos, no se lo pasaría tan bien. Ahora la gente dentro de su casa son leones, fuera gallinas.

Por lo que a mí toca, ya me he comido mis harapos y tendré que vender mi tugurio si sigue durando esta carestía. ¿Y qué va a pasar si ni los dioses ni los hombres se preocupan de ella? Que no vea más a mis hijos si no creo que todo esto no viene de arriba. Claro, nadie cree que el cielo es cielo, nadie guarda el ayuno, a nadie le importa Júpiter un pito, sino que todos tapándose los ojos van haciendo la cuenta de lo que tienen. Antes las señoronas subían al Capitolio con los pies descalzos, el pelo suelto, las conciencias limpias y pedían a Júpiter que lloviera. Y así al momento caía agua a cántaros: o entonces o nunca, y todo el mundo volvía empapado como ratas. Y ahora los dioses no pueden dar un paso, porque nosotros no tenemos religión. Los campos están tirados...

Apéndice III

Petronio (Cayo Petronio Árbitro) [1978] (1988). *El Satiricón*. Introducción, traducción y notas de Lisardo Rubio Fernández. Madrid: Gredos. Páginas 66-69.

42. Saleuco interviene en la conversación y dice: «Yo no me baño a diario, pues el baño consume como el batán; el agua tiene dientes y nuestro corazón se disuelve un poco bajo sus efectos. En cambio, cundo me tomo un trago de vino con miel, me río del frío a mis anchas. Por lo demás, tampoco me fue posible bañarme: hoy tuve que ir a un entierro. Una excelente persona, el bueno de Crisantemo, ha rendido el alma. Ayer, todavía ayer, dialogó conmigo. Aún me parece que le estoy hablando. ¡Ay, ay! Andamos por el mundo como globos hinchados. Somos menos que las moscas; ellas, al menos, tienen cierto poder; pero nosotros no somos más que burbujas. Y ¿qué le hubiera pasado si no se hubiera atenido a un régimen? Estuvo cinco días sin llevar a la boca ni una gota de agua ni una migaja de pan. Con todo, se ha ido donde iremos todos. Son los médicos quienes le echaron a perder, o, mejor dicho, fue su fatal destino, pues el médico no es más que un consuelo moral. Lo cierto es que tuvo buen entierro: le sirvió de féretro el lecho que utilizó en vida, con sus buenas mantas. Se le lloró muy bien (había manumitido a cierto número de esclavos), aunque su esposa le haya escatimado las lágrimas. ¿Qué hubiera pasado si él no la hubiera tratado tan bien? Pero la mujer... ¡qué ave de rapiña la mujer! Nadie debería tener condescendencia con una mujer: es como echar agua al pozo. Pero un viejo amor es como un cáncer.»

43. Ya se ponía pesado; Filerón [sic] lo interrumpió vivamente: «Volvamos al mundo de los vivos. El difunto ya tiene lo que podía esperar: vivió bien, murió bien. ¿De qué se puede quejar? Salió de la nada y hubiera estado dispuesto a hozar un estercolero para recoger de un bocado un cuarto de as. Así ha crecido como ha crecido: como un panal de miel. Por Hércules, me figuro que habrá dejado sus cien mil sestercios bien redondos, y todo en moneda contante y sonante. Y para decirlo todo, pues yo no me he alimentado con lengua de perro, era un descarado, una mala lengua, la Discordia en carne y huesos. Su hermano fue todo un carácter, amigo para el amigo, daba a manos llenas y tenía la mesa bien abastecida. En sus principios tuvo que desplumar aves de mal agüero, pero la primera vendimia le hizo recobrar el aplomo: vendió el vino al precio que quiso. Y, para acabar de enderezarle la barbilla, le sobrevino una herencia donde robó bastante más de lo que correspondía a su lote. Aquel alcornoque que era el otro, por estar reñido con su hermano, legó su patrimonio a no sé que engendro de la Tierra[1]. Uno va lejos cuando huye de los suyos. Consideró como oráculos a sus esclavos y éstos lo echaron a perder. Nunca se acierta cuando uno se fía demasiado pronto, y menos que nadie acierta el hombre de negocios. Lo cierto es que supo aprovecharse de la vida mientras fue de este mundo... (Lo que importa) es que a uno se le dé, no que se le prometa. Verdadero niño mimado de la Fortuna, en sus manos el plomo se volvía oro. Ello resulta fácil cuando todo va sobre ruedas. Y ¿cuántos años crees que se llevó consigo? Setenta y tantos. Fue resistente como el cuerno; llevaba bien sus años, negrote como un cuervo. Yo conocía a este hombre desde tiempo inmemorial, y todavía conservaba su verde vigor. Por Hércules, no dejaba en paz en su casa ni a la perra. Más todavía: le atraían los mancebos; un hombre con todos los refinamientos del gusto. No se lo echo en cara. He ahí lo único que se llevó consigo.»

44. Tales fueron las palabras de Filero; y he aquí ahora las de Ganimedes: «Estáis charlando de lo que nada importa al cielo ni a la tierra, y, entretanto, nadie se preocupa de lo que escuece la carestía de la vida. Por Hércules, hoy no pude catar un bocado de pan. Y si esta sequía continúa... Llevamos ya un año de hambre. ¡Malditos ediles, por entenderse con los panaderos! «Apóyame y te apoyaré yo a ti.» Y entretanto el pueblo humilde padece, pues para las mandíbulas de los más ricos siempre es fiesta de Saturno[2]. ¡Si tuviéramos todavía aquellas fieras que me encontré yo aquí al principio, a mi llegada de Asia! Aquello era vivir. Si la flor de harina de Sicilia no era de buena calidad, sacudían leña a todos estos peleles, de tal modo que el propio Júpiter se sentía celoso. Recuerdo a Safinio; vivía junto al antiguo arco de triunfo, cuando yo era niño: más que un hombre era pura pimienta. Calcinaba la tierra bajo sus pisadas; pero era un hombre recto, seguro, amigo de sus amigos; con él podías jugar con toda confianza uno a pares y nones en plena oscuridad. En las asambleas edilicias, había que ver cómo cardaba el pelo a cada concejal. No andaba con rodeos, iba directamente al grano. Cuando tomaba la palabra en el foro, su voz se amplificaba como una trompeta; nunca se le vio sudar ni escupir. Creo que tenía un deje asiático. ¡Qué amabilidad la suya! Contestaba al saludo, llamaba a cada cual por su nombre, como uno cualquiera de nosotros. Pues bien, iban tirados los precios en aquel tiempo. Con un as comprabas un pan que bastaba y sobraba para dos personas: nuestros panes de hoy son más menudos que el ojo de un becerro. ¡Ay, ay! ¡Cada día peor! Nuestra colonia va creciendo al revés, como la cola del ternero. Pero todo ello por tener un edil que no vale tres higos, que le importa más un as para su bolsillo que la vida de todos nosotros. De ahí la buena vida que se da en casa: recibe en un día más escudos que otro cualquiera tiene de patrimonio. Por ejemplo, conozco un caso que le dio a ganar mil denarios de oro; pero si nosotros tuviéramos cojones, no saldría tan bien librado. La gente de ahora es así: leones en privado, gallinas en público. Por lo que a mí toca, ya me he comido mis harapos, y si continúa esta carestía, tendré que vender mi barraca. ¿Qué va a pasar si ni los dioses ni los hombres se apiadan de esta colonia? Juro por la vida de mis hijos que, en mi opinión, todos nuestros males son un castigo de los dioses. Efectivamente, nadie cree que el cielo es el cielo, nadie guarda el ayuno, Júpiter no importa un bledo a nadie; al contrario, todo el mundo cierra los ojos y se dedica a contar su dinero. Antaño, las grandes damas vestidas de largo subían descalzas al Capitolio, con el pelo suelto, con el corazón puro, e imploraban de Júpiter la lluvia; así empezaba inmediatamente a llover a cántaros (entonces o nunca), y todos regresaban calados como ratas de agua. Ahora, los dioses nos han dejado de la mano[3]: porque nosotros no somos piadosos. Los campos, están yermos...»

[1] Expresión despectiva proverbial para decir «uno cualquiera», «el primero que a uno se le ocurra». (Nota a pie de página)

[2] Las fiestas de las Saturnales (a partir del 17 de diciembre) eran ocasión, para los romanos, de una semana de diversiones y banquetes. (Nota a pie de página)

[3] El texto latino, literalmente, dice: «los dioses tienen los pies forrados de lana»; lo cual significa que no manifiestan su presencia y asistencia. En Apuleyo veremos a cierto personaje que, para no delatarse, se pone calcetines de lana. (Nota a pie de página)

Apéndice IV

Petronio (Cayo Petronio Árbitro) (2007). *El Festín de Trispudientillo* (Cena Trimalchionis) [Satiricón: *26, 7-78, 8*]. Advertencia preliminar, revisión del texto latino, notas y epílogo de Matías López López. Traducción de Marta Sampietro Lara y Matías López López. Barcelona: PPU. Páginas 47-60.

42. Seleuco tomó parte en la conversación y dijo: "Yo no me baño todos los días, pues el baño es como un batán; el agua tiene dientes, y cada día nuestro corazón se va desgastando. **2.** Pero, cuando me trago un puchero de vino con miel, le digo al frío que se vaya a tomar viento. Y no me he podido bañar, además, porque hoy he asistido a un funeral. **3.** Un tipo bien parecido, el bueno de Floriáureo: ha *palmao*. Nace *na* andaba llamándome: me parece que aún estoy hablando con él. **4.** ¡Ay, ay!: somos como globos con patas. Somos aún menos que moscas: al menos, ellas tienen alguna fuerza; nosotros no somos más que burbujas. **5.** ¿Y qué hubiera pasado si él no hubiera seguido una dieta?: durante cinco días no se echó agua a la boca, ni una migaja de pan...; y sin embargo *se fue adonde la mayoría*. Los médicos le han *buscao* la ruina...; o más bien ha sido su aciago destino, pues el médico no es *na* más que un consuelo *pa'* el alma. **6.** Con todo, ha tenido un digno entierro: con un ataúd estupendo, y bien amortajado. Se le ha llorado a moco *tendío* pues concedió la libertad a unos cuantos, aunque su esposa lo ha *lloriqueao* cicateramente. **7.** (¡y eso que la trató con consideración!). ¡Mujeres...!: la mujer es un ave de rapiña; nadie tendría que hacerle favores, pues eso sirve exactamente de lo mismo que si te arrojaras a un pozo. Pero un viejo amor es como un *cáncer*".

43. Se puso pesado, así que Erotófilo gritó: "¡Nosotros, a lo nuestro. Él tiene lo que se le debía: vivió honestamente, murió honestamente. ¿De qué puede quejarse? Salió de la nada y estuvo dispuesto a arrancar a dentelladas un cuarto de as del estiércol. Así pues, cuanto tocó subió como la espuma. **2.** Creo, ¡por Hércules!, que dejó cien mil sestercios, y todo en dinero contante y sonante. **3.** Sin embargo diré la *verdá* sobre el particular, ya que no tengo pelos en la lengua: fue un caradura, un deslenguado; la discordia personificada, no un hombre. **4.** Su hermano fue todo un señor: amigo de sus amigos, de mano pródiga, de mesa abundante —y eso que en sus inicios desplumaba aves de mal agüero—; pero levantó cabeza a la primera vendimia, pues vendió el vino por cuanto él quiso; lo que le dio más humos fue que recibió una herencia, de la cual se esfumó más de lo que le habían dejado. **5.** Y el muy zoquete, con eso de que estaba *enfadao* con su hermano, no sé a qué paria de la tierra legó su patrimonio. Muy lejos tiene que escapar quien huye de los suyos. **6.** Tenía unos esclavos en los que había depositado fe ciega y que le buscaron la ruina, pues nunca obrará bien quien confíe a la ligera, sobre todo si es un hombre de negocios. Pero lo cierto es que, mientras tuvo vida, estuvo disfrutando: <importa> con qué cuentas, no qué esperas. **7.** Sin lugar a dudas, un tipo afortunado; en sus manos el plomo se convertía en oro. Sin embargo, eso es fácil cuando todo marcha sobre ruedas. ¿Y cuántos años crees que se llevó consigo?: setenta y pico. Pero estaba hecho un roble. Él llevaba bien la *edá*, moreno como un tizón. **8.** Yo había conocido a ese hombre de entrepierna proverbial, y era todavía un crápula. ¡Por Hércules!:

no creo que dejara tranquilo en casa ni a la perra. Más aún: le iban los jovencitos, era hombre 'de toda minerva'. Y no se lo critico: que le quiten lo *bailao*".

44. Esas cosas dijo Erotófilo, y Lindas-sus-partes éstas: "Contáis lo que ni al cielo ni a la tierra atañe, y entretanto nadie se preocupa por la precariedad del abastecimiento. 2. ¡Por Hércules que hoy no he podido hacerme con un bocado de pan! ¡Y de qué manera persiste esta sequía! Llevo un año siendo un Carpanta. 3. ¡Parta un rayo a los ediles, que se han *confabulao* con los panaderos!: '¡Hoy por ti y mañana por mí!'. De este modo el pueblo raso las pasa canutas, pues esos engullidores de tomo y lomo siempre celebran Saturnales. 4. ¡Ay, si tuviéramos *leones* como aquéllos a los que encontré aquí nada más regresar de Asia! 5. ¡Aquello era vida! †¡Mil como ésos tuviéramos a nuestra disposición†, y no se privarían de arrear tortazos a esas sabandijas hasta el punto de que Júpiter terminaría *picándose* con ellos!

6. Pero me acuerdo de Pulido: entonces vivía junto al Arco Viejo, siendo yo chaval; la pimienta en persona, no un hombre; 7. por donde pasara, abrasaba la tierra; pero era recto, leal, amigo de sus amigos, con quien podrías jugar a pares y nones sin recelo a oscuras; 8. ¡y cómo *se merendaba* a todos y cada uno en las asambleas de la Curia!; no se andaba con rodeos, sino que iba al grano; cuando intervenía en el Foro, su voz retumbaba como un *trombón*; y nunca sudó ni escupió —creo que este hombre tenía un no sé qué de asiático—; 10. ¡y con qué *suavidá* devolvía el saludo!: ¡nos llamaba —como uno más de nosotros— a todos por nuestro nombre!

11. Y por entonces los precios estaban *tiraos*: el pan que te comprabas por un as, no te lo acababas ni en compañía; 12. Ahora, estoy viendo *ojos de buey* más grandes: ¡ay, ay, cada día peor! Esta colonia va *pa' trás* como los cangrejos. 13. ¿Y cómo no? Tenemos un edil que no vale un bledo, que prefiere un as *pa' él* antes que nuestra vida. Y así está tan ricamente en su casa: recibe más dinero en un día que otro tiene en patrimonio. Yo ya sé de dónde recibió mil denarios de oro...: 14. pero si tuviésemos cojones, no se las daría de listo. Ahora la gente en casa son leones y fuera corderitos.

15. Por lo que a mí se refiere, ya me he comido mis harapos, y si este abastecimiento *sigue en sus trece* venderé mi cuchitril. 16. ¿Pues qué va a pasar, si ni los dioses ni los hombres se apiadan de esta colonia? Así pierda a los míos, si no estimo que todo esto es un castigo procedente de los dioses. 17. Pues nadie cree que el cielo es el cielo, nadie guarda el ayuno; Júpiter a nadie le importa un rábano, sino que todos cuentan sus bienes haciendo la vista gorda. 18. Antes, las matronas subían al Capi-

tolio con los pies descalzos, el cabello suelto y la mente pura, e imploraban agua a Júpiter; al punto llovía a cántaros: o entonces o nunca, y todos volvían a casa *calaos* hasta los huesos. Así pues, los dioses se hacen los sordos porque nosotros hemos *olvidao* los rituales; los campos están yermos...".

Luis Pegenaute

Universitat Pompeu Fabra, Barcelona

EL ESTILO CONVERSACIONAL EN *TRISTRAM SHANDY* Y SUS TRADUCCIONES AL CASTELLANO[*]

1. Las traducciones de *Tristram Shandy* al castellano[1]

Si alguna de las obras canónicas de la literatura inglesa ha experimentado un llamativo retraso en la fecha de su traducción al castellano, ésta ha de ser, sin duda alguna, la inmortal novela de Laurence Sterne *The Life and Opinions of Tristram Shandy, Gentleman* (1760-1767), muchas veces considerada una auténtica precursora de la narrativa moderna por sus arriesgadas e innovadoras técnicas formales, su manipulación del libro como objeto físico, su acusado carácter metaficticio, su estilo digresivo y conversacional, sus continuas interpelaciones al lector, su manejo del tiempo narrativo, etc., lo que la convierte, en última instancia, en un magnífico estudio sobre las infinitas posibilidades del arte de la ficción y también sobre sus limitaciones.

Esta novela tardó más de doscientos años en traducirse al castellano: la primera traducción data de 1975. Se da la curiosa circunstancia de que tras una ausencia tan dilatada, a esta primera traducción de *Tristram Shandy* le siguió otra más al año siguiente y aún una tercera otros dos años más tarde. Aunque se pueden argüir numerosas razones para explicar por qué se tradujo en fecha tan tardía *Tristram Shandy* al castellano, ninguna de ellas hace excusable tal situación.[2] Afortunadamente, hoy en día no sólo contamos con las tres versiones castellanas sino que también tene-

---

[*] Este trabajo se ha realizado en el marco del proyecto de investigación FFI2009-13326-C02-02 del Ministerio de Ciencia e Innovación.
[1] Para un completo repaso a esta cuestión, véase Pegenaute (1994; 2004).
[2] Sea debido a desidia editorial, al temor a la censura o, simplemente, a los problemas que plantea su transferencia interlingüística, nada disculpa el hecho de que se publicara aun más tarde en España que en países como Hungría (1956), Checoslovaquia (1963), Rumanía (1969) o Japón (1972), países más distanciados de Inglaterra, geográfica y culturalmente, y con lenguas mucho más minoritarias que la nuestra.

mos una traducción en catalán, pues en 1993 la editorial Proa publicó la versión hecha por Joaquim Mallafré.

Fue en 1975, como decíamos, cuando Ediciones del Centro editó en su colección «Trébol Rojo» la versión hecha por José Antonio López de Letona, con un prólogo de Francisco Ynduráin. En 1984 Akal presentó una reedición de la traducción de Letona dentro de su colección Akal Bolsillo. Se trata de la misma versión, sin revisar (ni siquiera se corrigen las erratas). En 1985 la editorial Cátedra publicó una versión corregida dentro de su colección «Letras universales», con una interesante introducción de Fernando Toda y notas también a su cargo. Un año después de la publicación de la primera edición de la traducción de Letona vio la luz una segunda versión, esta vez de la mano de Ana María Aznar, con una introducción de Doireann MacDermott. Dicha traducción, que constituyó el volumen 71 de la colección «Clásicos Universales Planeta», presentó numerosos aciertos de traducción en relación con la versión de Letona, sobre todo en lo referente a la comprensión del original y a la adecuación semántica. Finalmente, en 1978 Alfaguara editó una nueva traducción de *Tristram Shandy*, esta vez firmada por Javier Marías, con prólogo de Andrew Wright, y acompañada de cuatro sermones de Sterne. En palabras del propio Marías (en comunicación personal) fue el deseo de distinguir a esta nueva edición de las anteriores lo que le impulsó a acometer la traducción de los sermones. Por su trabajo Marías obtuvo el Premio Nacional de Traducción en 1979. El proyecto habría arrancado en el año 1974 o 1975, tras una sugerencia de Claudio Guillén, director de la colección «Clásicos Alfaguara», aunque poco imaginaban entonces que estaban a punto de publicarse otras dos versiones. El propósito de este estudio es analizar el modo en que estas traducciones vertieron en castellano uno de los rasgos más idiosincráticos del estilo sterneano, su carácter conversacional.

2. Caracterización del estilo conversacional en *Tristram Shandy*

Críticos como Ian Watt (1967: 319-320) o Martin Hilsky (1971: 52) señalan que es la unidad del estilo sterneano el verdadero nexo aglutinante de la obra. Fue probablemente William Hazlitt, afamado escritor y novelista, el primero en incidir en el carácter conversacional de la obra de Sterne: «His style [...] is at times the most rapid, the most happy, the most idiomatic that is to be found. It is the pure essence of English conversational style».³ De todos modos, es preciso señalar que otros autores antes de Sterne habían cultivado con esmero este carácter conversacional. Así, por ejemplo, tal y como nos recuerda Sutherland (1963), la prosa de Joseph Addison también era buen reflejo de las características que debía presentar la conversación de un caballero en el siglo XVIII, pues era instructiva, aunque no de un modo demasiado perceptible o intrusivo, y a la vez era original y amena. Tanto el propio Addison como Richard Steele, Jonathan Swift o Henry Fielding meditaron a menudo sobre los efectos beneficiosos de una agradable conversación y no cabe duda de que todos ellos intentaron llenar el hueco que separa a la prosa de la lengua hablada. Se debe hacer aquí especial mención a *Life of Johnson* (1791), de James Boswell, en la que se refleja con gran naturalidad la espontaneidad de los diálogos del mundo real. La conversación era en aquella época sinónimo de urbanidad, buena muestra de la educación y formación de los interlocutores y, por ello, constituyente fundamental de la obra literaria.

No cabe duda de que el siglo XVIII vivió «el gran momento de la conversación en lengua inglesa» y que fueron numerosos los escritores que intentaron transmitir en su prosa el espíritu de la época (Piper 1965: 16). Ahora bien, tal y como señala Eugene Hnatko (1971), existen diferencias significativas entre los trabajos de grandes escritores (y conversadores) como el Dr. Johnson, Addison o Boswell y los de Sterne, pues sólo en este último encontramos un afán casi patológico por llevar hasta sus últimas consecuencias las posibilidades de la retórica. El propio autor se ocupó de dejar bien claras sus intenciones en una cita que hoy es clásica: «Writing, when properly managed (as you may be sure I think mine is), is but a different name for conversation» (LS: II, XI, 125).⁴ Toda conversación se distingue por dos características fundamentales que siempre corren parejas: su impredicibilidad y espontaneidad. Ambas encuentran amplio sustento en la novela. Así, podemos apun-

---

[3] *Lectures on the English Comic Writers*. Lecture I, «On Wit and Humour», leídas en la Surrey Institution en el invierno de 1818-1819 y publicadas en 1819. Citado en Howes (1974: 360).

[4] Las citas de *Tristram Shandy* han sido tomadas de *The Florida Edition of the Works of Laurence Sterne*, la edición crítica más completa y fiable, por no decir la definitiva, realizada por Melvyn New y Joan New (1978-1984). El modo de citar es el clásico al tratar esta novela: se hace referencia al volumen, capítulo y página. Así, LS: I, II, 3 remite a la página 3 de la edición de New y al capítulo II del volumen I de cualquier edición de *Tristram Shandy*. Este procedimiento permite localizar con facilidad los pasajes citados aunque se utilice una edición diferente.

tar un comentario de Tristram en el que atestigua en clave de humor su afán por lograr la primera de ellas: «And in this, Sir, I am of so nice and singular a humour, that if I thought you was able to form the least judgement or probably conjecture to yourself of what was to come in the next page, I would tear it out of my book» (LS: I, XXV, 89). También existen referencias explícitas a su intento de imprimir un carácter espontáneo a su narrativa: «That of all the several ways of beginning a book, which are now in practice throughout the known World, I am confident my own way of doing it is the best—I am sure it is the most religious too—for I begin with writing the first sentence and trusting to Almighty God for the second» (LS: VIII, II).

Al analizar el estilo conversacional de Sterne, resulta preciso señalar cómo el autor exige de los lectores una participación activa que les llevará en muchos casos a una reescritura activa de la obra. Así, por ejemplo, Louis Milic (1971: 281) considera el carácter incompleto de la exposición como algo inherente a todos los mensajes: es el interlocutor (o el lector) el que reconstruye el segmento verbal (o textual) según sus propios parámetros. No es de extrañar que Sterne haya constituido un ejemplo paradigmático de críticos como Wolfang Iser, uno de los mejores representantes de la escuela alemana de la llamada «teoría de la recepción».[5] Lo que verdaderamente distingue y caracteriza un estilo conversacional es su sintaxis y puntuación, no la forma en que suena. Hnatko (1971) sostiene que el hecho de que un escritor dedique gran atención al sonido de su prosa, cuidando la aliteración, asonancia, etc., no conduce a ningún logro eficaz. Muy al contrario, lo que el autor logra en esos casos es un efecto similar al de la poesía, que constituye el polo más alejado del habla espontánea. Imprimir a la prosa un espíritu realmente conversacional es una tarea ardua e intrincada ya que, por paradójico que parezca, el procedimiento para conseguirlo no consiste en reproducir los mecanismos lingüísticos de una conversación real sino en utilizar ciertos efectos estilísticos que el lector pueda reconocer como similares a aquellos a los que responde en el habla cotidiana. Según Milic (1971: 282), «Colloquial prose is more like other prose than it is like speech transcription». No le falta razón a este autor, pues si encontráramos en los libros algo que el código verbal nos puede proporcionar más fidedignamente, la literatura perdería gran parte de su razón de ser. En este sentido, conviene tener bien presentes las palabras

---

[5] En este sentido véase Iser (1988), consagrado enteramente a *Tristram Shandy*, pero también las referencias a esta obra en Iser (1974).

del poeta y crítico T. S. Eliot: «Identical spoken and written language would be practically intolerable. If we spoke as we write we should find no one to listen; and if we wrote as we speak we should find no one to read» (Eliot 1932: 407; citado en Milic 1971: 287).

Morris W. Croll (1929), en un memorable ensayo, nos apunta las características de lo que él denomina estilo *anti-ciceroniano* o *senequista*, también conocido como *moderno* o *barroco*. Dicho estilo surgiría a finales del siglo XVI como una respuesta radical al clasicismo del Renacimiento. El objetivo de esta corriente era lograr un estilo expresivo más que una belleza formal. Así, no se pretende retratar un pensamiento sino una mente en el proceso de pensar. Autores como Robert Burton o Michel de Montaigne, que influyeron decisivamente en Sterne, y después el propio autor inglés, coincidieron al considerar que si se separa una idea del acto de experimentarla, obtenemos algo diferente de la idea experimentada originalmente:

> The ardour of its conception in the mind is a necessary part of its truth; and unless it can be conveyed to another mind in something of the form of its occurrence, either it has changed into some other idea or has ceased to be an idea, to have any existence whatever except a verbal one. (Croll 1929: 430)

Los autores que Croll denomina «barrocos» eligieron deliberadamente como momento de expresión aquél en el que la idea comienza a tomar cuerpo en la mente, cuando las partes constituyentes aún mantienen su propia identidad y autonomía, «the moment in which truth is still imagined» (Croll 1929: 431). Las diferencias más importantes con el estilo clasicista radican en el modo de conexión entre las diferentes partes del discurso. Dos son los procedimientos de conexión característicos de este estilo y, aunque son diametralmente opuestos, no resultan exclusivos. De hecho, Croll señala cómo los autores más representativos —Montaigne, Thomas Browne y, por supuesto, Sterne, aunque no sea mencionado explícitamente— usan ambos indiscriminadamente.

El primero de estos procedimientos, descrito como «periodo breve» (*curt period*) se caracteriza por la ausencia de conexiones sintácticas entre las oraciones, por lo que signos de puntuación como la coma o el punto y coma (y en el caso de Sterne, la raya o guión largo) resultan fundamentales. Los miembros constituyentes del periodo son muy cortos y existe un orden característico de exposición, según el cual el primero de ellos constituye una exposición completa y autosuficiente de la noción central. Cada uno de los miembros subsiguientes aporta un nuevo matiz y modera la aprehensión de la idea original. En palabras de Croll (1929: 433), «we may describe the progress of a curt period as a series of imaginative moments occurring in a logical pause or suspension». El siguiente ejemplo resulta perfectamente representativo de todo esto:

(1)   Labour stood still as he pass'd,—the bucket hung suspended in the middle of the well,—the spinning-wheel forgot its round—even chuck-farthing and shuffle-cap themselves stood gaping till he had got out of sight. (LS: I, X, 19)

Por último, el periodo breve se caracteriza por una asimetría entre los diferentes miembros constituyentes. Esta asimetría puede tomar muy variadas formas: diferencia de longitud, cambios de dirección argumental, paso brusco del plano real al metafórico (o viceversa), de lo concreto a lo abstracto (o viceversa), etc. Nada mejor que recurrir de nuevo a *Tristram Shandy* para su mejor ejemplificación:

(2)   Nature instantly ebb'd again,—the film returned to its place,—the pulse fluttered—stopp'd—went on—throbb'd—stopp'd again—moved—stopp'd—shall I go on?—No. (LS: VI, X, 513)

El segundo tipo de periodo característico del estilo barroco es denominado por Croll «estilo suelto» (*loose style*). En este caso, al contrario que en el anterior, los miembros están conectados mediante numerosos nexos sintácticos y, en consecuencia, tanto los miembros constituyentes como el periodo completo pueden resultar incluso más largos que en el periodo ciceroniano. Según Croll, este estilo intenta expresar lo que Bacon denominaba «método de conocimiento inducido», en el que la progresión del periodo se adapta al movimiento de una mente que va descubriendo la verdad según avanza. Se trataría de un precedente de lo que después se denominaría «escritura automática». En esta variedad del estilo anticiceroniano se puede apreciar un elevado índice de conjunciones coordinativas como *and*, *but* o *for*, que permiten a la mente avanzar un paso más allá en lo expuesto con anterioridad. También resulta corriente el uso de *whereas*, *nor* y de correlativos como *though ... yet*, *as ... so*. De igual modo, son abundantes las construcciones de participio absoluto, ya que estos pueden ser usados para exponer tanto una causa como una consecuencia, concesión, justificación, resumen, etc. Por otra parte, tanto los pronombres relativos como las conjunciones subordinativas, por lo habitual altamente vinculativos, adquieren ahora una mayor independencia que de costumbre gracias a la puntuación, convirtiendo el periodo en algo menos compacto de lo que sería en condiciones normales. En este tipo de estilo, los miembros del periodo se presentan encadenados de tal forma que cada uno de ellos es consecuencia del inmediatamente anterior, pero no necesariamente de los precedentes. Como ejemplo del mismo:

(3)　　But I was begot to misfortunes—for my poor mother, whether it was wind or water;—or a compound of both,—or neither; or whether it was simply the mere swell of imagination and fancy in her; or how far a strong desire to have it so, might mislead her judgement;—in short, whether she was deceived or deceiving in this matter, it no way becomes me to decide it. (LS: I, xv)

Como vemos, aunque aparecen numerosos nexos sintácticos, el narrador intenta dar la impresión de que está transmitiendo los pensamientos según van tomando cuerpo en su mente, sin una idea preconcebida. Según Henri Fluchère, «Words follow the sequence of ideas as they occur, expressing them as they cross the mind: language then becomes an adventure in quest of a truth which is in the process of formation» (Fluchère 1965: 465). Es de sobra sabido que nuestro novelista estaba muy influenciado por las teorías de Locke, el cual consideraba que el hombre sólo puede aprehender su propia percepción de la realidad y no la realidad en sí misma.[6] Tal y como señala James A. Work en la introducción a su edición de *Tristram Shandy* (Sterne 1940: XVII), el estilo de Sterne es más apropiado para una obra que trata sobre *life and opinions* que una sobre *life and adventures* (recordemos que el título completo de la obra es *The Life and Opinions of Tristram Shandy, Gentleman*).

De todos modos, aunque John M. Stedmond (1959, 1967) considera que Sterne imita este tipo de sintaxis, imprimiendo un tono deliberadamente arcaico a su estilo, Hnatko (1969) resulta escéptico al respecto y opina que hemos de ser muy cautos a la hora de adscribirle la etiqueta de escritor barroco, pues es altamente cuestionable que Sterne lograra escapar a las convenciones de su época, consiguiendo un estilo como el de Rabelais o Montaigne. Este crítico reconoce que en *Tristram Shandy* abundan los ejemplos de periodo breve y de (lo que en principio puede parecer) estilo suelto, pero

---

[6] La influencia de Locke en Sterne ha sido convenientemente estudiada. Véanse, por ejemplo, Traugott (1954), Cash (1955) y Moglen (1975).

considera que no es menos cierto que muchas de sus oraciones presentan una construcción muy rígida y convencional, en consonancia con el estilo ciceroniano. Así, no resulta infrecuente el uso de la hipotaxis con efecto enfático, la presencia de interpolaciones, etc., que denotan una gran cohesión y rigidez estructural.

3. La voz del narrador

3.1 Flujo de conciencia

Tristram Shandy puede considerarse un magnífico ejemplo de novela autoconsciente.[7] Al hablar de ficción autoconsciente, sobre todo de una novela como ésta, en la que hay continuas interpelaciones a la audiencia, conviene hacer una distinción entre el destinatario dentro de la obra de ficción y el lector en el mundo real. La relación existente en la narrativa tradicional entre el narrador, la historia y el lector, se expande en la situación metaficticia para englobar al autor, al narrador, la historia, el lector ficticio (audiencia) y lector de hecho. Los dos elementos extremos de esta relación constituyen factores externos al mundo de la ficción, mientras que todos los demás figuran como partes integrales de ella (cf. Christensen 1981: 13).

La relación lector-audiencia resulta en este caso sumamente compleja. Según John Preston (1970), ocasionalmente podemos identificarnos, aunque sea de un modo parcial, con algunos de los lectores imaginarios que aparecen en la novela, los *Sir* 'señor, señor mío, caballero' y *Madam* 'señora' a los que Tristram interpela. Otros críticos, como Walter J. Ong (1975), han comparado al lector real con un lector que lee por encima de los hombros de otro lector. A la hora de enfrentarnos a un texto, nuestra lectura estaría canalizada a través de aquella persona a la que está dirigida la narración dentro del marco ficticio de la obra. William C. Dowling aplica esta teoría a *Tristram Shandy* y considera que: «[it] is a story without an audience – or rather, a work projecting an empty space where internal or imaginary audience normally exists in literature» (Dowling 1979-1980: 284). El concepto de audiencia es inherente a la propia literatura y ha sido desarrollado diacrónicamente a lo largo de su histo-

---

[7] Según Robert Alter (1975: XI), «[a] fully self-conscious novel [...] is one in which from beginning to end, through the style, the handling of the narrative viewpoint, the names and words imposed on the characters, the patterning of the narration, the nature of the characters and what befalls them, there is a consistent effort to convey to us a sense of the fictional world as an authorial construct set up against a background of literary tradition and convention».

ria. Los escritores «inventan» una audiencia que han aprendido a reconocer a través de sus lecturas anteriores. En este caso en particular, podemos considerar que la audiencia es imaginaria en un doble sentido, porque no se corresponde con un conjunto de lectores reales, pero, además, porque es imaginada por Tristram el narrador en lugar de por Sterne el autor.[8]

Independientemente de la naturaleza ontológica de la audiencia, lo cierto es que resulta muy típico de la prosa sterneana recurrir a constantes interpelaciones a ella, así como lo es que esa misma audiencia interrumpa al narrador solicitando una explicación o respuesta a una duda. Tal y como afirma Mary Wagoner (1966: 337), «The reader's involvement, on its simplest level, depends on the rhetoric of question». Mediante esta interacción entre el narrador y la audiencia, Sterne recrearía lo que Bruce Stovel (1984: 118) denomina «the satisfactions found in the everyday activity of gossip». Ciertamente, encontramos en la obra recurrentes descripciones de incidentes sexuales y domésticos acontecidos a personas que probablemente no desearían que fueran conocidos públicamente. Este «cotilleo» no parece tener otro fin que la mera satisfacción personal de aquel que desvela un secreto, pues no parece responder a una justificación explícita.

Una importante característica de estas conversaciones es el hecho de que, aunque en apariencia pueda parecer paradójico, su único principio de conexión es la interrupción. Al compartir el narrador estos indiscretos acontecimientos con su audiencia, se crea un vínculo o relación más íntima. El narrador se dirige a ella unas 350 veces a lo largo de toda la novela. No se trata de una audiencia homogénea, ya que Tristram se ha ocupado deliberadamente de dividirla y confrontarla (tal y como, de hecho, Sterne había hecho con su público). Existen dos grupos claramente diferenciados: aquellos que apoyan su narración y que, por consiguiente, son tratados de forma afable, y aquellos otros que, por el contrario, desaprueban tanto su vida como sus opiniones. Existe una gran variedad en los vocativos utilizados para

---

[8] Frederick Garber llama la atención sobre la posibilidad de entender *Tristram Shandy* en dos niveles yuxtapuestos: «There are two books called *The Life and Opinions of Tristram Shandy*. One of these is an abortive memoir, an autobiographical sketch undertaken by Tristram Shandy; the other—Sterne's novel—exists as a work of fiction» (Garber 1982: 81). Según este crítico, la audiencia a quien se destina la narración está relacionada con la biografía de Tristram. Nosotros, los lectores de hecho, encontramos nuestra justificación en la novela de Sterne. Los primeros escuchan, los segundos leen.

referirse a los primeros de ellos. Así, encontramos nombres propios, tanto de personajes ficticios (*Jenny, Eugenius, Yorick*) como reales (*my dear Garrick*),[9] todos ellos conservados en las versiones castellanas. Más corrientemente, encontramos términos generalizadores como *you* o *good folks* 'buena(s) gente(s)' usados para referirse a un personaje masculino (*the learned reader, the penetrating reader, the Christian reader*), que eventualmente puede convertirse en su *dear friend and companion* 'mi querido amigo y compañero, querido amigo y compañero mío'. Sus interpelaciones al otro grupo, donde encontramos personas de alto rango, tanto civil como eclesiástico, no resultan ni familiares ni amistosas. Son denominadas de forma irónica *your worships* 'vuestras mercedes, sus señorías'; *your honours* 'caballeros, usías'; *gentlemen* 'caballeros', etc. Especialmente sarcástico resulta el tono usado para referirse a los críticos, a los que propone que busquen seis errores que ha dejado caer deliberadamente en su narración. Las mujeres también sufren el látigo de su ironía. La mayor parte de los vocativos son irónicamente respetuosos: *Madam* 'señora'; *Your ladyships* 'señoras mías, señoras'; o incluso paternalistas: *my dear girl* 'mi querida señorita, querida jovencita'.

Si resulta importante distinguir entre el lector y el receptor, no lo es menos diferenciar al autor del narrador. El propio Tristram enfatiza el carácter ficticio de su existencia al afirmar, por ejemplo: *as long as I live or write, which in my case means the same thing*. Es consciente de que para él no hay posibilidad de existencia fuera de las páginas de la novela. Lo cierto es que, tal y como reconoce Ruth Whittaker, muchas veces resulta difícil precisar los límites entre Laurence Sterne y Tristram Shandy:

> The author invents a narrator, the one who is telling the story. His views and tone need not necessarily correspond with those of the author, but often they do so. [...] Sterne's own personality resembles that of his narrator, Tristram Shandy, and this sometimes makes it difficult, if not impossible, to differentiate between them. (Whittaker 1988: 3)

La autoconsciencia de la voz narrativa de Tristram se subraya mediante el hecho de que muchos de sus comentarios tienen que ver no sólo con su papel como personaje sino también como narrador. La distancia entre narrador y autor se acentúa

---

[9] David Garrick fue un actor y dramaturgo muy admirado por Sterne, de quien era amigo. Está considerado uno de los principales representantes del teatro británico del siglo XVIII. Evidentemente, las loas a Garrick inciden en el carácter metaficticio de la obra, alejándola de cualquier pretensión de alcanzar un realismo, a la vez que distancian al narrador del personaje Tristram Shandy.

además mediante la presencia de un editor ficticio, que puede señalar errores en la narración de Mr. Tristram (LS: II, XIX, 176; LS: IX, XXVI, 791), certificar la autenticidad de los documentos presentados (LS: III, XI, 202), justificar la presencia de las páginas iniciales de la historia de Slawkenbergius en el (supuesto) original latino (IV, sin capítulo, 303) o hacer explicaciones pertinentes (LS: V, XXV, 457; LS: VIII, XXVI, 709; LS: IX, XXIV, 780). Muchas de estas notas son omitidas en la versión de Letona. Desaparece de este modo uno de los procedimientos usados por Sterne para diferenciarse de Tristram Shandy.

3.2 Técnicas narrativas

Antes de pasar a ilustrar la voz del narrador y efectuar las pertinentes comparaciones con las versiones castellanas, es preciso señalar que, aunque el estilo de Sterne ha sido a menudo comparado con el de novelistas modernistas como James Joyce, Virginia Woolf o Samuel Beckett, que han hecho uso repetido de lo que se denomina monólogo interior o *stream of consciousness*, es posible apreciar en su prosa importantes diferencias con tales técnicas narrativas. De hecho, según Fluchère (1965: 53), «At no point is Tristram's "monologue", still less is it "interior"». La misma opinión mantiene Watt (1967: 327), que nos recuerda cómo en el monólogo interior, la voz narrativa se supone que es inconsciente y, en consecuencia, denota una gran incoherencia y falta de cohesión en sus construcciones gramaticales. La voz de Tristram, sin embargo, muestra una asombrosa lucidez y perfecta articulación, ya que jamás deja de ser autoconsciente.

Por otra parte, el narrador de un monólogo interior se comporta como si estuviera hablando al vacío, como si no hubiera una audiencia (o unos lectores). Sterne, en contraposición a esto, tiene bien presente la respuesta del lector, con el que incluso entabla un diálogo. Los escritores que usan el monólogo interior van incluso más allá, puesto que quieren borrar toda huella del autor tras la actividad mental del narrador, la cual jamás descansa debido al continuo flujo de ideas y asociaciones. Esto está en clara oposición con una obra metaliteraria como ésta, que reflexiona sobre el propio acto creativo. A pesar de todo, es indudable que en Sterne encontramos a un temprano precursor de esas tendencias literarias, que tan en boga han estado a lo largo del siglo XX.

A la hora de ejemplificar el uso del estilo suelto mediante la voz narrativa, nada mejor que presentar el propio comienzo de la obra:

(4 a) I wish either my father or my mother, or indeed both of them, as they were equally bound to it, had minded what they were about when they begot me; had they duly consider'd how much depended upon what they were doing;—that not only the production of a rational Being was concern'd in it, but that possibly the happy formation and temperature of his body, perhaps his genius and the very cast of his mind;—and for aught they knew to the contrary, even the fortunes of his whole house might take their turn from the humours and dispositions which were then uppermost:—Had they duly weighed and considered all this, and proceeded accordingly,—I am verily persuaded I should have made a different figure in the world, from that, in which the reader is likely to see me. (LS: I, I, 1)

Como he señalado anteriormente, lo importante no son las acciones en sí, sino las reflexiones que sobre ellas construye nuestra mente. Vemos que los pensamientos del narrador parecen determinar incluso la gramática del discurso. Hemos de leer un largo segmento textual antes de saber cuáles eran los motivos del descontento del narrador y cuando éste se especifica, aparece presentado bajo la forma de una oración subordinada temporal: *when they begot me*. A continuación, se despliega la prótasis en un esquema condicional. Esta prótasis resulta sumamente compleja debido al alto número de patrones digresivos y a la exuberancia de la ortografía (en particular, abundancia de guiones y puntos y comas). Por su parte, la apódosis, que supuestamente debería haber sido más importante, resulta mucho más breve. Un autor al que le hubiera preocupado la búsqueda de un balance en la exposición, habría intentado compensar la longitud y complejidad de la prótasis y la apódosis para lograr un mayor paralelismo. Ello no quiere decir que su texto carezca de una lógica interna, ya que se aprecia un elevado índice de nexos causales y antitéticos, sino que Sterne intenta alejarse del énfasis tradicional en la descripción del acontecimiento (es decir, el aspecto narrativo) para llamar la atención sobre el aspecto retórico (cf. Watt 1967: 318). Buena prueba de esto es que, a continuación, el narrador hace una repentina referencia a la audiencia:

(5 a) —Believe me, good folks, this is not so inconsiderable a thing as many of you may think it;—you have all, I dare say, heard of the animal spirits, as how they are transfused from father to son, &c. &c.—and a great deal to that purpose:—Well, you may take my word, that nine parts in ten of a man's sense or his nonsense, his successes and miscarriages in this world depend upon their motions and activity, and the different tracks and trains you put them into; so that when they are once set a-going, whether right or wrong, 'tis not a halfpenny matter,—away they go cluttering like hey-go-mad; and by treading the

same steps over and over again, they presently make a road of it, as plain and as smooth as a garden-walk, which, when they are once used to, the Devil himself sometimes shall not be able to drive them off it. (LS: I, I, 1-2)

Al narrador parece importarle menos el hecho en sí, que la respuesta de la audiencia. Su verdadero empeño consiste en convencer a ésta de que su irritación ante la irresponsabilidad de sus progenitores es legítima, aunque hayan transcurrido ya cuarenta años desde que cometieran su falta. Nuestra atención como lectores se centra en los motivos por los que el narrador aún sigue molesto después de tanto tiempo y no en la acción de los padres, que supuestamente debería ser lo esencial. Cuando ya casi nos habíamos olvidado del matrimonio Shandy, éste aparece en escena:

(6 a)   *Pray my Dear*, quoth my mother, *have you not forgot to wind up the clock?*——*Good G——!* cried my father, making an exclamation, but taking care to moderate his voice at the same time,—*Did ever woman, since the creation of the world, interrupt a man with such a silly question?* Pray, what was your father saying?—Nothing. (LS: I, I, 2)

Aquí ya no tenemos un soliloquio, sino un diálogo; en realidad dos: el de los propios personajes (en cursiva) y el que establece el narrador con la audiencia. A continuación reseñaremos la traducción de Letona:

(4-5b)   Yo hubiera deseado que mi padre o mi madre, o mejor ambos —ya que los dos fueron igualmente responsables— hubiesen tomado conciencia de lo que se proponían cuando me concibieron teniendo en cuenta mi estrecha vinculación con lo que hacían; que hubiesen sido conscientes de que al fin y al cabo no sólo estaba en juego la producción de un ser racional, sino también la feliz formación y temple de su cuerpo, de su genio tal vez, y el molde de su mente. Y de que, de haber procedido de otro modo, incluso la suerte de toda mi casa hubiera tomado derroteros distintos a los impuestos por los humores y aptitudes que después predominaron en ella. Si hubiesen sopesado y reflexionado sobre esto y procedido consecuentemente, estoy por demás convencido de que yo habría aparecido ante el mundo con una imagen bastante distinta de la que el lector probablemente se forjará de mí. Creedme, buenas gentes, no se trata de algo tan desdeñable como muchos se imaginan. Me atrevería a afirmar que todos ustedes han oído hablar a este propósito de «espíritus animales» hereditarios; de cómo van transmitiéndose de padres a hijos y así sucesivamente y de otras cosas por el estilo. Pues bien: puedo asegurarles que las nueve décimas partes del absurdo o de la lucidez de un hombre, de su éxito o su fracaso en este mundo, dependen de la actividad o movilidad de esos principios, de las diversas regiones corporales y órganos a los que alcanzan, de suerte que una vez puestos en movimiento, de forma correcta o equivocada, ya se trata de algo irremediable. En lugar de andar como locos, dando pasos atropellados y sin sentido, si logran marchar una y otra vez con tino sobre sus propios pasos hasta abrir un camino tan suave como la senda de un jardín y se acostumbran a hacerlo siempre así, ni el mismísimo demonio sería capaz de apartarles de esa senda.

(6 b) — «*Por favor, querido*» —diría mi madre— «*¿Has olvidado dar cuerda al reloj?*» «*¡Por Dios!*» —dijo mi padre profiriendo una exclamación, aunque cuidando al mismo tiempo de bajar la voz— «*¿Es que desde que existe el mundo puede haber mujer alguna que interrumpa a un hombre con tan estúpida pregunta?*». Pero, por favor, me preguntarán, ¿qué es lo que estaba diciendo su padre? — Nada, no decía nada. (LSE-Letona: 23-24)

Comenzaremos comparando la organización interna de la sección comprendida hasta el primer punto en el texto original (ejemplo 4a). Se puede percibir aquí una gran cohesión interna, a pesar de las continuas desviaciones del tema principal. El narrador expresa su pesar sobre una situación anterior mediante el uso de (sujeto) + *wish* + sujeto + «pasado perfecto». Ya no cabe manipular el rumbo de los acontecimientos y, por lo tanto, a la hora de expresar el condicional, éste sólo puede hacer referencia a hipótesis que no se han cumplido. La mayor parte de la primera sección está dedicada a la explotación de estas hipótesis irreales, presentadas bajo una inversión de auxiliar + sujeto. Vemos que el primer término de la condicional (es decir, la prótasis: *had they duly considered how much depended upon what they were doing*) da paso a unas oraciones de relativo encabezadas por *that* y coordinadas por los correlativos *not only ... but*. Estas oraciones de relativo presentan a continuación un segmento textual parentético (*and for aught they knew to the contrary...*), tras el cual la prótasis vuelve a ser formulada de nuevo, utilizando los mismos instrumentos sintácticos (*had they duly weighed and considered all this*). A continuación, se nos presenta por fin la apódosis: *I am verily persuaded I should have made quite a different figure in the world, from that, in which the reader is likely to see me.* El esquema subyacente podría ser el siguiente: Si *a*, entonces *b*; pero *c*, y entonces *d*.[10] La versión de Letona no hace uso de los instrumentos cohesivos del texto original. Así, vemos que la primera prótasis (*had they duly consider'd how much depended upon what they were doing*) ha dejado de ser una oración condicional: *teniendo en cuenta mi estrecha vinculación con lo que hacían*. Debido a

---

[10] Hnatko (1969: 176) presenta, junto a este esquema, otro más completo: «If *a* had occurred or if *a* had been the state of affairs, then *b* would have followed or would be the present state of affairs; but *x* occurred in reality, and so *y* is the real state of affairs».

esta manipulación, cuando en la versión castellana aparece lo que debería haber sido la segunda prótasis (*had they duly weighed and consider'd all this*), ésta no resulta simétrica a ningún segmento textual anterior: *Si hubiesen sopesado y reflexionado sobre esto*. El verbo *consider'd* rige las siguientes oraciones completivas, coordinadas mediante *not only ... but: that not only the production of a rational Being was concern'd in it, but that possibly the happy formation and temperature of his body, perhaps his genius and the very cast of his mind*. Vemos aquí que los sustantivos *genius* y *cast* aparecen coordinados. Resulta un tanto ambigua la función del adverbio *perhaps*, aunque parece acompañar a ambos sustantivos en lugar de a uno solo de ellos. A la oración completiva que acabo de reseñar, aparece coordinada otra. Ambas cumplen una función de complemento directo: [*that*] *even the fortunes of his whole house might take their turn from the humours and dispositions which were then uppermost*. A esta oración le precede un complemento circunstancial, *for aught they knew to the contrary*, cuya traducción castellana resulta inequivalente: *de haber procedido de otro modo*. En lo que respecta a la oración completiva propiamente dicha, vemos que la versión de Letona presenta una variación temporal, cuyas consecuencias se dejan sentir en el nivel macroestructural debido al hecho de estar enmarcada en una situación hipotética: [*que*] *incluso la suerte de toda mi casa hubiera tomado derroteros distintos a los impuestos por los humores y aptitudes que después predominaron en ella*. La falta de equivalencia es en gran parte debida a la sustitución de *then* por *después*. En la traducción de la apódosis no se aprecian transformaciones relevantes. Llegados aquí, vemos que el texto original presenta el primer punto y seguido, mientras que en la traducción éste aparece ya por tercera vez. Letona ha fragmentado las oraciones, presentando una versión mucho menos compleja que el original.

Si examinamos la sección en que se inicia la interpelación a la audiencia, apreciaremos una menor sensación de espontaneidad en la versión castellana. Así, por ejemplo, mientras que el original dice *You have all, I dare say, heard of the animal spirits*, donde el narrador modera su afirmación durante el propio proceso de emisión del mensaje, la oración castellana parece haber sido pensada de forma completa antes de ser pronunciada: *Me atrevería a afirmar que todos ustedes han oído hablar a este propósito de «espíritus animales» hereditarios*. Se aprecian también una serie de inequivalencias importantes. Así, por ejemplo, *las nueve décimas partes del absurdo de un hombre [...] dependen de [...] las diversas regiones corporales y órganos a los que alcanzan* no resulta una traducción acertada de *nine parts in ten of a man's sense or nonsense [...] depend upon [...] the different tracks and trains you put them into*. De igual modo, *'tis not a halfpenny matter* se sustituye por *se trata de algo irremediable*. Resulta interesante ver la manipulación a la que ha sido sometido el siguiente segmento textual:

(5 a)   [...] away they go cluttering like hey-go-mad; and by treading the same steps over and over again, they presently make a road of it [...] which [...] the Devil himself sometimes shall not be able to drive them off it. (LS: I, I, 1)

 b)   [...] En lugar de andar como locos, dando pasos atropellados y sin sentido, si logran marchar una y otra vez con tino sobre sus propios pasos hasta abrir un camino [...] y se acostumbran a hacerlo siempre así, ni el mismísimo demonio sería capaz de apartarles de esa senda. (LSE-Letona: 24)

La versión castellana presenta una disyunción y un sentido condicional, mientras que el texto original revela una verdad de hecho.

Ya hemos señalado cómo en la última sección del primer capítulo se establecían dos diálogos yuxtapuestos: el de los propios personajes y aquél entre el narrador y la audiencia. La aparición repentina de una voz surgida del público constituía un efecto realmente innovador en la narrativa tradicional:

(6 a)   ——*Good G——!* cried my father, making an exclamation, but trying to moderate his voice at the same time,—*Did ever woman, since the creation of the world, interrupt a man with such a silly question?* **Pray, what was your father saying?**—Nothing. (LS: I, I, 2)[11]

Lamentablemente, esto se pierde en la traducción de Letona, pues aquí es el propio narrador el que, de un modo indirecto, pronuncia las palabras que debería haber exclamado la voz de la audiencia:

(6 b)   «*¿Es que desde que existe el mundo puede haber mujer alguna que interrumpa a un hombre con tan estúpida pregunta?*». Pero, por favor, me preguntarán, ¿qué es lo que estaba diciendo su padre? — Nada, no decía nada. (LSE-Letona: 24)

Para ilustrar lo que hemos denominado «periodo breve», nos acercaremos hasta el lecho de Le Fever, donde yace postrado, agonizante:

---

[11] Las cursivas son del autor; las negritas, nuestras.

(7 a) —The blood and spirits of Le Fever, which were waxing cold and slow within him, and were retreating to his last citadel, the heart—rallied back,—the film forsook his eyes for a moment,—he looked up wishfully in my uncle Toby's face,—then cast a look upon his boy,—and that ligament, fine as it was,—was never broken.— Nature instantly ebb'd again.—the film returned to its place,—the pulse fluttered— stopp'd—went on—throbb'd—stopp'd again—moved—stopp'd—shall I go on?—No. (LS: VI, X, 512-513)

Mediante el uso del guión, Sterne logra imitar el débil pulso del moribundo. La narración se va haciendo más y más dramática y va progresando *in crescendo* hasta que se hace insostenible. En ese momento, un nuevo guión permite realizar una repentina transición: — *shall I go on?* — *No*. Se nos transporta así desde un mundo donde la ficción parecía realidad al mundo real, es decir, al de los lectores (cf. Watt 1967: 322), proclamando de nuevo el carácter autoconsciente de la obra y su naturaleza metaliteraria. El abrupto *No* que pone punto final al pasaje puede ser considerado la respuesta de la audiencia ante la interpelación directa del narrador, pero también la propia respuesta del narrador a una pregunta retórica. Es más, como señala Bandry (1988: 152), existe aún otra ambigüedad, pues la pregunta *shall I go on?* también puede considerarse emitida por el propio corazón del moribundo, cuyo pulso se niega a seguir palpitando. Veamos ahora la traducción de Ana María Aznar:

(7 b) La sangre y los espíritus de le Fever que se iban enfriando y perdían velocidad dentro de él a la vez que se retiraban a su último alcázar, el corazón, — volvieron sobre sus pasos, — el velo que cubría sus ojos se alzó por un momento, — levantó esperanzado la vista hacia mi tío Toby, — luego miró a su hijo, — y ese vínculo, por tenue que fuera, no se habría de romper jamás. —
La naturaleza volvió a sucumbir, — el velo volvió a bajarse, el pulso vaciló — se detuvo — siguió — se estremeció — se volvió a parar — siguió — se paró — ¿a qué seguir contando el resto? (LSE-Aznar: 299)

Desaparece aquí la enriquecedora ambigüedad sobre la autoría de la voz narrativa de la última parte del pasaje. No se da el súbito cambio de perspectiva que en el original involucraba a los lectores, haciéndoles partícipes activos en la escena. Tampoco existe una personificación del pulso de Le Fever. El autor pone punto final al pasaje mediante una pregunta retórica a la que no se ofrece respuesta. Mediante la supresión del adverbio *no* desaparece aquel rotundo y solemne punto final a la vida y la narración. Se mantienen, sin embargo, los guiones que representaban el vacilante palpitar del moribundo y se juega con la alternancia entre los términos *seguir* y *parar* (aunque, todo sea dicho, el verbo *to stop* se traduce por dos verbos castellanos, *parar* y *detener*, mientras que se ofrece un sólo verbo, *seguir*, como traducción de *to go on* y *to move*). Existe, si queremos, una compensación lingüística.

4. Los soliloquios

En los monólogos de los diferentes personajes de *Tristram Shandy* se observa una importante carga dramática, en la que reconocemos muchas de las características de los diálogos. Así, encontramos continuas desviaciones del hilo argumental, interpelaciones a la audiencia (real o figurada), contradicciones fruto de la espontaneidad del discurso, una gran importancia del aparato gestual (a menudo suplido mediante la ortografía), etc. En estos monólogos observamos a menudo el proceso de una mente en funcionamiento, cómo una idea conduce a otra en apariencia inconexa y cómo se acomodan las diferentes impresiones en una sintaxis sumamente viva y flexible. Los soliloquios emulan la voz de una mente en continua digresión y, para representarla, el autor hace uso de lo que puede parecer un estilo informal, como si el autor del monólogo estuviera relatando sus impresiones al azar.

Utilizaremos como primer ejemplo de monólogo una parte del discurso que Walter Shandy ofrece a modo de consuelo catártico ante la noticia de la muerte de su hijo Bobby.

(8 a)   "My son is dead!—so much the better;—'tis a shame in such a tempest to have but one anchor."

(9 a)   "But he is gone for ever from us!—be it so. He is got from under the hands of his barber before he was bald—he is but risen from a feast before he was surfeited—from a banquet before he had got drunken."

(10 a) "The Thracians wept when a child was born"—(and we were very near it, quoth my uncle Toby)—"and feasted and made merry when a man went out of the world; and with reason.—Death opens the gate of fame, and shuts the gate of envy after it,—it unlooses the chain of the captive, and puts the bondsman's task into another man's hands."

(11 a) "Shew me the man, who knows what life is, who dreads it, and I'll shew thee a prisoner who dreads his liberty."

(12 a) Is it not better, my dear brother Toby, (for mark—our appetites are but diseases)—is it not better not to hunger at all, than to eat?—not to thirst, than to take physick to cure it?

(13 a)   Is it not better to be freed from cares and agues, from love and melancholy, and the other hot and cold fits of life, than like a galled traveller, who comes weary to his inn, to be bound to begin his journey afresh? (LS: V, III, 424-425)

Vemos que este monólogo está fragmentado en pequeños párrafos, la mayoría de los cuales se introducen mediante comillas. El discurso se compone de una serie de breves frases, sin ningún tipo de coordinación y que no constituyen otra cosa que una enumeración de máximas. Lo más característico es que el narrador parece discutir consigo mismo, pues continuamente arguye objeciones a lo que acaba de decir. Como consecuencia, el monólogo presenta en realidad una apariencia de diálogo. Vemos que hay una serie de contrastes léxicos: *wept/feasted* (10a); *opens the gate of fame / shuts the gate of envy* (10a); *unlooses the chain of the captive / puts the bondman's task into another man's hands* (10a). Encontramos además un gran índice de locuciones interrogativas e imperativas, a la vez que una repetición de segmentos textuales (*Is it not better...?* aparece en tres ocasiones en 12a y 13a). Se aprecia aún otro aspecto típico del diálogo: el lector es continuamente consciente del marco donde tiene lugar la emisión lingüística, pues hay alusiones a las personas presentes. Veremos a continuación la versión hecha por Letona:

(8 b)   — ¡Mi hijo ha muerto! Tanto mejor. Es una pena no tener más que un ancla en semejante tempestad.

(9 b)   ¡Pero nos ha dejado para siempre! Así ha sido, se ha escapado de entre las manos de su barbero antes de quedarse calvo; se ha levantado del banquete antes de estar ahíto, antes de estar borracho.

(10 b)   Los tracios lloraban cuando les nacía un hijo (y nosotros anduvimos cerca, dijo mi tío) y celebraban fiestas cuando alguien se iba de este mundo. No les faltaba razón. La muerte abre las puertas de la fama y cierra tras de sí las de la envidia; suelta las cadenas del cautivo y entrega a otras manos la tarea que tenía que hacer el esclavo.

(11 b)   Que me muestren a alguien que sepa lo que es la vida, que la tema, y yo te mostraré un prisionero que teme a su libertad.

(12 b)   ¿No es mejor, querido hermano Toby (pues nuestros apetitos, fíjate, sólo son enfermedades), no es mejor no tener hambre que comer? ¿No es mejor no tener sed que usar remedios para curarla?

(13 b)   ¿No es mejor librarse de las preocupaciones y de las fiebres, del amor y de la melancolía y de otros males de la vida, fríos o calientes, que, como si fuéramos viajeros bajo una galerna que llegan extenuados a la posada, vernos precisados a comenzar el viaje de nuevo? (LSE-Letona: 269)

Resulta particularmente apreciable la ausencia de guiones, que en el texto original simbolizaban pausas retóricas y contribuían a imprimir un carácter dramático al discurso. Tampoco aparecen las comillas, que dotaban a cada párrafo de una cierta independencia, mostrando así una espontaneidad en la formulación lingüística. En un momento tan emotivo como éste, en que un padre reflexiona sobre la brevedad de la vida ante la repentina muerte de uno de sus hijos, es de esperar una falta de cohesión y que su monólogo sea más un conjunto desordenado de ideas que un todo perfectamente estructurado. Por otra parte, aunque se mantienen las referencias al tío Toby, presente en la escena, vemos cómo se impersonaliza el imperativo *Shew me the man* [...] (11a) frente a *Que me muestren* [...] (11b). Se respeta la repetición de segmentos textuales (en realidad, *No es mejor* (12b y 13b) aparece en cuatro ocasiones, mientras que *Is it not better* lo hacía en tres) y se mantiene la expresión de opuestos y de estructuras paralelas. Vemos, por último, una flagrante inequivalencia en la traducción de *galled traveller* (13a) por *viajeros bajo una galerna* (13b), provocada por un insuficiente conocimiento de la lengua original y por una cierta similitud léxica entre los términos. El error también puede ser debido a que anteriormente Walter había dicho que *es una pena no tener más que un ancla en semejante tempestad* (8b).

5. La voz de los personajes

Analizaremos ahora algunos pasajes en los que Sterne permite a los personajes dialogar entre sí. Debido a su condición de narrador, Tristram nunca participa activamente en estos diálogos, pues, aunque presenta los hechos narrados como si estuvieran ocurriendo en el presente, sabemos que tuvieron lugar mucho tiempo atrás, incluso antes de que él hubiera nacido, y que ahora Yorick, Toby, Trim y probablemente también el matrimonio Shandy están muertos. Estos diálogos revelan una gran frescura y espontaneidad, a la vez que una cierta desorganización en la codificación del mensaje, con la consiguiente pérdida de inteligibilidad.[12] En realidad, lo que viene a demostrar Sterne son las imperfecciones del lenguaje y sus inherentes limitaciones. En muchos de los casos, cuando nuestro novelista presenta sus diálogos, no pretende tanto hacer intercambiar información a los personajes como mos-

---

[12] Tal y como nos apunta Norman Page (1973: 124), «[the dialogues of the characters] are notable for embodying two important characteristics of spontaneous speech: from the user's point of view its random and disorganised quality, and from the listener's its inherent capacity for being misunderstood».

trar sus asociaciones de ideas y sus dificultades en lograr una comunicación plena. A pesar de todo, los Shandy se comprenden, pero ello es gracias a los lazos de amistad que les unen y a su mutuo conocimiento íntimo, no a su particular claridad en las manifestaciones lingüísticas emitidas. Tal y como propugna Leland E. Warren, es ya un tópico relacionar a *Tristram Shandy* con los muchos problemas planteados por John Locke en su *Essay Concerning Human Understanding*:

> A major function of the conversations that take place within Tristram's narrative is to illustrate the limitations of words or of rational communication in general and to emphasize that the communication must finally depend upon a non-rational, indefinible element. (Warren 1976-1977: 58)[13]

Es preciso decir, sin embargo, que, aunque Sterne sentía un gran respeto por la doctrina del filósofo, se limitó a valerse de sus ideas para explotar la vena esperpéntica de sus personajes. Según Locke, el hombre es prisionero de sí mismo; todos tenemos un *hobby-horse* u obsesión que nos impide tener una percepción objetiva de la realidad debido a las diferentes concepciones que los hombres tienen del mundo.[14] También había prevenido Locke sobre el peligro de la exacerbación en la asociación de ideas o *idea madness*, que de forma involuntaria determinaba el surgimiento de pasiones irracionales. Ambos aspectos son los causantes de que los personajes de *Tristram Shandy* muchas veces no logren comunicarse entre sí y de que sus conversaciones degeneren en continuos malentendidos. Tal y como señala Betty Rizzo (1989: 71): «Here is a book in which Tristram demonstrates the unreliability of understanding based on private, personal association».

Todos los habitantes de Shandy Hall, excepto la señora Shandy, están dominados por un determinado *hobby-horse*.[15] El ejemplo arquetípico de persona ensimismada

---

[13] La idea de que la comunicación entre los habitantes de Shandy Hall es sólo posible gracias a su innata disposición a la tolerancia y al mutuo e íntimo conocimiento que cada uno de ellos tiene de los demás es compartida por William V. Holtz (1970: 72-74), quien nos apunta además la relevancia del lenguaje gestual, descrito con minuciosidad a lo largo de toda la novela.

[14] En su *Essay* (III, I, 204-206), Locke había señalado que las palabras no son otra cosa que la representación de las ideas del emisor del mensaje y que podían provocar diferentes ideas en las mentes de sus interlocutores, dependiendo de sus diferentes interpretaciones de la realidad.

[15] Así, por ejemplo, vemos que el Dr. Slop está obsesionado por la religión católica y la obstetricia, que *Widow Wadman* está influida por su curiosidad en temas sexuales y que Yorick parece deleitarse en su propio ingenio.

en su *hobby-horse* es *my uncle Toby*, que jamás cesa de pensar en batallas, asedios y fortificaciones. Se convierte así en continua víctima de malentendidos, ya que asigna al campo semántico de lo militar términos que no habían sido concebidos con tal sentido por sus interlocutores. Así, por ejemplo, ante una palabra como *bridge*, no es consciente de que el Dr. Slop se refiere al puente que está fabricando para curar la nariz de Tristram en lugar de uno de los puentes de sus fortificaciones (LS: III, XXVI). Las versiones castellanas reflejan este malentendido. En otras ocasiones, *my uncle Toby* no es capaz de distinguir el sentido metafórico con que otros personajes emplean algunos términos, confundiendo, por tanto, la metáfora y el término real. Así ocurre, por ejemplo, cuando, al oír la palabra *siege* referida a un asedio amoroso, inmediatamente la asocia con estrategias militares, o cuando interpreta por auténticos latigazos el término *lashes*, utilizado por su hermano Walter para referirse a los azotes del destino: «did ever a poor unfortunate man, brother Toby, cried my father, receive so many lashes? — The most I ever saw given, quoth my uncle Toby [...] was to a grenadier» (LS: IV, III, 328). Letona traduce *lashes* por *latigazos*, poniendo en boca de Walter una expresión que en nuestra lengua no designa aquello a lo que él se refería y convirtiendo el malentendido de Toby en algo, por tanto, absolutamente lógico y comprensible. Marías lo traduce por *azotes* y Aznar se decanta por una modulación que funciona a la perfección en este contexto: *palos*.

No es ése el único caso en que Sterne explota la ambigüedad de la lengua con fines humorísticos. Así, por ejemplo, cuando la señora Wadman se interesa por la forma en que el tío Toby sufrió en una batalla su herida en la ingle, él le contesta: «You shall see the very place, Madam» (LS: IX, XX, 772). El asombro de ella ante su falta de decoro se acentúa cuando unos minutos más tarde él llega incluso a afirmar: «You shall lay your finger upon the place» (LS: IX, XX, 773). La azorada señora Wadman no puede menos que decir para sus adentros: «I will not touch it however» (LS: IX, XX, 773). El equívoco se resuelve cuando le muestra no la herida en sí, sino un mapa donde señala la confluencia entre los ríos Maes y Sambre, escenario del desdichado accidente. En las versiones de Letona y Aznar, el tío Toby se refiere al *sitio exacto*, término que resulta potencialmente ambiguo. En la de Marías, sin embargo, insiste en enseñarle el *lugar exacto*, que denota un espacio geográfico pero no fisiológico.

Walter también es inducido a erróneas interpretaciones lingüísticas. Debido a la influencia de su propio *hobby-horse*, se ve aislado en un mundo particular, en su caso en un mundo en el que las técnicas deductivas de raciocinio imperan sobre todo lo demás: «As My Uncle Toby is a specialist in misunderstanding words, My Father dramatizes the Lockean interpretation of rationalism» (Wagoner 1966: 340). Este personaje se deleita recurrentemente en los métodos de razonamiento deductivo escolásticos que había atacado el filósofo inglés. En un determinado momento, Walter es víctima de uno de esos lapsus verbales en los que todos incurrimos. En este caso no es provocado por una asociación de ideas, sino por la similitud formal entre dos términos.[16] Su error acaece en un momento solemne, en medio de una larga disquisición sobre la brevedad de la vida y la futilidad de nuestra existencia:

(14 a) When those principles and powers, which at first cemented and put them together, have performed their several evolutions, they fall back.—Brother Shandy, said my uncle Toby, laying down his pipe at the word evolutions—Revolutions, I meant, quoth my father,—by heaven! I meant revolutions, brother Toby—evolutions is nonsense. (LS: V, III, 421-422)

Al ser las respectivas traducciones castellanas de *evolutions* y *revolutions* también altamente parónimas, este equívoco se debería verter con gran facilidad en las tres versiones. Apreciamos, sin embargo, en la de Aznar un error que podría haber sido fácilmente evitado:

(14b) Cuando los principios y los poderes que los cimentaron y los erigieron sufrieron su ciclo evolutivo se derrumbaron. [...] Quise decir revolutivo, prosiguió mi padre, ¡por todos los santos!, quise decir revoluciones, hermano Toby, lo de ciclo evolutivo era una tontería. (LSE-Aznar: 249)

No había necesidad de incurrir en una transposición gramatical, máxime cuando el resultado es algo tan desafortunado como la expresión *ciclo revolutivo*, que al no resultar aceptable idiomáticamente en castellano hace que su lapsus pierda naturalidad.

---

[16] Locke había presentado un capítulo sobre las imperfecciones de las palabras (III, IX), al que hace referencia Tristram: «Well might Locke write a chapter upon the imperfection of words» (LS: V, VII). En la escena de la muerte de Bobby, Sterne prueba que una misma palabra puede provocar diferentes ideas. En sentido contrario, el hecho de que diferentes palabras puedan representar una sola cosa, será la causa de que más adelante, en el volumen VIII, el tío Toby sea el último en darse cuenta de su amor por la viuda Wadman.

Walter, como el resto de los personajes, también incurre en malentendidos, provocando una ruptura en la transferencia comunicativa. Así ocurre, por ejemplo, cuando en una escena de gran dramatismo no logra comprender las fatales noticias sobre la muerte de Bobby, su propio hijo (LS: V, II). En este caso, las palabras no parecen significar la misma cosa en la mente del emisor y del receptor, o si se prefiere, éstos no comparten un referente ideacional común. En el texto original, Toby dice: *He's gone*, que, como sabemos, literalmente significa 'se ha ido', pero que a la vez constituye un eufemismo usado con harta frecuencia para implicar la muerte de alguien. Su traducción literal, sin embargo, no permite expresar en nuestra lengua este último sentido. Las diferentes versiones se resienten de la imposibilidad de transmitir este doble significado: al lector le resultará un tanto incomprensible que Toby utilice el giro *se ha ido* (LSE-Letona: 265) para implicar que *ha muerto* y le parecerá que esta escena de la confusión de Walter está muy poco lograda, pues es lógico que ante tal declaración lo que entienda es que su hijo se ha marchado. Aznar y Marías han intentado paliar la falta de polisemia de la expresión castellana mediante una adaptación: *se nos ha ido* (LSE-Aznar: 246, LSE-Marías: 310).[17]

Presentaremos a continuación un equívoco producto de una homonimia y que, de igual modo, ejemplifica los frecuentes equívocos de la lengua oral. Tal y como es frecuente en la obra, las limitaciones del lenguaje conllevan una falta de entendimiento entre los personajes y provocan una situación que, en este caso, no sólo resulta cómica para el lector sino también para los propios personajes. Encontramos aquí a Walter Shandy inquiriendo a su hermano sobre sus asuntos amorosos.

(15 a)   Well, dear brother Toby, said my father, upon his first seeing him after he fell in love—and how goes it with your ASSE?
Now my uncle Toby, thinking more of the part where he had the blister, than of Hilarion's metaphor—and our preconceptions having (you know) as great a power over the sounds of words as the shapes of things, he had imagined, that my father, who was not very ceremonious in his choice of words, had inquired after the part by its proper name; so [...] he thought it rather civil to conform to the term my father had made use of than not. [...]
My A—e, quoth my uncle Toby, is much better—brother Shandy.—My father had formed great expectations from his Asse in this onset; and would have brought him on;

---

[17] Marías explica el doble significado del texto original en una nota. Tal y como reconoce, «la confusión suscitada por la frase está más justificada en el original» (LSE-Marías: 672).

but doctor Slop setting an intemperate laugh—and my mother crying L— bless us!—it drove my father's Asse off the field—and the laugh then becoming general—there was no bringing him back to the charge, for some time. (LS: VIII, XXXII, 558)

Como vemos, aquí el malentendido es provocado por la homofonía entre los términos *asse* (variante etimológica de *ass* 'asno, burro') y *arse* 'trasero' (15a). Walter, al dirigirse a su hermano, no se interesa por ninguna parte de su anatomía sino por su pasión (metaforizada con el término *ass*); sin embargo, Toby considera que se está refiriendo a la parte de su cuerpo donde tenía una ampolla y no a la metáfora de Hilarión,[18] provocando la hilaridad entre los presentes. Las traducciones castellanas dicen así:

(15b) [...] ¿qué tal se porta tu *asno*? [...] Mi c... —dijo mi tío— se encuentra mucho mejor". [...] (LSE-Letona: 451-452)
 c) [...] ¿qué tal va tu borrico? [...] Mi c... dijo mi tío Toby, está mucho mejor". [...] (LSE-Aznar: 413-414)
 d) [...] ¿cómo va tu *Asno/Culo*? [...] Mi C—o/A—o, dijo mi tío Toby, está ya mucho mejor". [...] (LSE-Marías: 520-521)

Vemos que ante la imposibilidad de introducir el juego de palabras, Marías (15d) opta por apuntar ambos significados. Si bien ello hace que la traducción pierda naturalidad, este procedimiento está en perfecta consonancia con la intención de este traductor de verter de la forma más fiel posible el original, lo que no hace sino destacar su propia visibilidad.[19]

---

[18] Dos capítulos antes, podemos leer: «My father was always making [use] of an expression of Hilarion the hermit; who in speaking of his abstinence, his watchings, flagellations, and other instrumental parts of his religion would say [...] That they were the means he used, to make his ass (meaning his body) leave off kicking» (LS: VIII, xxx). Editores de *Tristram Shandy* como Work o New han señalado que se trata de un préstamo tomado de *The Anatomy of Melancholy* de Burton, quien la había tomado a su vez de la *Vita S. Hilarionis Eremitae* de San Jerónimo.

[19] En sus propias palabras: «He procurado seguir el original con la mayor fidelidad posible, tratando de conservar hasta el límite de lo inteligible la estructura sintáctica y la puntuación de Sterne, caótica e inintelegibles, en un principio, para el lector español del siglo XX. De ello se desprende, pues, que la mayor fidelidad posible no ha sido nunca excesiva, aun cuando las más de las veces haya preferido forzar al máximo la sintaxis y la puntuación castellanas (en pro de

Los diálogos entre los personajes son continuamente interrumpidos por la voz del narrador, que manipula así la recepción del lector. En estos diálogos puede a menudo reconocerse una ambigüedad, que no necesariamente tiene por qué degenerar en un verdadero equívoco o confusión en la conversación. Quiere ello decir que esta ambigüedad parece ser solamente reconocida por los lectores, manteniéndose los personajes (al menos en apariencia) ajenos a ella. El efecto humorístico se desprende de nuestro reconocimiento activo de la ambigüedad a partir del contexto en cuestión. Tal es el caso de la siguiente escena, donde encontramos al señor y señora Shandy en el lecho conyugal debatiendo la necesidad de vestir a su hijo Tristram con calzones largos:

(16 a) We should begin, said my father, turning himself half round in bed, and shifting a pillow a little towards my mother's, as he opened the debate——We should begin to think, Mr. Shandy, of putting this boy into breeches.—
[...] ——But indeed he is growing a tall lad, rejoin'd my father.
——He is very tall for his age, indeed,—said my mother.——
——I can not (making two syllables of it) imagine, quoth my father, who the duce he takes after.——
I cannot conceive, for my life,— said my mother.——
Humph!——said my father.
(The dialogue ceased for a moment).
——I am very short myself,—continued my father gravely.
——You are very short, Mr. Shandy,—said my mother gravely.
[...] Order it as you please, Mr. Shandy, replied my mother.——
——But don't you think it right? added my father, pressing the point home to her.
Perfectly, said my mother, if it pleases you, Mr. Shandy——
——There's for you! cried my father, losing temper—Pleases me!—You never will distinguish, Mrs. Shandy, nor shall I ever teach you to do it, betwist a point of pleasure and a point of convenience.——This was on the Sunday night;
——and further this chapter sayeth not. (LS: VI, XVIII)

Ya en el cuarto capítulo del primer volumen se nos advierte que el señor Shandy tiene por costumbre cumplir sus deberes conyugales el primer domingo de cada

---

facilitar la adivinación del texto inglés por parte del lector español) a *castellanizar* los textos extranjeros de tal forma que cualquier vestigio de su condición de obra inglesa, o francesa, o alemana, queda borrado por completo o barrido por inoportunos casticismos» (LSE-Marías: XLIII).

mes. Por otra parte, se nos acaba de decir que le gusta tratar los asuntos delicados o trascendentales metido en la cama y hacerlo en la noche de cada primer sábado o domingo del mes. La repentina intervención del narrador al final de este capítulo para apuntar que la escena tenía lugar un domingo condiciona nuestra lectura de la misma: las propias frases de los personajes, las pausas en la conversación, y los comentarios del narrador adquieren un inequívoco sentido erótico. Podemos comprobar que este equívoco no se mantiene en la versión de Letona:

(16 b) [...] — Desde luego, está muy alto para la edad que tiene, dijo mi madre.
— No sé, dijo mi padre (marcando muy bien las dos sílabas) a quién puede haber salido.
— Pues verdaderamente no lo sé tampoco, dijo mi madre.
— ¡Hum!, dijo mi padre (el diálogo se interrumpió un momento).
— Yo soy muy bajo, continuó mi padre muy serio.
— Sí, eres muy bajo, contestó mi madre.
[...] — Encárgalos como quieras, señor Shandy, replicó mi madre.
— Pero ¿no crees que tengo razón? añadió mi padre apurando su propuesta cerca de mi madre.
— Absolutamente, dijo mi madre, ¡si a ti te gusta señor Shandy!
— ¡Me refiero a ti!, gritó mi padre perdiendo la calma. ¡No se trata de que me guste a mí! Nunca te enterarás, señora Shandy; nunca seré capaz de hacerte comprender la diferencia que hay entre el agrado y la conveniencia.
Esto era el sábado por la noche y en este capítulo ya no ocurrió nada más. (LSE-Letona: 333-334).

Como es bien sabido, a lo largo del libro se hacen alusiones a la capacidad sexual de Walter Shandy, que en esta escena queda de nuevo en entredicho. Varios aspectos impiden que ello se ponga de manifiesto en la versión de Letona. En primer lugar, vemos que no se mantienen las connotaciones eróticas que puede adquirir una expresión como *I'm very short myself* en *Yo soy muy bajo*. Al traducirse el verbo *to be* mediante *ser* en lugar de *estar*, se pierde el sentido de algo momentáneo y fugaz. Por otra parte, la traducción de *pressing the point to her* por *apurando su propuesta cerca de mi madre* tampoco agota las diferentes lecturas que brindaba el texto original. Hemos de ser también conscientes de que, aunque hoy en día el sustantivo *debate* se utiliza ante todo con el sentido de «2. a. contention in argument; dispute, controversy; discussion» (OED), en tiempos pasados también designaba «†b. Physical strife, fight, conflict. *Obs.*» (OED), una acepción que deja claras las connotaciones de envite amoroso. En lo que respecta a la puntuación, vemos que, al desaparecer los guiones, no se transmite la impresión de que el matrimonio Shandy interrumpe su diálogo para perseverar en sus frustrados intentos de cumplir sus deberes conyugales. Un hecho más grave que todo ello lo constituye la inequivalencia, a todas luces consciente, en que incurre Letona al afirmar que *todo esto era el sábado por la noche*, (en lugar del domingo, que era el día en que Walter Shandy atendía sus deberes conyugales, tal y como se le ha hecho saber al lector previamente). El desvío de la atención hacia otro día de la semana hace que la potencial ambigüedad del pasaje pierda efecto. En su edición de 1984, el traductor enmienda su versión y nos ofrece correctamente en qué día de la semana la escena tenía lugar. Cabe pensar, tal y como se ocupó de señalar Toda (1992), que Letona está sometiendo la traducción a algún tipo de censura.

6. Conclusiones

A modo de conclusión diremos que los traductores de la obra de Sterne logran con éxito muy desigual transmitir el carácter conversacional de su prosa, el cual consideramos uno de sus rasgos más distintivos. En este sentido, el receptor de la traducción no será capaz de identificar con idénticas garantías de éxito que el lector de la obra original la adscripción de un determinado pasaje a este autor. Es característico de este novelista el uso de periodos extremadamente largos, en los que se aprecia una exhuberancia subordinativa muy acusada. Por otra parte, resulta muy distintivo el uso de la raya o guión largo como pausa retórica. Los monólogos, ya sean del narrador o de los diferentes personajes, dan la impresión de que el emisor del mensaje codifica en palabras los pensamientos que van tomando cuerpo en su mente, sin una idea preconcebida de cuál va a ser el resultado final. Los diálogos, por su parte, muestran las interrupciones a las que son sometidos en la vida real y los malentendidos que suelen provocar. Los traductores, obviamente, deberían respetar en grado máximo el carácter espontáneo e impredecible de unos y otros y han de lograrlo con los mismos instrumentos retóricos que el autor original. Esto dista mucho de ser cierto en el caso de Letona, pero es más aproximado en el caso de Aznar y resulta totalmente equivalente en el caso de Marías. De hecho, buena parte del por qué de este satisfactorio resultado radica en el uso que este último hace de la raya o guión largo, imitando concienzudamente el uso que había hecho

Sterne.[20] Son frecuentes en la narración los cambios repentinos de perspectiva. Vemos así que los diálogos de los personajes dan paso a la voz del narrador o que ésta es interrumpida por una súbita interpelación de la audiencia. Los traductores también han de prestar atención a este aspecto polifónico de la obra cuidando la presentación de los diferentes planos, lo que, de nuevo, es plenamente conseguido por Marías, pero en mucha menor media por el resto de traductores.

7. Corpus

LS = STERNE, Laurence (1978-1984). *The Life and Opinions of Tristram Shandy, Gentleman*. Editado por Melvyn New y Joan New. Con notas de Melvyn New, Richard A. Davies y William G. Day. 3 vols. Gainesville: University Presses of Florida.

LSE-Aznar = STERNE, Laurence (1976). *Vida y opiniones de Tristram Shandy, caballero*. Traducción de Ana María Aznar. Madrid: Planeta.

LSE-Letona = STERNE, Laurence (1975). *Vida y opiniones del caballero Tristram Shandy*. Traducción de José Antonio López de Letona. Madrid: Ediciones del Centro.

LSE-Marías = STERNE, Laurence (1978). *La vida y opiniones del caballero Tristram Shandy. Los sermones de Mr. Yorick*. Traducción de Javier Marías. Madrid: Alfaguara.

8. Referencias bibliográficas

ALTER, Robert (1975). *Partial Magic: The Novel as a Self-Conscious Genre*. Berkeley: University of California Press.

BANDRY, Anne (1988). «*Tristram Shandy* ou le plaisir du tiret». *Études anglaises* 41/2. 143-156.

CASH, Arthur H. (1955). «The Lockean psychology of Tristram Shandy». *ELH (English Literary History)* 22. 125-135.

CHRISTENSEN, Inger (1981). *The Meaning of Metafiction: A Critical Study of Selected Novels by Sterne, Nabokov, Barth and Beckett*. Bergen: Universitetsforlaget.

CROLL, Morris W. (1929). «The baroque style in prose». En MALONE, Kemp; RUUD, Martin B. (eds.) (1929). *Studies in English Philology: a Miscellany in Honor of Frederick Klaeber*. Minneapolis: The University of Minnesota Press. 427-456.

DOWLING, William C. (1979-1980). «*Tristram Shandy*'s phantom audience». *Novel* 13. 284-295.

---

[20] En sus propias palabras: «Respecto a la singular manera de puntuar de Sterne, desearía hacer una observación en particular: Sterne era predicador antes que nada, y en consecuencia, su puntuación es eminentemente oratoria, como sobre todo se desprende del abundantísimo uso de guiones, que en su caso hacen las veces de pausas retóricas (más o menos largas según la longitud de cada uno), o bien indican el ritmo de la acción narrada. Aunque esta insólita utilización de dicho signo puede desconcertar al principio al lector español [...], creo que poco a poco se irá acostumbrando a ello y que no le resultará molesto» (LSE-Marías: XLIII-XLIV).

ELIOT, T. S. [Thomas Stearns] (1932). *Selected Essays, 1917-1932*. New York: Harcourt Brace & Company.

FLUCHÈRE, Henri (1965). *Laurence Sterne: From Tristram to Yorick, an Interpretation of* Tristram Shandy. London: Oxford University Press.

GARBER, Frederick (1982). *The Autonomy of the Self: from Richardson to Huysmans*. Princeton: Princeton University Press.

HILSKY, Martin (1971). «A note on the study of *Tristram Shandy*». *Prague Studies in English* 14. 41-55.

HNATKO, Eugene (1969). «Sterne's whimsical syntax: the pseudo-archaic style». *Style* 3/2. 168-181.

HNATKO, Eugene (1971). «Sterne's conversational style». En CASH, Arthur H.; STEDMOND, John M. (eds.) (1971). *The Winged Skull: Papers from the Laurence Sterne Bicentennary Conference*. Kent (Ohio): The Kent State University Press. 229-236.

HOLTZ, William V. (1970). *Image and Immortality: A Study of Tristram Shandy*. Providence: Brown University Press.

HOWES, Alan B. (ed.) (1974). *Sterne: The Critical Heritage*. London: Routledge & Kegan Paul.

ISER, Wolfgang (1974). *The Implied Reader: Patterns of Commmunication in Prose Fiction from Bunyan to Beckett*. Baltimore: The Johns Hopkins University Press.

ISER, Wolfgang (1988). *Sterne:* Tristram Shandy. Cambridge: Cambridge University Press.

LOCKE, John (1690). *An Essay Concerning Human Understanding*. URL: <http://oregonstate.edu/instruct/phl302/texts/locke/locke1/Essay_contents.html>; fecha de consulta: 13-5-2009.

MILIC, Louis (1971). «Observations on conversational style». En MIDDENFORD, John H. (ed.) (1971). *English Writers of the Eighteenth Century*. New York: Columbia University Press. 272-287.

MOGLEN, Hélène (1975). *The Philosophical Irony of Laurence Sterne*. Gainesville: University Presses of Florida.

OED = SIMPSON, John; WEINER, Edmund (eds.) (2000-). *Oxford English Dictionary Online*. Oxford: Oxford University Press. URL: <http://www.oed.com>; fecha de consulta 4-4-2009.

ONG, Walter J. (1975). «The writer's audience is always a fiction». *PMLA (Publications of the Modern Language Association)* 90. 9-21.

PAGE, Norman (1973). *Speech in the English novel*. London: Longman.

PEGENAUTE, Luis (1994). «The unfortunate journey of Laurence Sterne through Spain: the translations of his works into Spanish». *The Shandean* 6. 24-53.

PEGENAUTE, Luis (2004). «Sterne castles in Spain». En VOOGD, Peter de; NEUBAUER, John (eds.) (2004). *The Reception of Laurence Sterne in Europe*. London: Continuum. 234-246.

PIPER, William Bowman (1965). *Laurence Sterne*. New York: Twayne Publishers.

PRESTON, John (1970). *The Created Self: the Reader's Role in Eighteenth Century Fiction*. New York: Barnes & Noble.

RIZZO, Betty (1989). «'How could you Madam be so inattentive?': Tristram's relationship with the reader». En NEW, Melvyn (ed.) (1989). *Approaches to Teaching Sterne's* Tristram Shandy. New York: The Modern Language Association of America. 67-71.

STEDMOND, John M. (1959). «Style and *Tristram Shandy*». *Modern Language Quarterly* 20. 243-251.

STEDMOND, John M. (1967). *The Comic Art of Laurence Sterne: Convention and Innovation in* Tristram Shandy *and* A Sentimental Journey. Toronto: University of Toronto Press.

STERNE, Laurence (1940). *The Life and Opinions of Tristram Shandy, Gentleman*. Editado por James A. Work. New York: Odyssey Press.

STOVEL, Bruce (1984). «*Tristram Shandy* and the art of gossip». En MYER, Valerie Grosvenor (ed). (1984). *Laurence Sterne: Riddles and Mysteries*. London: Vision. 115-125.

SUTHERLAND, James (1963). «Some aspects of eighteenth-century prose». En SMITH, David N. (ed.) (1963). *Essays on the Eighteenth Century*. New York: Russell & Russell. 94-110.

TODA, Fernando (1992). «La primera traducción de *Tristram Shandy* en España: el traductor como censor». *Livius* 1. 123-132.

TRAUGOTT, John (1954). *Tristram Shandy's World. Sterne's Philosophical Rhetoric*. Berkeley: University of California Press.

WAGONER, Mary S. (1966). «Satire of the reader in *Tristram Shandy*». *Texas Studies in Literature and Language* 3/3. 337-344.

WARREN, Leland E. (1976-1977). «The constant speaker: aspects of conversation in *Tristram Shandy*». *University of Toronto Quarterly* 46. 51-67.

WATT, Ian (1967). «The comic syntax of *Tristram Shandy*». En ANDERSON, Howard; SHEAN, John (eds.) (1967). *Studies in Criticism and Aesthetics* 1660-1800. Minneapolis: University of Minnesota Press. 315-331.

WHITTAKER, Ruth (1988). *Tristram Shandy*. Philadelphia: Open University Press.

Luminiţa Vleja

Universitatea de Vest, Timişoara

MARCAS DE ORALIDAD EN *EL MOLINO AFORTUNADO* DE IOAN SLAVICI*

1. Introducción

El traductor que se atreve a acometer la traducción de la obra del escritor rumano Ioan Slavici (1848-1925) tiene que llevar a cabo una difícil tarea, al tratarse de un escritor que se acerca a la literatura por varios caminos: es, al mismo tiempo, autor de novelas, relatos, cuentos, teatro y auténtico memorialista (escribió en 1921 *Mis prisiones*, en 1925 *Recuerdos* y en 1929 *El mundo por el cual he pasado*). Para empezar nuestro acercamiento al estudio de su traducción, apuntaremos algunas observaciones sobre el que fue el gran clásico Ioan Slavici y la aportación que tuvo en el desarrollo general de la cultura rumana. Con su severa mirada moralizadora lanzada sobre el mundo, Slavici completa magistralmente el panorama de la literatura rumana de la segunda mitad del siglo XIX, junto al gran poeta romántico Mihai Eminescu (1850-1889), al narrador popular Ion Creangă (1837-1889), al satírico Ion Luca Caragiale (1852-1912). Desde el punto de vista cronológico, notemos que alrededor de 1876 Slavici ya era considerado el más destacado escritor de la época, mientras que Eminescu no había alcanzado la madurez, Caragiale tampoco era famoso y Creangă ni siquiera había debutado. El hecho de que la historia literaria le concedió a Slavici el cuarto lugar en esta serie de escritores geniales, destinado a hacer de él uno de los cuatro pilares que sostienen las letras rumanas, se explicaría más bien por un detalle de orden biográfico que por el valor estético: Slavici sobrevivió algunos decenios a sus colegas más jóvenes, de este modo integrando también la nueva generación que se iba afirmando a principios del siglo XX. Los elementos esenciales de la vida de Slavici explican muy bien y directamente la obra del escritor y la especial atención

---

* Este artículo se ha escrito en el marco del proyecto de investigación HUM2007-62745/FILO *La Oralidad Fingida: Descripción y Traducción* (OFDYT), financiado por el Ministerio de Educación y Ciencia.

que este concedía a los aspectos éticos de la existencia humana, lo que hace que en su obra no exista ninguna muestra de incompatibilidad entre lo ético y lo estético.

2. El autor y su obra

El escritor nació el 18 de enero de 1848 en la aldea de Șiria de los alrededores de Arad, en una casa situada en la periferia de la modesta población rural. Era hijo de un pequeño artesano, un despierto peletero, que poseía el don de narrador. Șiria era una de esas aldeas transilvanas en la que convivía perfectamente una multitud de nacionalidades: servios, checos, hebreos, húngaros, alemanes, junto a los rumanos que representaban la población mayoritaria. Desde la más tierna infancia, Slavici recibe una educación llena de bondad campesina, antinacionalista y antichovinista:

> Cuando encuentres en tu camino a un rumano, me decía mamá —anotaba el escritor en su obra *Lumea prin care am trecut (El mundo por el cual he pasado)*— dile "Bună ziua!" pero al húngaro dile "Io napot!" y al alemán "Guten Tag!" y es cosa de cada uno cómo te responda. Tú cumple con tu deber también frente a los que no lo hacen contigo. (ISE: VI)

Estas palabras de su madre se pueden leer aún hoy en día en la pared de una habitación de la casa memorial de Ioan Slavici de Șiria, un pueblo con 8.140 habitantes en 2008, de los cuales 6.615 rumanos, 358 húngaros, 148 alemanes, 20 ucranianos y los demás gitanos, eslovacos, búlgaros, ingleses, etc. Con la misma noble perseverancia, su madre le daría también otros consejos en los años de infancia; consejos que perdurarían en la conciencia del escritor toda la vida, verdaderas normas de conducta, reflejadas en su obra, donde el problema nacional encuentra, en general, una solución justa.

> Si te queda un pedazo de pan —me decía ella— y te lo piden dos de los tuyos, dáselo en dos trozos del mismo tamaño, uno a cada uno. Haz lo mismo si dos extranjeros te piden el pedazo de pan. Pero si uno de los tuyos y un extranjero te lo piden, corta el pedazo de manera que uno de los dos trozos sea más grande, y éste dáselo al extranjero, pues el tuyo es más cercano a ti y en nombre suyo das al extranjero el trozo más grande. (ISE: VII)

Como muchos jóvenes de la Transilvania subyugada por el Imperio Austrohúngaro, Slavici efectúa su servicio militar en Viena, asistiendo, al mismo tiempo, a los cursos de la universidad, donde tiene la suerte de conocer a Eminescu, de quien recibe algunos consejos estéticos decisivos para su evolución literaria. Esos años son sumamente fructuosos para Slavici, siendo Eminescu su primer guía literario. En Viena, Slavici, que había estudiado mucho tiempo idiomas extranjeros y hablaba en su casa el habla de Arad, tiene la oportunidad de aprender de Eminescu la lengua literaria. Sus primeros intentos literarios escritos en un lenguaje regional, la comedia *Fata de birău (La hija del alcalde)* y el cuento *Zîna zorilor (El hada del alba)* fueron transcritos por Eminescu con el fin de mejorar su expresión artística. Entre ellos nació una de esas raras, hermosas y ejemplares amistades literarias que permaneció sincera y fiel hasta más allá de la muerte del poeta. Ya desde la aparición del primer volumen de *Nuvele (Cuentos)* de Slavici, Eminescu destacaba en el diario *Timpul (El Tiempo)*, n.º 69 de 28 de marzo de 1882 la nota de gran autenticidad y el agudo espíritu de observación realista con la cual Slavici enriquecía la literatura rumana:

> Slavici es antes que nada un autor plenamente sano en su concepción; los problemas sicológicos que él plantea están esbozados con toda la delicadeza de un conocedor de la naturaleza humana; cada uno de los personajes que viven y se mueven en sus cuentos, no sólo está inspirado de las calles bordeadas de árboles de la aldea, no sólo se parece exteriormente al campesino rumano en su atuendo y en su lenguaje, sino que tiene el alma del pueblo y piensa y siente como él. (ISE: VI)

Encontramos estas palabras de Eminescu, entrañable amigo de Slavici, en el mismo museo, junto con una efigie con sus perfiles grabados y un cuadro que presenta a los dos escritores jóvenes.

3. La traducción

La novela *El Molino afortunado* es una de las obras de Slavici que refleja la realidad del Ardeal rumano del siglo XIX. Fue escrita en 1881 y traducida al español ciento dos años más tarde, en 1983, en un contexto muy difícil no sólo para la difusión de la literatura rumana en el resto de países europeos sino también para la comunicación de los rumanos con el exterior.

La novela fue llevada al cine y presentada en el Festival de Cannes en 1957, con título idéntico en francés (*Le Moulin de la chance*). La película, dirigida por Victor Iliu, fue rodada en gran parte en Şiria, el pueblo natal de Slavici (como otras dos películas que trasponen dos novelas suyas: *La Selvática* y *Mara*). Tanto la novela como su traducción y su adaptación cinematográfica carecen aún de investigaciones en el extranjero.

El rasgo más llamativo de la novela es la convivencia de un lenguaje de base oral y la elaboración literaria específica de Slavici presente en los fragmentos narrativos y descriptivos. Se nota la influencia de la escuela alemana, preocupada por la sustancia, en comparación con la francesa, obsesionada por el estilo (Mohanu 1970: 194). En *El Molino afortunado* se pueden distinguir tres voces distintas: la del narrador-testigo, la del narrador-acorde y las de los personajes.

Nos proponemos observar en las páginas siguientes las estrategias de traducción adoptadas por parte de la traductora rumana a la hora de verter en español el texto de la novela, el modo en que se ha llevado a cabo el trasvase de esta polifonía a una lengua y a una cultura aparentemente tan próximas como la española. Prestaremos atención, sobre todo, a aquellos elementos que llevan en su significado una importante carga cultural ajena al ámbito de la lengua meta. Lo que interesa es analizar cómo consigue la traductora alcanzar ese tan discutido equilibrio de adecuación del mensaje, de manera que la alteración del texto original sea mínima y que el lector perciba la lectura como natural y fluida, sin que el choque cultural sea demasiado fuerte, pero tampoco se sienta abrumado y confundido por explicaciones y adaptaciones inútiles. Aceptando desde un principio que no hay un «óptimo» en la traducción de ningún texto, el planteamiento es: ¿Cómo se llega a la variante más adecuada de un texto traducido? ¿Cuáles son los procedimientos y las herramientas utilizadas? Y por supuesto, ¿tiene la traducción un tono *extranjerizante*, orientado mayormente hacia la cultura de origen o, más bien por el contrario, uno *domesticador*, orientado hacia el ámbito cultural de la lengua meta?[1]

En el intento de contestar estas preguntas tendremos en cuenta el modelo propuesto por Peter Koch y Wulf Oesterreicher (2007: 22-25), que parte de la definición tripartita del lenguaje humano de Eugenio Coseriu: «El lenguaje es una actividad humana *universal* que se realiza *individualmente,* pero siempre según técnicas *históricamente* determinadas ('lenguas')». Los autores citados opinan que lo lingüístico puede ser considerado, a la luz de esta definición, en tres niveles: el nivel universal que concierne al *hablar* con su referencialización, predicación, orientación deíctica, contextualización, etc.; el nivel histórico (con las lenguas individuales como técnicas históricas y sistemas de normas y también las diferentes variedades de estas lenguas históricas); el nivel individual o actual, que concierne al discurso como enunciación particular y única en el *hic et nunc*. En este sentido Koch y Oesterreicher hablan de

---

[1] Como tantos otros autores, Virgilio Moya Jiménez (2003: 44) se plantea el problema de si debemos «extranjerizar» o «domesticar» cuando traducimos.

rasgos universales del lenguaje de la inmediatez comunicativa, típicos de cualquier actividad humana del hablar, y de rasgos típicos de la lengua concreta, es decir, de lo que corresponde al momento histórico y la norma de aquel momento.

3.1 Los nombres de persona

Como regla general, la traductora mantiene los nombres rumanos. Hay adaptación ortográfica sólo en el nombre del protagonista, para facilitar su pronunciación:

(1)	Ghiţă (IS: 5)	Ghitză (ISE: 1)
(2)	Ana (IS: 5)	Ana (ISE: 1)
(3)	Pintea (IS: 40)	Pintea (ISE: 28)
(4)	Petrişor (IS: 113)	Petrişor (ISE: 83)
(5)	Laie (IS: 21)	Laie (ISE: 13)
(6)	Răuţ (IS: 32)	Răuţ (ISE: 21)
(7)	Marţi (IS: 16)	Marţi (ISE: 9)
(8)	Acrişor (IS: 91)	Acrişor (ISE: 67)
(9)	Hanţl (IS: 84)	Hanţl (ISE: 62)
(10)	domnul Vermeşy Arpád (IS: 90)	el señor Vermeşy Arpád (ISE: 66)

En el ejemplo (7) el nombre *Marţi* se transcribe tal cual en la traducción. Alguien que entienda el rumano opinaría que la traductora hubiera podido traducirlo por *Martes* si no se hubiera tratado de «un segundo servidor, Marţi, un húngaro alto como un abeto» (ISE: 9).[2] La traductora ha optado por su conservación (transcripción o transferencia directa), procedimiento más utilizado en la actualidad.

Sin embargo, se traducen algunos apodos y un caractónimo:[3]

---

[2] En el audiolibro notamos la pronunciación adaptada a la fonética húngara, [mórtzi].

[3] Según María Barros Ochoa, «en una obra literaria se pueden encontrar dos tipos de antropónimos: los no motivados o "convencionales" (Hermans), que carecen de significado y tienen una significación meramente significativa; y los motivados, también denominados "atributivos" (Green), "evocativos" (House), "nombres parlantes" (Sumera) y "caractónimos" (Barros, Levin), que sugieren de forma más o menos explícita, rasgos de la apariencia física o el carácter de su portador.» (Barros Ochoa 1996-1997: 58). En opinión de la autora, los caractónimos contienen significaciones basadas en juegos de palabras, alusiones literarias, etimologías o sentidos alegóricos y «no hay que confundirlos con los así llamados "appropriate naming", término no que comprende procedimientos como la adecuación sociológica del nombre y el simbolismo fónico» (Barros Ochoa 1996-1997: 58).

(11) Sămădăul (IS: 11), Lică Sămădăul (IS: 12)   el administrador (ISE: 6), Lică el adminis-
                                                  trador (ISE: 6)
(12) Săilă Boarul (IS: 37)   Săilă el Vaquero (ISE: 26)
(13) Buză Ruptă (IS: 37)   Labio Roto (ISE: 25)

Más color local añaden los nombres de los protagonistas sustituidos o acompañados a veces por alusiones explícitas a sus ocupaciones:

(14) cîrciumarul, cîrciumărița (IS: 16)   el tabernero, la tabernera (ISE: 9)
(15) birtașul (IS: 94)   el tabernero (ISE: 69)
(16) soacra cîrciumarului (IS: 16)   la suegra del tabernero (ISE: 9)
(17) Sămădăul (IS: 11)   el administrador (ISE: 6)
(18) arăndașul (IS: 36)   el arrendatario (ISE: 25)
(19) Pintea căprarul (IS: 69)   Pintea, el cabo (ISE: 50)

3.2 Los topónimos

Junto a un tema eternamente humano (las consecuencias nefastas de la sed de riqueza), Slavici aporta al patrimonio de la literatura universal una nota específica rumana, un matiz étnico distinto. El espacio de la novela es real, rural, natural (no inventado). El color local lo confieren los topónimos transilvanos: Ineu, Arad, la feria de Zărand (ISE: 64), el bosque de Fundureni (ISE: 27), el bosque de Sicula, Salonta, Oradea Grande (ISE: 67). Al sugerir la desgracia y la amargura de su héroe, Slavici introduce, en el discurso indirecto de Ghitză, dos topónimos distintos: el fondo del Banat y el *País*:

(20) Încetul cu încetul, Ghiță își puse tare și   Poco a poco Ghitză decidió y lo decidió
      tot mai tare de gînd, că mai stă pîn' la   después con más firmeza quedarse hasta
      primăvară la Moara cu noroc, apoi își   la primavera en el Molino afortunado,
      adună toată averea, își ia nevastă și copii   luego recogería todos sus haberes, toma-
      și se duce departe, unde nu-l cunoaște   ría a su mujer y a sus hijos, se irían lejos
      nimeni, în fundul Banatului ori chiar în   donde nadie lo conociera en el fondo de
      Țară. (IS: 102)   Banat, o incluso en el *País*. (ISE: 75)

En la traducción al español no existen notas al pie de página, así que la transferencia cultural solo es posible para los que conocen la realidad histórica de Rumanía: antes de 1918 Banat y Transilvania eran provincias rumanas sometidas al Imperio

Austrohúngaro, y sus habitantes, al hablar de Rumanía, la nombraban el *Reino* o el *País*. Pensamos que la introducción de notas explicativas en el texto de llegada hubiera podido resolver esa opacidad cultural.[4] Sin embargo, la relatividad del estatuto de culturema hace que sea tratado de forma variable por los traductores, en función del texto producido en la lengua fuente, de su intención y del público al que está destinado.

3.3 Fenómenos de la lengua hablada

La oralidad de Slavici representó, a finales del siglo XIX, una verdadera escuela realista. Al escribir sus *Cuentos*, el escritor rumano había dado al movimiento literario transilvano una nueva dirección, que marca el retorno del arte hacia el pueblo, y se había forjado un estilo coloquial, una representación estética del texto inconfundible. En cuanto a su técnica estilística, estudiosos rumanos[5] de la obra de Slavici coinciden en la opinión de que el autor usa la oralidad popular no como un medio permanente de su manifestación, parecido al de Creangă, sino como un instrumento para pintar lo rural. *El Molino afortunado* es una novela realista, social, rural. Proverbios, dichos, fórmulas típicas capaces de expresar en forma verídica la imagen de la aldea rumana de la segunda mitad del siglo XIX constituyen un reto para cualquier traductor. Lo que es típico en la estructura de la novela es la práctica ilustrativa, es decir, la ubicación de estas sentencias o máximas al principio de los capítulos que van a demostrarlas (mientras que en Creangă son pospuestas). Aunque obviamente no pueden reproducir el habla, no pueden reproducir exactamente su realización, al menos la reflejan desde un punto de vista convencional o en este sentido «concepcional» de lo hablado en lo escrito.

---

[4] En este sentido citamos a Georgiana Lungu-Badea, que se refiere a la traducción de culturemas (nombres propios, referencias librescas, culturales, históricas, geográficas, etc.): «Tendinţa pernicioasă de a considera, generalizând fără noimă, nota de traducere o „ruşine", omite importanţa rolului pe care nota îl joacă într-o traducere erudită ori comentată. Ea legitimează apariţia, în metatext, a vocii traducătorului, permite cititorului să facă distincţie între spusele autorului şi precizările suplimentare ale traducătorului. Totuşi, prezintă inconvenientul fragmentării lecturii» (Lungu-Badea 2005: 207).

[5] Tudor Vianu decía que Slavici había introducido la oralidad popular en sus obras antes de Creangă: «Pentru desăvîrşita stăpînire a acestei unelte stilistice îi lipseşte însă lui Slavici jovialitatea şi verva lui Creangă. El întrebuinţează de altfel oralitatea populară nu ca mijloc permanent al manifestării sale, ci ca instrument în vederea picturii mediului rural» (Vianu 1973: 114).

El primer capítulo de la novela empieza por la voz de la anciana, la madre de Ana:

(21)   — Omul să fie mulţumit cu sărăcia sa, căci, dacă e vorba, nu bogaţia, ci liniştea colibei tale te face fericit. (IS: 5)   El hombre tiene que contentarse con su pobreza, pues, para ser sinceros, no es la riqueza, sino la tranquilidad de su choza lo que le hace a uno feliz. (ISE: 1)

En boca de la anciana los proverbios o las sentencias aportan al discurso un ritmo tranquilo, una exactitud en la observación, contribuyendo a la realización de la imagen realista de un mundo dramático:

(22)   — De! îşi zise ea, ce să-i faci? aşa e omul. Oricît de bun ar fi, tot are cîte un păcat. Fie cît de mic, dar tot îl are. (IS: 39)   — ¡Bueno!, dijo ella, ¿qué le vamos a hacer? Así es el hombre. Por muy bueno que sea debe tener un pecado. Por pequeño que sea, pero lo tiene. (ISE: 27)

Entre las fórmulas de la lengua oral destaca el saludo, que forma parte de la cotidianidad. Hay algunos sintagmas que son típicos del discurso oral de los campesinos rumanos y que aparecen en el texto de forma directa o indirecta.

— Saludos:

(23)   — Sănătate şi voie bună de la Lică Sămădăul, zise el îndrăzneţ. (IS:18)   — Salud y alegría de parte de Lică el administrador, dijo él, atrevidamente. (ISE:10)

(24)   — Noroc bun să deie Dumnezeu! (IS: 27)   — ¡Buena suerte les dio Dios! (ISE: 17)

— Despedidas:

(25)   Ei întrebară dacă n-a fost Sămădăul pe acolo, puseră sluga să deshame caii, să-i adape şi să le dea ovăz, apoi intrară, băură fiecare cît trei inşi la un loc şi plecară cu un „noroc bun!" (IS: 11)   Ellos preguntaron si no estuvo el administrador por ahí, ordenaron al servidor desensillar los caballos, que los abreve y les dé avena, luego entraron, bebió cada uno por tres y partieron con un "hasta luego". (ISE: 6)

(26)   — Gînd bun să-ţi deie Dumnezeu! (IS: 19)   — ¡Qué te aconseje bien el Señor! (ISE: 11)

(27) Peste puțin sosi și Lică, ceru un pahar de vin, își întrebă de turme, apoi zise „noroc bun" și plecă mai departe, fără să fi descălecat măcar. (IS: 19)   Al poco tiempo llegó también Lică, pidió un vaso de vino, preguntó por las piaras, luego dijo "buena suerte" y se fue sin haber descabalgado siquiera. (ISE: 12)

— Preguntas retóricas:

(28) — Dar ce ne pasă nouă?! Nu-i așa?! Ce-ți pasă ție?! Ce-mi pasă mie?! (IS: 54)   — ¿Pero qué nos importa a nosotros? ¡¿No es así?! ¡¿Qué te importa a ti?! ¡¿Qué me importa a mí?! (ISE: 39)

— Expresiones irónicas:

(29) — Să-ți fie de bine! (IS: 71)   — ¡Es tu cosa! (ISE: 51)
(30) — Așa că te-ai făcut blînd ca un mielușel?! (IS: 30)   — ¡¿Ves que te pusiste blando como un corderito?! (ISE: 20)
(31) — Grozav ți-e de mine! (IS:123)   — ¡Mucho te importa de mí! (ISE: 91)

— Interjecciones:

(32) — Aș! Ți-ai găsit omul! (IS: 54)   — ¡Puf! No es ella la persona... (ISE: 39)
(33) — Hoa-hop! (IS: 85)   — ¡Ey, eyy! (ISE: 62)
(34) „Hoa-hop! hoa-hop! după mine, măi!" (IS: 85)   ¡Hopa, hopa! ¡Síganme, puh! (ISE: 62)
(35) — Hm! îi răspunse feciorul... (IS: 54)   — ¡Mmm! hizo el servidor... (ISE: 39)
(36) — Uță! Haide și tu cu noi! (IS: 130)   — ¡Uță! ¡Ven tú también con nosotros! (ISE: 96)
(37) — Săracul de mine! răspunse el cam răstit. Cînd e vorba să-mi fac și eu o poftă, proastă, bună, cum ar fi, țop! că mi se supără nevasta. Haid! Adause apoi, luînd copilul în brațe și dînd cu piciorul în cîne. (IS: 22)   — ¡Pobre de mí!, contesto él, increpándola. Cuando se trata de darme yo también un gusto, malo, bueno, como sea, paf, se enoja mi mujer. ¡Vamos!, prosiguió él tomando al niño en los brazos y pateando al perro. (ISE: 14)

A veces se registra en la traducción una pérdida estilística: en (37) la interjección *Haid!*, variante popular y regional de *hai* (*haide, haida*), marcada en el texto original dialectal y socialmente, se ha traducido al español por la variante verbal neutra *¡Vamos!*. En este caso el rumano es más coloquial e incluso descortés. Pero hay casos en los que se usa la interjección con valor pragmático: el saludo coloquial juvenil rumano *Hai pa!* o el subjuntivo con valor de imperativo *Hai să mergem!*, donde la partícula *hai*, pronunciada sin pausa, forma un grupo fónico con el verbo *a merge* en primera persona plural. La sustitución del infinitivo por el «conjunctiv» es un rasgo típico del rumano, resultado de la influencia balcánica (se dice *știe să picteze* en lugar de *știe a picta*), y mediante la interjección los hablantes intentan marcar más claramente la función especial de este modo verbal. En rumano existe también una variante análoga a la conjugación verbal *haidem*, *haideți*, en primera y segunda persona plural, donde el plural introduce la idea de cortesía, mientras la forma de singular *haide* es más popular y a veces más agresiva: *Haide să ne înțelegem!* A nuestro parecer, con la solución propuesta en (36) se produce la misma pérdida estilística que en (37).

El discurso indirecto libre en rumano no implica necesariamente una sintaxis especial. Entre los tiempos verbales se prefieren el imperfecto, el pretérito perfecto y el futuro de indicativo. En cuanto a la deixis personal, cabe mencionar el uso de la tercera persona.[6]

(38)   ...și așa se întreba mereu: „Pentru ce a rămas el la cîrciumă? Pentru ce le-a spus drumeților că are bani la sine? Ce avea de gînd să facă? Pentru ce a vorbit, pentru ce a vorbit?! Pentru ce?! Pentru ce?! își zise el în cele din urmă deznădăjduit. Cine știe?! Le va fi zis așa din întîmplare, fără ca să fi gîndit la ceva, iar eu mă fierb în mine pentru ele". (IS: 41)

...y por eso se preguntaba siempre: "¿Para qué se quedó él en la taberna? ¿Por qué les dijo a los caminantes que llevaba dinero? ¿Qué planeaba? ¿Por qué habló, por qué habló?! ¡¿Por qué?! ¡¿Por qué?! pensaba él finalmente desesperado. ¡¿Quién sabe?! Lo habrá dicho por casualidad sin pensar en algo especial, y yo hiervo a causa de esto." (ISE: 28)

En las oraciones impersonales la segunda persona del rumano se recupera generalmente por la tercera persona del singular en español y rechaza cualquier sujeto explícito, como es el caso de las frases construidas en registro informal:

(39)   — Așa e lumea, grăi Ghiță. Să nu crezi nimic pînă ce nu vezi cu ochii. (IS: 15)

— Así es la gente... dijo Ghitză. No hay que creer algo hasta no verlo con sus propios ojos. (ISE: 8)

---

[6] «În proza în care locutorul este narator se efectuează trecerile de la persoana întâi și a doua spre persoana a treia» (Guțu Romalo 2005: 827).

— Sentimientos y actitudes:

(40) Dar ea pleca întotdeauna **cu inima grea**, căci trebuia să plece singură și să-i lase pe dânșii singuri la pustietatea aceea de cîrciumă. (IS: 8)

Pero ella siempre partía **con tristeza**, pues tenía que partir sola y dejarlos solos en aquel lugar desolado. (ISE: 4)

(41) **Mi-e greu** să-mi părăsesc coliba în care mi-am crescut copiii, și **mă cuprinde un fel de spaimă** cînd mă gîndesc să ramón singură într-însa... (IS:5)

Me es difícil abandonar mi choza en la que he pasado mi vida y he criado a mis hijos y **me lleno de miedo** con solo pensar que puedo quedarme sola en ella... (ISE: 1)

(42) — Nu zic, grăi soacra **așezată**. (IS: 6)

— Así será, habló **calmadamente** la suegra. (ISE: 1)

(43) Când bătrîna pleca la biserică, toate trebuiau să fie puse bine la cale, căci altfel ea **o dată cu capul** nu ar fi plecat. (IS: 6)

Cuando la anciana se iba a la iglesia, todo tenía que estar en orden, pues de otro modo ella **ni muerta** hubiera salido. (ISE: 3)

(44) Rămînînd singur cu Ana și cu copiii, Ghiță privește împrejurul său, se bucură de frumusețea locului și **inima-i rîde** cînd Ana cea înțeleaptă și așezată **deodată-și pierde cumpătul** și se aruncă răsfățată asupra lui... (IS: 9)

Quedando solo con Ana y los niños, Ghitză mira a su alrededor, goza de la hermosura del lugar y **su corazón ríe** cuando Ana la sabia y tranquila **pierde el seso** y se lanza regalona sobre el... (ISE: 4)

La expresión de sentimientos nos interesa en la medida en que intenta recrear la ilusión de la conversación, de la narración oral, del sonido. Técnicamente estos rasgos del texto original se vierten en el texto meta sin entorpecer la fluidez discursiva o de la lectura. Y aunque por diversas razones (principalmente las preferencias estéticas y el respeto por las convenciones literarias de la época), en *El molino afortunado* Slavici raramente usa frases en registro informal, coloquiales o familiares, en la técnica lingüística del escritor transilvano la sintaxis se aparta claramente del patrón de escritura normativo, recreando una relación de cercanía afectiva y social. Notemos también la presencia de léxico disfémico en el texto original y el grado de acercamiento léxico y sintáctico; es importante observar hasta qué punto se mantiene la ofensa en el texto meta: en ambos textos el campo de la injuria mantiene una zona altamente fosilizada y lexicalizada (en realidad, una maldición que resulta del enfado de un momento del hablante) y parece que no está abierto a la creatividad.

— Tacos e insultos:

(45)   — Să fie ai dracului de cîni... (IS: 25)   — Malditos sean los perros... (ISE:16)

(46)   „Prostul dracului! mă dă de gol", îsi zise   — "¡Maldito tonto! Me echa al agua",
       el îngrijat. (IS: 26)   pensó él preocupado. (ISE: 17)

(47)   — Ce cîrciuma dracului mai e și asta?! De   — Qué maldita taberna es ésta — ¿por
       ce nu-ți ții o slujnică? (IS: 38)   qué no tienes una servidora? (ISE:27)

Como hemos visto, el autor pretende caracterizar a los personajes a través del lenguaje, un lenguaje marcadamente oral. Siguiendo los preceptos estéticos del realismo rumano del siglo XIX, el autor no sólo ha elaborado (y, por tanto, ha innovado) el uso de los rasgos universales de la oralidad, sino que se ha valido de algunas características histórico-idiomáticas del rumano para lograr el efecto de un discurso oral fingido. Es sobradamente conocido el debate sobre el lenguaje rumano de la inmediatez comunicativa y la posibilidad de concebirlo sin que se tomen en consideración los aspectos diatópicos (y diastráticos). Ante la falta de una descripción pormenorizada de la lengua hablada, queja repetida entre los investigadores (por ejemplo, Vulpe 1989; Schippel 1998 y 2009), el análisis de los elementos orales que se van incorporando en las obras literarias a partir del siglo XIX puede arrojar luz sobre la cuestión de si en rumano se puede constatar la bipartición que se registra para otras lenguas como afirma Jenny Brumme; es decir, una «mayor diferencia entre el lenguaje de inmediatez comunicativa y el de la distancia, plasmada en etiquetas como *français parlé* y *français écrit* o *català light* y *català heavy*» (Brumme 2008: 59).

4. La versión del audiolibro

El audiolibro, en la interpretación del actor Victor Mușețeanu, respeta cuidadosamente la base escrita en rumano. La voz del actor caracteriza el habla de los personajes por el tono, por el volumen que matiza el sentido de las palabras. La entonación, el volumen y el tono de voz son fundamentales en la reacción del receptor. En la lectura grabada en CD-ROM (3 h 44' 13") se ha evitado la monotonía de la voz, cambiando el tono e incluso el volumen según lo ha requerido la situación. El lector pronuncia con claridad los diálogos, articulando de una manera específica la intervención de cada personaje. Se nota que utiliza un ritmo adecuado al discurso oral, muy vivo, característico de las conversaciones informales. Para insistir en la expresión de la actitud de los personajes (enfado, alegría, ironía, sorpresa, etc.) recurre también al énfasis y a los alargamientos fonéticos. Puesto que la organización discursiva del texto es propia del lenguaje oral, las relaciones lógicas entre oraciones y párrafos no suelen expresarse mediante conectores. Ahora bien, cuando éstos se utilizan se reducen a unos pocos como, por ejemplo, a *dar* 'pero' (IS: 38, 86, 99, 106) e *însă* 'sin embargo' (IS: 94, 97), entre los conectores adversativos; al conector *la urma urmelor* 'al fin y al cabo' (IS: 38) entre los de justificación; al conector *cu toate aceste* 'no obstante' (IS: 96) entre los concesivos; a *de aceea* 'por eso' (IS: 112) entre los causales; y al conector *dacă* 'si' (IS: 116) entre los condicionales. Al predominar la yuxtaposición (oraciones separadas mediante punto y coma o punto y seguido), el actor sigue la determinada curva entonativa, la línea melódica con la que se pronuncian las oraciones de modalidad asertiva. Sin embargo, es esencial en el audiolibro la variación tonal del actor, motivada por factores psicológicos, es decir, por su intención de dar mayor carga emocional al texto leído: los tonos agudos suelen asociarse con situaciones tensas para despertar el interés del oyente o para caracterizar los enunciados no conclusos, las preguntas totales o las manifestaciones afectivas de exaltación. El medio fónico también pone de manifiesto el descenso del tono del actor que acompaña el final de los enunciados asertivos, con los cuales se relaja el interés del oyente. La curva melódica se mueve así entre tres niveles: el grave, el medio y el agudo, con los debidos cambios de dirección impuestos por el texto rumano.

5. Conclusión

El problema del discurso es hoy un lugar de intersección para las ciencias humanas: lingüística textual, análisis filosófico, teoría de la comunicación (cf. Borchin 2006 y 2007; DCLL) y de la información, etno- y sociolingüística, sociología interaccional, etc. Para que sea eficaz, el análisis tiene que sobrepasar el plano estrictamente oracional y adoptar un enfoque textual y discursivo más amplio e integrador. En el presente caso solo hemos destacado algunas características de mayor relevancia desde el punto de vista de su repercusión en la traducción del rumano al español.

Hemos querido ilustrar la problemática de la oralidad fingida planteada por una obra muy estrechamente ligada a la cultura de una época y de un país determinado. En la novela *El molino afortunado* se conjuga además una narración literaria muy precisa y una lengua rumana rural, resultado de la combinación del habla familiar y coloquial. Las referencias culturales, junto con un vocabulario marcado dialectal y socialmente, son los principales recursos con los que Slavici retrata el pueblo rumano de finales del siglo XIX, recursos a los que se enfrenta el traductor a la hora de restituir en la lengua de llegada la relación lengua-cultura.

6. Corpus

IS = SLAVICI, Ioan [1881] (1991). *Moara cu noroc*. Iași: Editura Moldova.
ISE = SLAVICI, Ioan (1983). *El molino afortunado*. Traducción de Maria Elena Răvoianu. București: Editorial Minerva.
SLAVICI, Ioan (2007). *Moara cu noroc*. Cartea sonoră [Audiolibro]. Interpretează Victor Mușețeanu. Timișoara: Editura Cartea Sonoră.

7. Referencias bibliográficas

BARROS OCHOA, María (1996-1997). «Los antropónimos de *A midsummer night's dream* y su traducción al español». *Archivum: Revista de la Facultad de Filología* 46-47. 57-84.
BORCHIN, Mirela (2006). *Comunicarea orală*. Timișoara: Excelsior Art.
BORCHIN, Mirela (coord.) (2007). *Comunicare și argumentare. Teorie și aplicații*. Timișoara: Excelsior Art.
BRUMME, Jenny (2008). «Traducir la oralidad teatral. Las traducciones al castellano, catalán, francés y euskera de *Der Kontrabaß* de Patrick Süskind». En: BRUMME, Jenny (ed.) (2008). *La oralidad fingida: descripción y traducción. Teatro, cómic y medios audiovisuales*. Con la colaboración de Hildegard Resinger y Amaia Zaballa. Madrid: Iberoamericana; Frankfurt: Vervuert. 21-64.
DCLL = COMLOȘAN, Doina; BORCHIN, Mirela (2002-2005). *Dicționar de comunicare (lingvistică și literară)*. 3 vols. Timișoara: Excelsior Art.
GUȚU ROMALO, Valeria (coord.) (2005). *Gramatica limbii române*. Vol. II, *Enunțul*. București: Editura Academiei Române.
KOCH, Peter; OESTERREICHER, Wulf (2007). *Lengua hablada en la Romania: español, francés, italiano*. Traducción de Araceli López Serena. Madrid: Gredos.
LUNGU-BADEA, Georgiana (2005). *Tendințe în cercetarea traductologică*. Timișoara: Editura Universității de Vest.
MOHANU, Constantin (ed.) (1970). *Ioan Slavici*. Antología, prólogo, tabla cronológica y bibliografía seleccionada de Constantin Mohanu. București: Editura Eminescu.
PASCUA FEBLES, Isabel; MOYA JIMENEZ, Virgilio; BRAVO UTRERA, Sonia; SOCORRO TRUJILLO, Karina; BOLAÑO MEDINA, Alicia (2003). *Teoría, didáctica y práctica de la traducción*. A Coruña: Netbiblo. 17-46.

SCHIPPEL, Larisa (1998). «Gesprochenes Rumänisch. Ein Forschungsbericht». *Grenzgänge* 10. 55-85.

SCHIPPEL, Larisa (2009). «Geschichte von Regionalsprachen und Stadtsprachen in der Romania: Südosteuropa / Histoire des langues régionales et des langues urbaines dans la Romania: la Romania du Sud-Est». En: ERNST, Gerhard; GLESSGEN, Martin-Dietrich; SCHMITT, Christian; SCHWEICKARD, Wolfgang (eds.) (2009). *Histoire linguistique de la Romania / Romanische Sprachgeschichte, Teilband 3. Manuel international d'histoire linguistique de la Romania / Ein internationales Handbuch zur Geschichte der romanischen Sprachen.* Vol. 3. Berlin; New York: Walter de Gruyter. 2532-2541.

VIANU, Tudor (1973). *Arta prozatorilor români.* București: Editura Eminescu.

VULPE, Magdalena (1989). «Rumänisch: Langue parlée et langue écrite». En: HOLTUS, Günter; METZELTIN, Michael; SCHMIDT, Christian (eds.) (1989). *Lexikon der Romanistischen Linguistik.* Vol. 3, *Rumänisch.* Tübingen: Max Niemeyer. 165-175.

Gemma Andújar Moreno

Universitat Pompeu Fabra, Barcelona

LA TRADUCCIÓN DE ALGUNAS LOCUCIONES DE INDEFINICIÓN EN LA ORALIDAD FINGIDA DE *THE CATCHER IN THE RYE*[*]

1. Introducción

La plasmación en los textos narrativos de las marcas lingüísticas propias de la lengua oral enfrenta al traductor a dificultades de diversa índole. Algunas de ellas, como la identificación de los rasgos que imitan la oralidad en el texto original y la función que éstos desempeñan, la selección de los recursos lingüísticos adecuados para trasponerlos en la lengua meta o la reproducción de una carga expresiva similar a la vehiculada por el texto original pueden suponer un reto para cualquier traductor (Lindquist 1996).

En este trabajo, apoyándonos en conceptos teorizados por los estudios descriptivos de traducción y la lingüística contrastiva, nos hemos propuesto describir el tratamiento traductor que han recibido algunas locuciones de indefinición inglesas, muy frecuentes en lengua oral, en las traducciones de la novela de Jerome David Salinger *The Catcher in the Rye* (1951). En concreto, el estudio se centra en las expresiones compuestas por la unidad léxica *stuff: and stuff (like that)* y *and (all) that stuff*, en todas sus variantes. Desde un punto de vista discursivo, estas expresiones constituyen unas muletillas deíctico-anafóricas especialmente recurrentes que, con una cierta vaguedad referencial, sirven a Holden Caulfield, protagonista del largo monólogo de Salinger, para evitar la especificación de elementos supuestamente conocidos por el interlocutor, además de desempeñar distintas funciones pragmáticas. Al ac-

---

[*] La autora de este trabajo forma parte del grupo de investigación consolidado CEDIT (Centre d'Estudis de Discurs i Traducció), con número de expediente 2009 SGR 771, concedido por la AGAUR (Agència de Gestió d'Ajuts Universitaris i de Recerca) de la Generalitat de Catalunya. Y dicho estudio se inscribe, a su vez, en el marco del proyecto de investigación «Interpretar sentimientos y actitudes: la intervención del traductor» (Ministerio de Educación y Ciencia, ref. HUM2006-03897/FILO).

tuar como marcadores de cierre del enunciado, canalizan la imprecisión de pensamiento propia de la lengua oral espontánea.

El interés por estas expresiones está motivado por el importante papel que desempeñan en el idiolecto adolescente de Holden Caulfield, caracterizado por el abundante recurso al argot juvenil, la repetición léxica de distintas muletillas o el lenguaje grosero y los vulgarismos (Costello 1958). Estos rasgos idiolectales constituyen la expresión de la individualidad del personaje y un importante instrumento caracterizador del mismo (Díez Pérez 1999), y deberían reflejarse adecuadamente en las traducciones para no restar credibilidad a la oralidad fingida[1] del personaje.

2. Premisas teóricas de partida y objetivos del estudio

Hemos abordado el estudio contrastivo de los textos del corpus aplicando tres parámetros de análisis principales:

a) El concepto de *construcción del sentido*, según el cual las palabras vehiculan instrucciones semánticas mínimas que contribuyen a construir el sentido textual. Este enfoque, que fue desarrollado inicialmente por la teoría de la argumentación en la lengua, de Jean-Claude Anscombre y Oswald Ducrot (1984), ha sido retomado recientemente por lo que se conoce como la semántica de los puntos de vista (Raccah 2005). Implica una transformación de la concepción del sentido como algo rígido y estático para desarrollar la idea de un «material» moldeable, que adquiere forma y se estabiliza en la concreción del acto comunicativo.

b) El concepto de *punto de vista*, que puede entenderse como formas de enmarcar producciones verbales concretas en representaciones mentales. Se basa en la hipótesis de que el lenguaje es un «espejo» donde se reflejan las representaciones cognitivas y culturales del hablante: un hablante construye sentido a partir del marco general de su universo de creencias, pero selecciona sus propios principios y atribuye a los términos una determinada orientación que denota, de forma directa o indirecta, sus juicios de valor sobre los referentes. Podría considerarse, por lo tanto, que el punto de vista constituye una forma general de la expresión de la *subjetividad* de un sujeto hablante (Rabatel 2005).

---

[1] Entendemos el concepto de *oralidad fingida* desde la perspectiva ofrecida por Paul Goetsch (2003): la ficción o ilusión de oralidad que evoca un texto escrito mediante la explotación de un conjunto específico de recursos propios de la lengua oral.

c) Los conceptos de *euforía* y *disforía*, procedentes también de la semántica de los puntos de vista (Raccah 2005), que hacen referencia a los juicios de valor asociados de forma directa a las palabras. Las palabras *eufóricas* son aquellas a las que siempre se asocian puntos de vista positivos, mientras que las *disfóricas* son aquellas que vehiculan puntos de vista negativos.

Para analizar el tipo de relación que se establece entre original y traducción y tipificar las regularidades en las conductas traductoras, hemos recurrido al concepto de *técnica de traducción*, que Amparo Hurtado Albir define en estos términos desde una perspectiva funcionalista:

> Procedimiento, generalmente verbal, visible en el resultado de la traducción, que se utiliza para conseguir la equivalencia traductora, con cinco características básicas: 1) afectan al resultado de la traducción; 2) se catalogan en comparación con el original; 3) se refieren a microunidades textuales; 4) tienen un carácter discursivo y contextual; 5) son funcionales. (Hurtado Albir 2001: 268)

La aplicación de este concepto al análisis contrastivo debería permitirnos arrojar luz sobre la orientación general del proceso de traducción. Asimismo, la detección de pautas en las técnicas traductoras permite formular hipótesis sobre el *método traductor*, la opción global que afecta al conjunto del texto y depende de la función de la traducción en la cultura de llegada (Molina/Hurtado 2002: 508). En este sentido, nos proponemos profundizar en la idea apuntada por Maryann Overstreet:

> General extenders seem to function as highly formulaic expressions. Instead of unpacking their meaning, language users seem to treat them as units that do not require any further processing. This must be taken into consideration when attempting to translate, as word for word translations would inevitably produce infelicitous forms. (Overstreet 2005: 1849)

Trataremos de precisar, pues, si los traductores optan por la recuperación literal de las locuciones de indefinición o si, por el contrario, han tratado estas expresiones desde una perspectiva funcional, buscando efectos idiolectales semejantes mediante otras expresiones de la lengua meta con una función pragmática similar.

3. Análisis contrastivo

3.1 *The Catcher in the Rye* y sus traducciones al francés, castellano y catalán

El corpus de estudio está formado por el original inglés de *The Catcher in the Rye* (1951), una de las obras más influyentes de la literatura estadounidense. Se trata de un texto repetidamente traducido a numerosas lenguas, que cuenta con varias versiones castellanas, catalanas y francesas, todas ellas realizadas por traductores de reconocido prestigio. Esta circunstancia permite comparar diversas soluciones traductoras y profundizar en las dificultades de traducción que se deseen abordar. En concreto, hemos seleccionado cinco versiones para el estudio: una hacia el francés, dos hacia el castellano y dos hacia el catalán, publicadas entre los años 1965 y 2006.

La traducción más antigua es la versión catalana de Xavier Benguerel, *L'ingenu seductor*, que data de 1965 y fue publicada originalmente en «El Club dels Novel·listes», la colección fundada en 1955 por Jaume Aymà, Joan Oliver y el propio Benguerel, que años después acabó convirtiéndose en el sello Club Editor SL. Tras la desaparición del Club Editor, la versión de Benguerel, última publicación de este escritor y traductor en el sello, fue recuperada íntegramente en 1982 por la editorial Grijalbo (Bacardí 1998: 28). Sale a la luz, por lo tanto, en un contexto sociopolítico español en el que están plenamente vigentes las estructuras censoras del franquismo, que purgaban de las traducciones el lenguaje que el régimen consideraba indecoroso u ofensivo para la moralidad. Esta influencia de la censura en las traducciones, como apunta Rosa Rabadán en el prólogo de la obra *Traducción y censura inglés-español: 1939-1985*, se mantuvo de hecho hasta 1985, «fecha en que realmente parecen desaparecer por completo y de forma efectiva los controles ideológicos y administrativos heredados del aparato censor franquista» (Rabadán 2000: 10).

La primera traducción castellana, y única hasta 2006, es obra de Carmen Criado y se realizó en 1978. En este periodo todavía no había desaparecido por completo la influencia de la censura franquista y, a este respecto, autores como Cristina Gómez Castro (2007) o Francisco Yus Ramos (1996 y 2001) señalan que la versión de Criado debe analizarse desde la óptica de la autocensura que se impuso la propia traductora:

> El hecho de que la versión española conste de una mayor elevación estilística y un lenguaje más depurado que el original se debe [...] a esa mutilación o cambio, en muchas ocasiones inconsciente, que los autores y traductores de entonces aplicaban sobre sus producciones con objeto de que no tuviesen problemas con el sistema administrativo de aquellos años. (Gómez Castro 2007: 655)

En cualquier caso, el contexto sociopolítico español propiciaría un menor uso de palabras malsonantes o expresiones ofensivas, aunque estuviera permitido imprimirlas en los textos publicados al haber desaparecido ya las estructuras censoras (Fernández López 2000). En 2006 la misma traductora se encargó de realizar una revisión de su traducción donde introdujo modificaciones importantes con respecto al texto de 1978. Con todo, el análisis de esta revisión no pone de manifiesto que haya cambiado sustancialmente de criterio a la hora de traducir las palabras más groseras del idiolecto de Holden Caulfield.

Finalmente, la traducción más moderna es la versión catalana de Ernest Riera y Josep Maria Fonalleras, publicada por Empúries en 1996. El panorama sociopolítico se encuentra libre de cualquier censura y, ya desde el título, *El vigilant en el camp de sègol*, constituye un texto mucho más cercano al original que la primera versión catalana de Benguerel.

En el ámbito francófono, existen dos traducciones de la obra. La primera, publicada en 1953, es obra de Sébastien Japrisot, pseudónimo con el que se conoce al novelista Jean-Baptiste Rossi. La segunda, más moderna, data de 1986 y está firmada por Annie Saumont, traductora y escritora. Ante la imposibilidad de localizar la primera versión de Rossi, hemos incluido en el corpus la traducción de Saumont para completar con otra propuesta más el abanico de posibilidades interpretativas.

3.2 Estudio traductológico de las locuciones de indefinición formadas por la unidad léxica *stuff*

En su estudio de 1999, Overstreet define las locuciones de indefinición en los siguientes términos:

> A class of expressions that typically occur in clause-final position and have the basic form of conjunction plus noun-phrase. I call these expressions "general extenders": "general" because they are non-specific, and "extenders" because they extend otherwise grammatically complete utterances. They can be divided into two sets: those beginning with *and* (*and stuff*, *and everything*), which will be called "adjunctive general extenders", and those beginning with *or* (*or something, or anything*), which will be called "disjunctive general extenders". (Overstreet 1999: 3)[2]

---

[2] Hemos optado por el término más general *locuciones de indefinición* por considerarlo una etiqueta léxica amplia y no ligada a una corriente teórica determinada. Cf., por ejemplo, Cortés Rodríguez (2006a: 101), para un repaso de las diferentes denominaciones que reciben estas construcciones.

El importante papel que desempeñan en el idiolecto de Holden Caulfield queda patente en la gran variedad de expresiones de este tipo que aparecen en la novela y su elevada frecuencia de aparición; de ahí que constituyan uno de los rasgos utilizados por el autor para imitar la lengua oral. La siguiente lista sintetiza las principales y el número de instancias detectadas:

Con nexo copulativo
and all [284]
and stuff (like that) [20]
and everything [16]
and all that crap [7]
and (all) that stuff [5]

Con nexo disyuntivo
or anything (like that) [104]
or something [98]
or somebody [2]

Todas estas expresiones tienen en común el marcar que el enunciador tiene algo más que añadir que permanece implícito. Por consiguiente, contribuyen a presentar el mensaje de una forma no precisa, dando la impresión de poca planificación, acorde con la inmediatez de la lengua oral espontánea. Su interpretación se realiza, en todos los casos, a partir de un proceso inferencial que se fundamenta en un conocimiento o una experiencia que el enunciador supone o presenta como compartidos con su interlocutor (Cortés Rodríguez 2006a y 2006b, Overstreet 1999 y 2005).

Hemos acotado el análisis contrastivo del corpus a las locuciones que tienen al sustantivo *stuff* como núcleo sintáctico.[3] Según consignan los diccionarios consultados (COB, DACE, HER, LEX, OED, SUPLEX), esta unidad léxica es una palabra ómnibus, muy frecuente en el lenguaje coloquial, que actúa como sustituta de otra expresión de contenido semántico más preciso.[4] Las locuciones detectadas en la obra, en todas sus variantes, son las siguientes:

---

[3] Su frecuencia de aparición en el texto original posibilita la comparación de cinco traducciones, aunque es evidente que, por eso mismo, los resultados del estudio no pueden extrapolarse a todas las locuciones similares, cuyo análisis superaría los límites de este trabajo. A pesar de su alcance forzosamente limitado, los datos obtenidos de la comparación de traducciones sí sacan a la luz regularidades que también hemos observado en la traducción de otras expresiones de indefinición.

[4] Su uso se enmarca en «la baja intensidad de la variación léxica en la modalidad coloquial, dominada por la iteración y en la que los hablantes se decantan por términos muy generales de imprecisa referencialización, como "cosa" o "hacer", que suelen denominarse *palabras ómnibus*» (López Serena 2007: 179).

and stuff → 18 apariciones (69%)
and all that stuff → 4 apariciones (17%)
and stuff like that → 2 apariciones (8%)
and that stuff → 1 aparición (4%)
Total: 25 instancias

Desde un punto de vista sintáctico, las ocurrencias analizadas se distribuyen en dos categorías generales: en la primera, la expresión alude a un único segmento previo, mientras que en la segunda, la locución actúa como marcador de cierre en una serie enumerativa de tres o, excepcionalmente, cuatro segmentos previos. Al igual que sucede en los corpus analizados por Overstreet (1999 y 2005), la primera categoría es la más frecuente en el texto original, pues representa un 70% del total. Veamos con más detalle su funcionamiento discursivo y el tratamiento en las traducciones.

3.2.1 Construcción sintáctica [segmento + locución de indefinición]

Las locuciones de esta categoría se actualizan en contextos donde aluden a un segmento inmediatamente anterior, que sirve de guía para la interpretación, y apuntan a una información implícita que el interpretante será capaz de comprender, porque se fundamenta en un conocimiento compartido con el enunciador. Esta instrucción semántica mínima Overstreet (1999 y 2005) la parafrasea como «there is more»:

> Typically indicates «more». Generally, the more need not be stated because the speaker assumes that the speaker and hearer share an intersubjective understanding which will enable the hearer to make sense of the speaker's message without further elaboration (in orientation to a constraint on cooperative interaction, such as the Gricean Maxim of Quantity). (Overstreet 1999: 146)

Al dar por supuesto un conocimiento compartido entre los interlocutores, estas locuciones constituyen una marca de cortesía positiva, como sucede en este fragmento, donde Holden alude a las prendas de vestir de su hermana Phoebe:

(1) She's very neat, for a child. [...] She had the jacket to this tan suit my mother bought her in Canada hung up on the back of the chair. Then her blouse **and stuff** were on the seat. (JDS: 166)

La locución *and stuff* remite aquí al resto de prendas que completan la vestimenta de Phoebe y que están dispuestas de forma ordenada en una silla. El enunciador no considera necesario elaborar más el discurso precisando de qué prendas se trata, porque asume que el lector sabrá descodificar esa información adicional a partir del contexto y su conocimiento del mundo.

En otros fragmentos, en cambio, la locución de indefinición no parece apuntar a ninguna información implícita; en el siguiente pasaje, por ejemplo, Phoebe justifica que un compañero de colegio la empujara por las escaleras aludiendo a las bromas que le gastaba junto con otra amiga:

(2) "Leave it alone. Why'd he push you down the stairs?"
"I don't know. I think he hates me," old Phoebe said. "This other girl and me, Selma Atterbury, put ink **and stuff** all over his windbreaker." (JDS: 171)

En casos como (2), la locución *and stuff* constituye una marca de apelación a la solidaridad del interlocutor (en este caso: Holden) en intervenciones de tipo dialógico, una función pragmática que Overstreet define como «to mark invited solidarity as interactive partner» (Overstreet 1999: 104). Sería una muletilla muy próxima a *you know* mediante la cual, en este ejemplo, Phoebe busca la benevolencia de su hermano. En algunos pasajes de la novela el «interactive partner» no es otro personaje, como ocurre en este pasaje, sino el propio lector, al que Holden se dirige directamente apelando a su solidaridad. Por ello el recurso reiterado a locuciones con esta función pragmática, además de construir el idiolecto del personaje, constituye un importante instrumento para establecer complicidad entre el protagonista y el lector y, sin duda, contribuye a que el primero sea percibido como alguien cercano. Describimos, a continuación, las técnicas de traducción más destacadas en esta categoría.

— Omisión:

En un gran número de fragmentos, la locución de indefinición se elimina por completo del texto meta (TM), un comportamiento que implica un alto grado de intervención traductora. Afecta especialmente a la primera traducción castellana, aunque se subsana parcialmente en la versión revisada de 2006; en cambio, no se detectan omisiones en la primera traducción catalana y únicamente algún caso muy puntual en la segunda catalana y en la versión francesa. En este pasaje, por ejemplo, Holden alude a uno de los dos únicos profesores del internado que le suscitan ciertas simpatías, el señor Spencer:

(3 a) There was this one old guy, Mr. Spencer. His wife was always giving you hot chocolate and **all that stuff**, and they were really pretty nice. (JDS: 174)
b) Y avait ce vieux type, Mr Spencer, sa femme arrêtait pas de nous offrir des tasses de chocolate **[Ø]** et tous les deux ils étaient vraiment pas désagréables. (JDSF: 203)
c) Había uno, un vejete que se llamaba Spencer. Su mujer nos daba siempre chocolate **[Ø]** y de verdad que eran muy buena gente. (JDSE78-Criado: 181)
d) Había uno, el viejo señor Spencer. Su mujer nos daba siempre chocolate caliente **y esas cosas** y de verdad eran buenas personas. (JDSE06-Criado: 210)
e) Teníem aquell vell xacrós, Mr. Spencer. La seva dona sempre ens estava convidant a prendre xocolata desfeta **i tot plegat**, i eren realment ben simpàtics. (JDSC-Benguerel: 219)
f) Hi havia un tio vell, el senyor Spencer. La seva dona sempre et donava xocolata calenta **i coses així**, i eren molt simpàtics, de debò. (JDSC-Riera/Fonalleras: 265)

En este caso, la locución se elimina por completo de (3b) y (3c), un proceder que puede deberse a que las traductoras han considerado excesiva su repetición en el texto original y han juzgado aceptable suprimirlas sin recurrir a compensaciones; tal vez por tratarse de una muletilla del personaje que aporta una información semántico-pragmática secundaria («there is more») y no resulta fundamental para la comprensión del texto. Igualmente, el hecho de que Holden repita insistentemente numerosas expresiones con un valor pragmático muy similar puede propiciar la omisión en determinados casos.

La supresión de repeticiones como éstas, que no aportan información semántica nueva sino que están vinculadas a propósitos estilísticos y expresivos, podría enmarcarse en la denominada *ley de la estandarización creciente* (Toury 1995, Laviosa-Braithwaite 1998: 288-291), «one of the most persistent, unbending norms in translation in all languages studied so far» (Toury 1995: 188).

— Traducción por otra locución de indefinición:

Cuando los traductores proponen un equivalente para la expresión inglesa, el estudio del corpus permite detectar dos subcategorías en función de si se produce o no un deslizamiento hacia una mayor disforía en la traducción. En el primer caso, los traductores optan por otra expresión de la lengua meta con un núcleo sintáctico vago y neutro, con lo que se mantiene la orientación axiológica del texto original, con distintos grados de verosimilitud. Las formulaciones actualizadas en las versiones son las siguientes:

Francés: *et tout*
Español: *y cosas así, y cosas de esas, y esas cosas, y eso, y todo*
Catalán: *i coses així, i coses d'aquestes, i cosa per l'estil, i tot plegat, i així, i el que fos*

De las opciones recogidas anteriormente, las más frecuentes son las formadas por la unidad de tipo ómnibus *cosas/coses*, el equivalente que sugieren los diccionarios bilingües castellanos y catalanes. Aun así, observamos otras soluciones en fragmentos como éste, donde Holden justifica el no haber contribuido con más dinero a la colecta de dos monjas:

(4 a) But the thing was, I'd made that date to go to a matinee with old Sally Hayes, and I needed to keep some dough for the tickets **and stuff**. (JDS: 117)

b) Mais j'avais pris ce rendez-vous avec Sally Hayes pour aller au théâtre et fallait bien que je garde un peu de fric pour les billets **et tout**. (JDSF: 137)

c) Pero había quedado en llevar a Sally al teatro y aún tenía que sacar las entradas **y todo**. (JDSE78-Criado: 125)

d) Pero había quedado para ir a la función de la tarde con Sally Hayes y necesitaba algo de pasta para las entradas **y eso**. (JDSE06-Criado: 145)

e) Però no podia oblidar que havia adquirit un compromís amb la vella Sally Hayes per anar a aquella matinée i que necessitava l'import de les entrades **i tot plegat**. (JDSC-Benguerel: 150)

f) Però el cas era que tenia aquella cita amb la Sally Hayes per anar a una matinal, i m'havia de quedar una mica de pasta per les entrades **i així**. (JDSC-Riera/Fonalleras: 181)

Soluciones como la francesa *et tout* (4b), la castellana *y eso* (4d) y las catalanas *i tot plegat* (4e) y *i així* (4f) son «coletillas» discursivas que permiten mantener la indefinición y la vaguedad del texto original al desencadenar enlaces anafóricos amplios con los implícitos que se desprenden.[5] En cambio, la expresión castellana *y todo* (4c) añade un matiz de ponderación presuposicional («Y todo: Hasta, también, aun, indicando gran encarecimiento», DRAE), que fue eliminado posteriormente de la versión revisada. Cabe señalar, finalmente, que la traducción francesa es la única que mantiene la repetición léxica en todos los casos, a diferencia del resto de versiones.

---

[5] La solución que recogen los diccionarios bilingües consultados como equivalente español más inmediato es la expresión *y tal* («Expresión que añade un término implícito poco preciso, pero semejante a lo ya dicho», DPAR: 616) que, curiosamente, no aparece en ninguna de las versiones estudiadas.

En la segunda subcategoría del corpus, la locución del texto original se recupera mediante otra expresión con un núcleo sintáctico de orientación disfórica, por lo que se produce un leve deslizamiento semántico de neutro en el texto original a disfórico en el TM. Este tipo de desviación sólo se detecta en una única ocurrencia de la traducción francesa (*et tout le barda*) y en la primera traducción catalana mayoritariamente (*i altres andròmines, i tot aquest merder, i totes aquestes endergues, i tot aquest gori-gori*), como veremos más adelante. No se aprecia en ninguna de las dos versiones españolas, ni en la versión catalana más moderna.

La orientación hacia una mayor disforía en la primera versión catalana tal vez se deba a la influencia de los diccionarios bilingües, que recogen exactamente las mismas soluciones utilizadas por Xavier Benguerel en su traducción de 1982. Comparemos, por ejemplo, ambas traducciones catalanas en este fragmento donde Holden finge responsabilizarse de su mala nota en el examen de historia para que el profesor Spencer no se sienta tan culpable por haberle suspendido:

(5) a) Well, you could see he really felt pretty lousy about flunking me. So I shot the bull for a while. I told him I was a real moron, **and all that stuff**. I told him how I would've done exactly the same thing if I'd been in his place. (JDS:17)
   b) C'était visible qu'il se sentait pas à l'aise de m'avoir saqué. Alors je l'ai baratiné. Je l'ai baratiné. Je lui ai dit que j'étais un vrai cancre **et tout**. J'ai dit que si j'avais été à sa place j'aurais fait exactement pareil. (JDSF : 23)
   c) La verdad es que se le notaba que le daba lástima suspenderme, así que me puse a hablar como un descosido. Le dije que yo era un imbécil **[Ø]**, que en su lugar habría hecho lo mismo. (JDSE78-Criado: 19)
   d) Se le notaba que le daba bastante pena suspenderme, así que me enrollé un buen rato. Le dije que yo era un verdadero imbécil **y todo eso**. Le dije que en su lugar habría hecho exactamente lo mismo. (JDSE06-Criado: 23)
   e) Ja ho veieu, a l'home li recava d'haver-me carbassejat. És per això que durant una estona vaig xerrar pels colzes. Li vaig explicar que m'havia convertit en un gandul de cap a peus **i tot aquest gori-gori**. Li vaig explicar que jo hauria fet exactament el mateix. (JDSC-Benguerel: 28)
   f) I doncs, es veia ben clar que li sabia molt de greu de tombar-me, de debò. Així que vaig xerrar una estona. Li vaig dir que jo era un idiota de campionat **i coses per l'estil**. Li vaig dir que jo hauria fet exactament el mateix. (JDSC-Riera/Fonalleras: 24)

La solución *i coses per l'estil* de (5f) permite mantener la indefinición que activa *and all that stuff* gracias a la unidad léxica no connotada *coses*. En (5e), en cambio, Benguerel utiliza la expresión *gori-gori* («Cant fúnebre dels enterraments», DIEC) para calificar lo que dice el propio Holden, por lo que explicita unas connotaciones negativas que en el texto original sólo pueden inferirse. Esa misma desviación hacia la negatividad se produce con otras soluciones muy próximas semánticamente como *i totes aquestes endergues* o *i altres andròmines* e, incluso, se acentúa con otra solución de registro más vulgar que también se detecta en el corpus: *i tot aquest merder*, una formulación que incrementa el desprecio expresado en el texto original.

3.2.2 Construcción sintáctica [segmento + segmento... + locución de indefinición]

Cortés Rodríguez, en sus trabajos 2006a y 2006b, denomina *marcadores de final de serie enumerativa* a las locuciones de indefinición que se actualizan en las siguientes condiciones discursivas:

[segmento + (segmento, etc.) + locución de indefinición (marcador de cierre)]

Estas construcciones, que representan el 30% del total de casos analizados, aparecen habitualmente en forma de series enumerativas de tres elementos, donde se combinan dos segmentos y una locución de indefinición como marcador de cierre. Serían ejemplos del tipo:

(6)   "Coffee, gentlemen, finally," Mrs. Antolini said. She came in carrying this tray with coffee [1] and cakes [2] **and stuff** [3] on it. "Holden, don't you even peek at me. I'm a mess." (JDS: 192)

And stuff desempeña aquí la función semántico-pragmática que Cortés Rodríguez (2006a: 93) denomina *implicación categorial*: la locución desencadena la instrucción de que el destinatario infiera miembros adicionales de una categoría implícita a la que pertenecen *coffee* y *cakes*. En este caso, dicha categoría podría parafrasearse como «otros elementos necesarios para tomar un refrigerio: cubiertos, azucarero, servilletas, etc.». La interpretación puede completarse porque el proceso inferencial reposa, al igual que ocurría en la categoría anterior, sobre un conocimiento que el personaje supone compartido con el lector y que justifica la imprecisión de la información. Esta función semántico-pragmática es la mayoritaria en las series enumerativas de nuestro corpus; veamos seguidamente las técnicas de traducción y sus posibles consecuencias para los lectores de las distintas versiones.

— Omisión:

En este caso, a diferencia de la categoría anterior (cf. 3.2.1), afecta especialmente a la traducción francesa y a la primera versión castellana. Al omitir la locución, la serie pierde uno de sus miembros y pasa de tres a dos elementos, como ocurre en este fragmento, donde Holden recuerda las golosinas que siempre llevaba en el bolsillo cuando visitaba el museo junto a sus compañeros de colegio:

(7 a) Nobody gave too much of a damn about old Columbus, but you always had a lot of candy and gum **and stuff** with you, and the inside of that auditorium had such a nice smell. (JDS: 126)
 b) Le père Colomb on s'en foutait un peu, mais on avait toujours plein de caramels et de chewing gums **[Ø]** et à l'intérieur de l'auditorium ça sentait vachement bon. (JDSF: 146)
 c) A nadie le importaba un pito Colón, pero siempre llevábamos en los bolsillos un montón de caramelos y de chicles **[Ø]**, y además dentro del auditorio olía muy bien. (JDSE78-Criado: 132)
 d) A nadie le importaba un rábano Colón, pero siempre llevabas un montón de caramelos y de chicle **y de cosas así**, y dentro del auditorio olía muy bien. (JDSE06-Criado: 153)
 e) Ningú no en feia gaire cas del vell Cristòfol, però sempre teníem a mà paperines amb carmels i xiclets **i tota mena de coses d'aquests**, i l'auditòrium feia una olor tan agradable. (JDSC-Benguerel: 159)
 f) A ningú no l'importava un rave en Colom, però sempre portaves molts de carmels i xiclets **i coses així** i a dins de l'auditori feia tan bona olor. (JDSC-Riera/Fonalleras: 192)

Holden alude en (7a) a dos elementos (*candy*, *gum*) de una categoría más general que podría interpretarse de forma lexicalizada como *golosinas*. *And stuff* desencadena la instrucción de evocar otros miembros de esa misma categoría común más general. En (7b) y (7c), se pierde la indefinición del texto original y la serie se presenta de forma finita y más concreta. Ello comporta, igualmente, la supresión de una de las conjunciones copulativas que contribuye a incrementar la verosimilitud de la oralidad en el texto original. Las tres últimas versiones del pasaje, en cambio, optan por una traducción menos intervencionista: cerrar la serie con una locución de indefinición vaga, que desencadene un proceso interpretativo similar al original, y mantener el efecto repetitivo del polisíndeton.

— Traducción por otra locución de indefinición:

Cuando los traductores optan por concluir la serie enumerativa con una locución de indefinición, nos encontramos de nuevo con deslizamientos de sentido que explotan juicios de valor. En la primera subcategoría, el núcleo sintáctico de la expresión escogida en la traducción está constituido por las palabras ómnibus que ya han aparecido en otros ejemplos:

Francés: *et tout, et tout ça, et des trucs*
Español: *y de cosas así, y de cosas de esas, y otras cosas así*
Catalán: *i tota mena de coses d'aquestes, i coses així, i tot això*

Como refleja esta síntesis, las opciones traductoras más frecuentes vuelven a contener la palabra *cosa*, una unidad que permite desencadenar el proceso de compleción categorial recuperando información implícita, sobre todo cuando se combina con el adverbio de modo *así/així*, una lexía con marcado valor anafórico y potencial para identificar el referente al que alude por el conjunto de cualidades que comparte con los elementos de la serie. Esta es la opción escogida en las tres últimas traducciones del ejemplo anterior (7d, 7e y 7f).

En casos como éste, el TM mantiene el posicionamiento neutro del texto original y la euforía de los elementos de la serie la infiere el lector por el contexto y su conocimiento del mundo. No sucede lo mismo en (6a), el fragmento donde Holden aludía al contenido de la bandeja que trae la señora Antolini:

(6 a) "Coffee, gentlemen, finally," Mrs. Antolini said. She came in carrying this tray with coffee and cakes **and stuff** on it. (JDS:192)

b) « — Messieurs, le café. » Mrs Antolini entrait portant un plateau avec dessus du café et des gâteaux **et des trucs**. (JDSF: 223)

c) —Caballeros, el café al fin.
La señora Antolini entró en el salón llevando una bandeja con dos tazas de café y un plato de pasteles **[Ø]**. (JDSE78-Criado: 198)

d) —Caballeros, el café al fin —dijo la señora Antolini. Entró en el salón llevando una bandeja con café y pasteles **y cosas de ésas**. (JDSE06-Criado: 231)

e) «Senyors, finalment porto el cafè», va dir Mrs. Antolini. Va arribar traginant aquella satatata amb el cafè i uns pastissos **i totes les andròmines**. (JDSC-Benguerel: 240)

f) —Cafè, senyors, per fi —va dir la senyora Antolini. Va entrar portant una safata amb cafè i pastes **i coses així**. (JDSC-Riera/Fonalleras: 291)

En (6e) observamos, una vez más, la solución *i totes les andròmines*, una traducción que implica un juicio de valor disfórico explícito (GDLC). En las series enumerativas de esta categoría, este tipo de deslizamientos semánticos se producen mayoritariamente en la primera versión catalana, por lo que vuelve a confirmarse la tendencia hacia una mayor explicitud de la negatividad en la versión de Xavier Benguerel. Por otra parte, cabe señalar que éste es uno de los pocos ejemplos donde la traducción francesa evita la repetición de *et tout* y opta por la expresión vaga *et des trucs* («Chose quelconque, qu'on ne peut ou ne veut pas désigner», NPR).

— Traducción por una unidad semánticamente plena como cierre de la serie:

Este comportamiento traductor, que únicamente se detecta en el corpus en el caso de las series enumerativas, constituye un indicio de que el traductor ha considerado principalmente la función referencial de la locución de indefinición y no su función pragmática, ni su función como elemento evocador de lengua oral. Consiste en explicitar una unidad léxica para recuperar la categoría implícita y concluir así la serie enumerativa de una manera menos vaga que el texto original. El siguiente fragmento nos ofrece un ejemplo de esta técnica de traducción en la última de las versiones catalanas; Holden se refiere aquí a un torneo de esgrima que no llega a celebrarse por haberse olvidado «all the foils and equipment and stuff» en el metro:

(8 a) We'd gone in to New York that morning for this fencing meet with McBurney School. Only, we didn't have the meet. I left all the foils and equipment **and stuff** on the goddam subway. (JDS: 7)

b) Le matin on 'tait allés à New York pour la rencontre avec le collège McBurney. Mais il y avait pas eu, de rencontre ; j'avais laissé l'équipement, les fleurets **et tout** dans le métro. (JDSF: 11)

c) Habíamos ido a Nueva York aquella mañana para enfrentarnos con los del colegio McBurney. Sólo que el encuentro no se celebró. Me dejé los floretes, el equipo **y todos los demás trastos** en el metro. (JDSE78-Criado: 9)

d) Habíamos ido a Nueva York aquella mañana para un encuentro de esgrima con el Colegio McBurney. Sólo que no hubo encuentro. Me dejé los floretes, el equipo **y todo lo demás** en ese maldito metro. (JDSE06-Criado: 11-12)

e) Aquell matí havíem anat a Nova York per jugar contra els de Mc Burney. Tanmateix no hi va haver partit. M'havia deixat els florets **i totes les altres andròmines** en aquesta condemnada cova del metro. (JDSC-Benguerel: 15)

f) Aquell matí havíem anat a Nova York a una trobada d'esgrima amb l'institut McBurney. Només que no vam fer la trobada. Vaig deixar-me tots els florets i els equips **i el material** al cony de metro. (JDSC-Riera/Fonalleras: 10)

La serie enumerativa contiene las unidades *foils* y *equipment*, un hiperónimo lo bastante general como para englobar al anterior. La locución *and stuff* alude a todos los demás elementos necesarios para disputar el torneo que Holden, como delegado del equipo de esgrima, debería haber llevado al encuentro y que el lector conoce, por lo que no es necesario explicitarlos. En (8f) los traductores sustituyen la locución de indefinición por el hiperónimo *material* para cerrar la serie con una unidad léxica que permita una interpretación lo suficientemente amplia. Esta técnica traductora, que explicita un filtro interpretativo subjetivo, comporta la pérdida tanto de la marca de oralidad como de la apelación del enunciador a un conocimiento que considera compartido con el lector. En las restantes versiones se observa cómo Saumont opta en (8b) por un cambio de orden en la serie combinado, una vez más, con la locución *et tout* para recrear el efecto repetitivo del original. Asimismo, los fragmentos (8c) y (8e) se alejan de la traducción más literal al adoptar una orientación más disfórica mediante las soluciones muy similares *y todos los demás trastos* («Cosa inútil, estropeada, vieja o que estorba mucho», Clave) y *i totes les altres andròmines* («Moble, estri, etc., atrotinat, inútil», DIEC).

El afán de los traductores por evitar en ciertos casos la vaguedad del texto original y crear en los TM una microrrepresentación semántica más coherente con sus filtros interpretativos y, por consiguiente, más convencional, se pone de manifiesto en la primera traducción castellana de este fragmento, donde Holden, refiriéndose al discurso de un compañero de colegio, alude a todo aquello que es posible encontrar en una granja:

(9 a) For instance, he made this speech about this farm his father bought in Vermont. They kept yelling 'Digression!' at him the whole time he was making it, and this teacher, Mr. Vinson, gave him an F on it because he hadn't told what kind of animals and vegetables **and stuff** grew on the farm and all. (JDS: 191)

b) Par exemple il a parlé d'une ferme que son père avait achetée dans le Vermont. Les types ont braillé « Digression » tout le temps qu'il a parlé et le prof, Mr. Vinson, lui a collé une sale note parce qu'il avait pas dit ce qu'y avait à la ferme comme animaux et légumes **et tout**. (JDSF: 220)

c) Por ejemplo, un día habló de una finca que había comprado su padre en Vermont. Bueno, pues el profesor, el señor Vinson, le puso un suspenso porque no dijo qué clase de animales y de verduras **y de frutas** producía. (JDSE78-Criado: 197)

d) Por ejemplo, dio una charla sobre una granja que había comprado su padre en Vermont. Le gritaron «Disgresión» todo el tiempo y el profesor, el señor Vinson, le puso un suspenso porque no había dicho qué clase de animales y de vegetales **y de cosas de esas** había en la granja. (JDSE06-Criado: 201)

e) Per exemple, va fer aquell discurs sobre la granja que el seu pare havia comprat a Vermont. Tota l'estona li van estar llançant entre cap i coll els seus «Divagal», i el professor, míster Vinson, li va clavar una altra mala nota perquè no ens havia parlat de la classe d'animals i de verdures **i de tot allò que** creix en una granja. (JDSC-Benguerel: 238)

f) Per exemple, va fer un discurs sobre una granja que el seu pare havia comprat a Vermont. Li van cridar «Divaga!» tota l'estona que en va parlar, i el professor, el senyor Vinson, li va posar Molt Deficient perquè no havia dit quins animals hi havia ni què s'hi cultivava **i tot això**. (JDSC-Riera/Fonalleras: 289)

La traducción de *and stuff* se complica en (9a) por la presencia cercana de la locución muy similar *and all*, que todos los traductores coinciden en suprimir. Como puede observarse, todas las versiones optan por locuciones vagas salvo (9c), donde Criado explicita la unidad léxica *frutas* para completar la serie mediante otra unidad léxica que, en su universo de creencias, comparte características comunes con el resto de segmentos de la serie. Esta traducción, producto de su interpretación subjetiva, deja entrever una representación del mundo donde *animales, verduras* y *frutas* son elementos propios de una *granja*. Ana María Rojo López, en su estudio sobre la semántica de marcos aplicada a la traducción, se refiere a estas estructuras interpretativas como marcos visuales: «Visual frames refer to the interpretation structures that take part in the configuration of objects and scenes in visual perception» (Rojo López 2002: 316). En este caso, según la interpretación de la traductora, el marco *granja* queda completo con la inclusión de *frutas* y así decide plasmarlo en su versión, una licencia que subsana en la traducción revisada mediante la locución vaga *y de cosas de esas*.

4. Conclusiones

La expresión de sentimientos y emociones constituye uno de los soportes del hilo argumental del largo monólogo de Holden Caulfield, donde el protagonista saca a relucir sus sentimientos adolescentes más íntimos sirviéndose para ello de un idiolecto muy concreto que, además de caracterizarlo como personaje, permite al lector identificar la cultura y el grupo social al que pertenece. Nos hemos interesado en este estudio por la traducción de las locuciones de indefinición formadas por la unidad *stuff* por ser uno de los rasgos más característicos de ese idiolecto. Estas construcciones, además de ser propias de la lengua oral espontánea, desempeñan funciones pragmáticas específicas como canalizar la vaguedad del discurso, apelar a la solidaridad del lector o establecer entre el personaje y el lector un terreno implícito supuestamente común que contribuye a percibir al primero como alguien cercano.

El análisis contrastivo de dos versiones españolas, dos catalanas y una francesa de la obra ha permitido detectar tendencias de traducción y caracterizar, a grandes rasgos, la recuperación de las locuciones de indefinición escogidas en cada uno de los textos. Así, Annie Saumont, en la versión francesa, es la única traductora que únicamente recurre a la omisión en casos muy contados y opta por mantener la repetición de manera sistemática, mediante la expresión *et tout*. Para evaluar de forma más completa la idoneidad de esta técnica de traducción convendría analizar cuál es el tratamiento traductor que ha recibido el resto de locuciones de indefinición en el texto original, en particular aquellas que se actualizan en discurso con un nexo copulativo. Dicho análisis, que rebasaría ampliamente los límites de este estudio, permitiría acabar de confirmar la sistematicidad de la traductora en la búsqueda de soluciones.

La primera versión española de Carmen Criado es la más intervencionista de los textos analizados, pues la técnica de traducción mayoritaria es la omisión sin compensaciones. Al suprimir de un modo casi sistemático las locuciones de indefinición del discurso de Holden, se recrea de manera menos explícita en la traducción la oralidad de dicho discurso, además de bloquearse el acceso del lector al carácter informal, coloquial y poco preciso con que se expresa el protagonista de la novela. Igualmente, se diluyen las funciones pragmáticas que desempeñan este tipo de construcciones (principalmente, la apelación a la solidaridad del destinatario y la creación de una complicidad con el lector que explota implícitos supuestamente compartidos); estas distorsiones, al acumularse en la obra, podrían llegar a influir en cómo percibe y caracteriza el lector al personaje. Las omisiones se subsanan parcialmente en la versión revisada de 2006, donde la traductora prefiere soluciones más idiomáticas y globalmente más satisfactorias desde el punto de vista discursivo, aunque únicamente mantiene la repetición en contadas ocasiones.

En cuanto a las dos versiones catalanas analizadas, ambos textos presentan diferencias sustanciales, motivadas posiblemente, entre otros factores, por los más de treinta años transcurridos entre la publicación de ambas traducciones: la primera edición de la versión de Xavier Benguerel data de 1965, mientras que la versión de Riera y Fonalleras se publicó en 1998. El texto de Benguerel presenta una mayor desviación hacia la disforía en la traducción de las locuciones de indefinición analizadas, pues globalmente opta por formulaciones que explicitan una negatividad deducible por el contexto. En cambio, en la segunda versión los traductores prefieren soluciones más neutras, aunque en ocasiones también más influidas por la expresión de la lengua original y, por lo tanto, menos genuinas en lengua catalana.

Los resultados del análisis contrastivo han puesto de manifiesto que el problema de traducción planteado por las locuciones de indefinición inglesas en una obra literaria como *The Catcher in the Rye* no puede simplificarse reduciéndolo a decidir si deben traducirse todas las expresiones y cómo hacerlo, sino que es necesario conseguir un equilibrio entre las constricciones del polo de partida, las del polo de llegada y las opciones más personales del traductor. Además, requiere una cierta sistematicidad en las opciones traductoras para recrear efectos idiolectales similares. Sólo así se logrará un texto meta que resulte creíble por sí mismo y transmita a los lectores una impresión de naturalidad, una tarea no exenta de dificultad.

5. Corpus

JDS = SALINGER, Jerome David [1951] (1958). *The Catcher in the Rye*. London: Penguin Books.
JDSC-Benguerel = SALINGER, Jerome David [1965] (1982). *L'ingenu seductor*. Traducción de Xavier Benguerel. Barcelona: Grijalbo.
JDSC-Riera/Fonalleras = SALINGER, Jerome David [1996] (2001). *El vigilant en el camp de sègol*. Traducción de Ernest Riera y Josep Maria Fonalleras. Barcelona: Empúries.
JDSE06-Criado = SALINGER, Jerome David (2006). *El guardián entre el centeno*. Traducción revisada de Carmen Criado. Madrid: Alianza.
JDSE78-Criado = SALINGER, Jerome David (1978). *El guardián entre el centeno*. Traducción de Carmen Criado. Madrid: Alianza.
JDSF = SALINGER, Jerome David [1986] (2005). *L'attrape-cœurs*. Traducción de Annie Saumont. Paris: Robert Laffont.

6. Referencias bibliográficas

ANSCOMBRE, Jean-Claude; DUCROT, Oswald (1984). *L'Argumentation dans la langue*. Liège: Mardaga.
BACARDÍ, Montserrat (1998). «Joan Sales i els criteris de traducció». *Quaderns. Revista de Traducció* 1. 27-38.
CLAVE = MALDONADO GONZÁLEZ, Concepción (dir.) (2004). *Clave. Diccionario de uso del español actual*. Prólogo de Gabriel García Márquez. 7.ª ed. Madrid: Ediciones SM.
COB = SINCLAIR, John (ed.) (1995). *Collins COBUILD English Dictionary*. 2.ª ed. London: Harper Collins.
CORTÉS RODRÍGUEZ, Luis (2006a). «Los elementos de final de serie enumerativa del tipo "y todo eso", "o cosas así", "y tal", "etcétera" en el discurso oral en español. Perspectiva textual». *BISAL - Birkbeck Studies in Applied Linguistics* 1. 82-106.

CORTÉS RODRÍGUEZ, Luis (2006b). «Los elementos de final de serie enumerativa del tipo *y todo eso, o cosas así, y tal, etcétera*: una perspectiva interactiva». *Boletín de Lingüística* 26. 102-129.

COSTELLO, Donald P. [1959] (1990). «The language of *The Catcher in the Rye*». En SALZBERG, Joel (ed.) (1990). *Critical Essays on Salinger's* The Catcher in the Rye. Boston: G. K. Hall & Co. 44-53.

DACE = OLIVA, Salvador; BUXTON, Angela (2004). *Diccionari anglès-català*. Barcelona: Enciclopèdia Catalana.

DIEC = INSTITUT D'ESTUDIS CATALANS (1995). *Diccionari de la llengua catalana*. Barcelona: Enciclopèdia Catalana y Edicions 62.

DÍEZ PÉREZ, Francisco Javier (1999). «La variedad lingüística de Holden Caulfield en las versiones castellana y gallega de *The Catcher in the Rye*». *Livius* 13. 33-46.

DPAR = SANTOS RÍO, Luis (2003). *Diccionario de partículas*. Salamanca: Luso-Española de Ediciones.

DRAE = REAL ACADEMIA ESPAÑOLA (2001). *Diccionario de la Lengua Española*. 22.ª ed. Madrid: Espasa Calpe.

FERNÁNDEZ LÓPEZ, Marisa (2000). «Comportamientos censores en literatura infantil y juvenil. Traducciones del inglés en la España franquista». En RABADÁN, Rosa (ed.) (2000). *Traducción y censura inglés-español: 1939-1985. Estudio preliminar*. León: Universidad de León. 227-253.

GDLC = SAGRISTÀ I ARTIGAS, Marc (ed.) (1998). *Gran Diccionari de la Llengua Catalana*. Barcelona: Enciclopèdia Catalana.

GOETSCH, Paul (2003). *The Oral and the Written in Nineteenth-Century British Fiction*. Frankfurt: Peter Lang.

GÓMEZ CASTRO, Cristina (2007). «*El guardián entre el centeno* o cómo traducir a Salinger sin ofender la moral patria». En CANO LÓPEZ, Pablo (coord.) (2007). *Actas del VI Congreso de Lingüística General de Santiago de Compostela*. Vol. I, *Métodos y aplicaciones de la Lingüística*. Madrid: Arco/Libros. 655-665.

HER = AMERICAN HERITAGE DICTIONARY EDITORS (ed.) (2000). *The American Heritage Dictionary of the English Language*. Boston: Houghton Mifflin.

HURTADO ALBIR, Amparo (2001). *Traducción y traductología. Introducción a la traductología*. Madrid: Cátedra.

LAVIOSA-BRAITHWAITE, Sara (1998). «Universals in translation». En BAKER, Mona (ed.) (1998). *Routledge Encyclopedia of Translation Studies*. London; New York: Routledge. 288-291.

LEX = (2002). *Collins Electronic Dictionary/Diccionario electrónico. Bilingual Dictionary English-Spanish. Diccionario bilingüe Ingles-Español*. (CD-ROM) *Collins Lexibase Español-Inglés/English-Spanish*. Paris: Softissimo; [New York]: Harper Collins.

LINDQVIST, Yvonne (1996). «Spoken language in literary prose: a translation problem. A case study of *The Catcher in the Rye*». En JANSEN, Peter (ed.) (1996). *Translation and the Manipulation of Discourse*. Leuven: CETRA. 77-108.

LÓPEZ SERENA, Araceli (2007). *Oralidad y escrituralidad en la recreación literaria del español coloquial*. Madrid: Gredos.

NPR = REY-DEBOVE, Jean; REY, Alain (dirs.) (1997). *Le Nouveau Petit Robert, version électronique.* Paris: Dictionnaires Le Robert.

MOLINA, Lucía; HURTADO, Amparo (2002). «Translation techniques revisited: a dynamic and functionalist approach». *Méta* 47. 498-512.

OED = SIMPSON, John; WEINER, Edmund (eds.) [1989] (2000). *Oxford English Dictionary.* 2.ª ed. Oxford: Oxford University Press.

OVERSTREET, Maryann (1999). *Whales, Candlelight and Stuff like That. General Extenders in English Discourse.* Oxford: Oxford University Press.

OVERSTREET, Maryann (2005). «And stuff *und so*: Investigating pragmatic expressions in English and German». *Journal of Pragmatics* 37. 1845-1864.

RABADÁN, Rosa (ed.) (2000). *Traducción y censura inglés-español: 1939-1985. Estudio preliminar.* León: Universidad de León.

RABATEL, Alain (2005). «Le point de vue: une catégorie transversale». *Le Français Aujourd'hui* 121. 57-68.

RACCAH, Pierre-Yves (2005). «Une sémantique du point de vue: de l'intersubjectivité à l'adhésion». *Discours Social* 21. 205-242.

ROJO LÓPEZ, Ana María (2002). «Applying frame semantics to translation: a practical example». *Méta* 47. 311-350.

SUPLEX = GALIMBERTI JARMAN, Beatriz; RUSSEL, Roy (eds.) (1998). *Oxford 3-in-1 Bilingual Dictionary on CD-ROM. Oxford Hachette French Dictionary, Oxford Spanish Dictionary, Oxford Duden German Dictionary.* [Oxford]: Oxford University Press; AND Technology.

TOURY, Gideon (1995). *Descriptive Translation Studies and beyond.* Amsterdam: John Benjamins.

YUS RAMOS, Francisco (1996). «*The Catcher in the Rye* o *El guardián entre el centeno*: un análisis traductológico». *Sendebar* 7. 205-222.

YUS RAMOS, Francisco (2001). «*The Catcher in the Rye* vs. *El guardián entre el centeno*: opting for literariness». En MARTÍNEZ LÓPEZ, Miguel (ed.) (2001). *Proceedings of the First International Conference on English Studies: Past, Present and Future.* Almería: Universidad de Almería. 640-648.

Montserrat Cunillera Domènech

Universitat Pompeu Fabra, Barcelona

MARCAS DE ORALIDAD Y SENTIDO: LAS REPETICIONES EN *LA VIE DEVANT SOI* DE ROMAIN GARY Y SUS TRADUCCIONES AL ESPAÑOL, CATALÁN E INGLÉS[*]

1. Introducción

La lengua oral coloquial[1] se caracteriza por un estilo verbal, las ideas fluyen con más flexibilidad y con repeticiones, como resultado del poco tiempo de que dispone el locutor para planificar la superficie textual, mientras que la lengua escrita expositiva se basa en un estilo nominal y, en consecuencia, presenta más densidad y variación léxicas (cf. Castellà 2004). Las repeticiones son muy frecuentes en la lengua coloquial porque obedecen a una de sus características principales, como es la baja densidad y variación léxicas; no es de extrañar, pues, que las obras literarias que pretenden simular este tipo de lengua recurran a algunas de sus formas. A este respecto, Antonio Briz y Enric Serra (1997: 4) señalan que estos textos «pertenecen a la modalidad de lo formal escrito, solo que a veces imitan la modalidad (coloquial) oral con una meta o propósito determinado. Se trata de una reproducción o realización artificial, táctica, estratégica, de lo coloquial en lo formal». En la novela francesa *La Vie devant soi* (1975) de Romain Gary, publicada bajo el pseudónimo de Émile Ajar, la oralidad ocupa un lugar esencial,[2] y parece ser que uno de los recursos lin-

---

[*] Este trabajo se inscribe en el marco del proyecto «Interpretar sentimientos y actitudes: la intervención del traductor» (HUM2006-03897/FILO), concedido por el Ministerio de Educación y Ciencia, y su autora forma parte del grupo de investigación consolidado CEDIT (Centre d'Estudis de Discurs i Traducció), con número de expediente 2009 SGR 711, concedido por la AGAUR (Agència de Gestió d'Ajuts Universitaris i de Recerca) de la Generalitat de Catalunya.

[1] Utilizaremos indistintamente las expresiones lengua hablada, coloquial u oral para referirnos a la *lengua coloquial* entendida como una modalidad lingüística oral e informal; en estos términos la definen, por ejemplo, Lluís Payrató ([1990] 1998: 19) y Antonio Briz (1996: 16).

[2] Como señala Éliane Lecarme-Tabone (2005: 160): «Par l'intermédiaire de Momo, Ajar choisit d'écrire son récit dans un français oral populaire (en s'inscrivant ainsi dans le sillage de Céline et de Queneau)».

güísticos en que se apoya la construcción de su discurso oral es justamente la presencia de distintos tipos de repetición.[3]

El presente trabajo, que se sitúa en una perspectiva discursiva y traductológica, se basará en dos pilares teóricos: por un lado, en un enfoque integrador de carácter semántico-pragmático constituido por la teoría de la argumentación en la lengua (TAL) de Jean-Claude Anscombre y Oswald Ducrot (1983) y, por otro lado, en reflexiones procedentes de distintos estudios traductológicos, especialmente aquellos que dan cuenta de las repercusiones, en una traducción literaria, de supeditar las elecciones peculiares del autor original a la búsqueda de naturalidad en la lengua meta (cf. Chevalier/Delport 1995; Toury 1995).

Según la TAL, las palabras vehiculan instrucciones semánticas mínimas que contribuyen a construir el sentido textual, determinado también por los propios conocimientos del interpretante y su universo de creencias. Así, toda unidad léxica es portadora de juicios de valor, consistentes esencialmente en una apreciación favorable o desfavorable sobre algo.[4]

En relación con nuestras unidades de análisis, esta base teórica resulta pertinente en la medida en que las repeticiones, aun siendo un fenómeno sintáctico, están formadas, en su gran mayoría, por materiales léxicos. La pertinencia de dicho enfoque estriba en su capacidad de explicar las distintas consecuencias que se derivan de designar un concepto con la misma unidad dos o más veces o bien retomarlo con una unidad diferente. Es cierto que en ambos casos la información referencial coincide, pero no el sentido que cristaliza en el texto, pues cada lexema aporta una orientación argumentativa y un punto de vista específicos.

En las siguientes páginas nos proponemos un doble cometido: en primer lugar, analizar las repeticiones en *La Vie devant soi* (en adelante RG) para determinar cuá-

---

[3] Otros medios expresivos que aparecen en esta obra y que coinciden con las características de la modalidad coloquial son, por citar sólo algunos, en el nivel léxico-semántico, la baja densidad de variación léxica, los vulgarismos, el uso de términos muy generales de imprecisa referencialización, como *faire* o *ça*; y en el nivel sintáctico, las dislocaciones, la elipsis de la partícula *ne* en las negaciones, las interrogaciones directas sin la inversión verbo-sujeto, las faltas de concordancia o la mezcla de discurso directo e indirecto.

[4] En los últimos años, estos principios han sido retomados y desarrollados por lo que se conoce como la semántica de los puntos de vista (cf. Raccah 2005).

les son los tipos de repetición más recurrentes en esta obra y de qué manera contribuyen, entre otras cosas, a la creación de sentido y a la simulación de un lenguaje oral; y en segundo lugar, observar si las traducciones del corpus recuperan de forma similar esta estrategia discursiva. Las traducciones objeto de estudio son *La vida ante sí* (1997), de Ana M.ª de la Fuente (en adelante RGE-Fuente); su versión revisada (2008), de Xisca Mas (en adelante RGE-Mas); *La vida al davant* (2004), de Jordi Martín Lloret (en adelante RGC); y *The life before us* (1986), de Ralph Manheim (en adelante RGI).

Nuestro punto de partida es la creencia, bastante extendida, de que en las traducciones no suele darse prioridad a la recuperación de las repeticiones; es decir, no sólo no siempre se traducen por los mismos mecanismos sino tampoco por otras estrategias compensatorias. Este postulado enlaza con la hipótesis según la cual la elisión o el descuido de las características estilísticas del texto original conlleva deslizamientos semánticos en los textos meta que, de acumularse, pueden llegar a tener consecuencias importantes. En el caso concreto que nos ocupa, el no respeto de las repeticiones de la novela francesa comportaría, a nuestro juicio, repercusiones en la mímesis de la oralidad y, en general, en la construcción del sentido.

2. Las repeticiones: cohesión y oralidad

La repetición es un mecanismo de cohesión, común a toda producción textual, que consiste en retomar diversas unidades o conceptos, con la misma forma o con variaciones, para trabar e interrelacionar los enunciados y preservar la continuidad temática. No sólo desempeña un papel clave en la estructuración y la progresión del discurso, sino que además es importante porque guía al destinatario en el acto interpretativo. En efecto, como ya hemos anunciado, las instrucciones semántico-pragmáticas que se actualizan en el texto y que contribuyen a construir el sentido dependerán de la unidad léxica con que se retome un concepto (es decir, si se recurre a la misma forma o a una distinta).

De las repeticiones léxicas cabe destacar su carácter anafórico, dado que remiten siempre a un antecedente, y su valor enfático, pues al mencionar el mismo concepto producen inevitablemente un efecto de insistencia. Así, la presencia de una o más unidades léxicas iguales permite mantener el referente a que se alude durante más tiempo en la mente del destinatario, imprimiendo mayor lentitud en el ritmo y la progresión temática. Pero, además, las repeticiones pueden presentar distintas formas, con sus propias peculiaridades, y cumplir diferentes funciones según el proyecto de escritura del autor y según los efectos que con ellas se persigan. En el caso de que se pretenda simular un discurso coloquial, las repeticiones deberán presentar algunos de los valores o rasgos típicos que adoptan cuando son empleadas en las conversaciones reales y, sobre todo, combinarse con otras características estilísticas propias de la oralidad, pues las repeticiones por sí solas no son suficientes para reflejar un lenguaje oral.[5]

3. Tipos de repeticiones

En el presente estudio abordaremos la repetición de materiales léxicos y estructurales como una estrategia estilística y argumentativa, que incide en la construcción del sentido y que, en combinación con otros recursos lingüísticos, interviene de forma relevante en la configuración de un lenguaje oral coloquial e infantil, característico del discurso narrativo de *La Vie devant soi*.

Partiremos de la clasificación propuesta por Robert-Alain de Beaugrande y Wolfgang Ulrich Dressler (1981), porque ofrece una visión general y a la vez sintética de los principales tipos de repeticiones. Estos autores se interesan en este mecanismo por su valor cohesivo, y basan su clasificación en la naturaleza y la forma de la unidad repetida, no en su situación en el discurso, como era el caso en la retórica clásica.[6] Por ello distinguen únicamente entre *repetición léxica, repetición parcial, paráfrasis* y *paralelismo*.

---

[5] Como indica Araceli López Serena (2007: 327), la presencia de repeticiones en obras que pretenden imitar la conversación coloquial no puede considerarse como indicador claro de la captación de los mecanismos de expresión orales, pero está estrechamente relacionada con valores propios de este tipo de modalidad: «un alto grado de implicación emocional con respecto al interlocutor (afectividad) y con respecto al objeto de la comunicación (expresividad)».

[6] Los tipos de repetición más importantes han sido objeto de estudio en diversos ámbitos, recibiendo diferentes nomenclaturas y clasificaciones según los autores. La retórica clásica se interesó por este fenómeno como un componente estilístico, y estableció la noción de *figuras de repetición* dentro de las cuales se incluye toda construcción discursiva que consista en retomar dos o más veces una unidad. Asimismo, definió y clasificó las figuras de repetición según la naturaleza de los elementos retomados (sonidos, morfemas, palabras, etc.) y según su posición en la cadena sintagmática (cf., por ejemplo, Azaustre/Casas 1997: 96-114).

La *repetición léxica* consiste en emplear una unidad con la misma forma en distintos momentos del texto. Puede utilizarse para reafirmar puntos de vista propios, para transmitir sorpresa, como estrategia de rechazo, para recuperar el discurso después de varias interrupciones, etc. La *repetición parcial* se basa en el uso de unidades que se lexicalizan en diferentes categorías gramaticales. La *paráfrasis* consiste en utilizar expresiones lingüísticas distintas para aludir al mismo referente y, por lo tanto, está estrechamente relacionada con la sinonimia. Y por último, el *paralelismo* es la repetición de una estructura enriquecida por la aportación de nuevos elementos; con este medio expresivo se enfatiza la relación entre las unidades que forman cada estructura.

De esta clasificación se desprende la existencia de dos grandes grupos de repeticiones: las formales, que pueden ser léxicas, parciales o paralelismos, y las repeticiones de contenido o paráfrasis. En *La Vie devant soi* estas dos categorías adquieren un gran protagonismo pues, como veremos, por un lado, intervienen en la creación de un ritmo reiterativo y reflejan la ausencia de planificación discursiva, dos de las características que contribuyen a simular una lengua oral coloquial en esta obra,[7] y por otro lado, están vinculadas a efectos de sentido como la comicidad y la ironía.

3.1 Repeticiones formales: repeticiones léxicas simples y complejas

Las repeticiones formales más frecuentes en *La Vie devant soi* son las repeticiones léxicas, las cuales a su vez pueden ser simples o complejas en función del número de unidades repetidas. En las repeticiones simples se retoma una sola unidad léxica con la misma forma; el número de ocurrencias de la misma unidad varía, pero en general se basan en dos o tres tiempos. En las repeticiones complejas se repiten dos o más unidades léxicas y a veces la estructura sintáctica. Las unidades repetidas pueden aparecer de forma contigua, imponiendo una progresión lineal, o de forma alternada, es decir, combinadas con otros elementos lingüísticos u otras repeticiones, y generar una especie de progresión circular.

En el texto analizado, las repeticiones léxicas, ya sean simples o complejas, desempeñan distintas funciones que a menudo se superponen; seguidamente exponemos las principales.

---

[7] La ausencia de planificación es un rasgo básico del discurso conversacional según Briz y Serra (1997).

a) Función evaluativa.— Las repeticiones anuncian o retoman las palabras de otro locutor para corroborar, cuestionar o comentar lo que ha dicho. Constituyen estructuras dialógicas que detienen momentáneamente la progresión discursiva. En estos casos, el narrador, al reproducir literalmente el discurso de otros personajes, sin reformularlo ni reelaborarlo, transmite mayor improvisación y afectividad, características que recuerdan el funcionamiento de la lengua hablada:

(1) — **Il ne faut pas avoir peur.**
Tu parles. « **Il ne faut pas avoir peur** », c'est un truc débile. (RG: 97-98)

(2) C'est moi qui étais chargé de conduire Banania dans les foyers africains de la rue Bisson pour **qu'il voie du noir**, Madame Rosa y tenait beaucoup.
— Il faut **qu'il voie du noir**, sans ça, plus tard, il va pas s'associer. (RG: 21)

b) Función explicativa.— La segunda ocurrencia de una misma unidad (A) introduce una breve digresión discursiva para aportar una explicación o un comentario valorativo sobre el concepto designado por A. Estas construcciones, que a la vez reflejan espontaneidad y falta de planificación, introducen reflexiones del narrador que dejan entrever su actitud y su punto de vista personal sobre el mundo que le rodea. En el siguiente pasaje, por ejemplo, se detiene para criticar el sentido de ciertas fórmulas estereotipadas de la lengua (cf. Lecarme-Tabone 2005: 176); tras este tipo de reflexiones se percibe siempre la ironía del autor.

(3) C'était quand même une bonne nouvelle et je me suis mis à chialer. Ça me faisait vachement plaisir qu'on évitait le pire. Je me suis assis dans l'escalier et j'ai pleuré comme un **veau**. Les **veaux** ne pleurent jamais mais c'est l'expression qui veut ça. (RG: 133)

c) Función enfática o intensificadora.— Las expresiones idénticas que aparecen de forma contigua conceden mayor expresividad y, por ello, mayor intensidad semántica al texto. Los mecanismos denominados intensificadores proporcionan información sobre la actitud del locutor respecto al contenido proposicional de su mensaje (cf. Renkema 2001). En este sentido, muchas repeticiones revelan un alto grado de implicación emocional y subjetividad, valores propios de la oralidad, pues reflejan las emociones que siente el narrador al relatar ciertos hechos (cf. Ducrot 1996). Por ejemplo:

(4) Il gardait toujours sa main sur le Livre de Monsieur Victor Hugo et il regardait **très loin, très loin** au-delà, comme s'il cherchait ce qu'il aurait à dîner ce soir. (RG: 267)

(5) Je sens autour de moi deux bras chauds qui me bercent, j'ai mal au ventre, la personne qui me tient chaud marche de long en large en chantonnant, mais j'ai toujours mal au ventre, et puis je lâche un étron qui va s'asseoir par terre et j'ai plus mal sous l'effet du soulagement et la personne chaude m'embrasse et rit d'un rire léger que **j'entends, j'entends, j'entends**... (RG: 122)

d) Función analógica.— Las repeticiones refuerzan analogías o paralelismos entre entidades semánticas dispares. Estas analogías, que muestran la visión particular del narrador, son peculiares desde el punto de vista conceptual, de manera que sorprenden al lector y producen efectos de comicidad e ironía. Por ejemplo:

(6) Il y avait même du plâtre **qui tombait** du mur, pas parce que Madame Rosa pleurait, c'était seulement des dégâts matériels.
Madame Rosa avait des cheveux gris **qui tombaient** eux aussi parce qu'ils n'y tenaient plus tellement. (RG: 20)

e) Función contrastiva.— Las repeticiones ponen de relieve contrastes o refutaciones; en este caso su relación con la lengua hablada viene dada por la baja densidad y variación léxicas que conlleva su presencia. El narrador las utiliza en lugar de las expresiones más apropiadas de acuerdo con las normas convencionales del lenguaje escrito formal, que hubieran podido ser, por ejemplo, *pas à l'inverse* en (7) y *mais* en (8):

(7) — Elle n'est plus du tout une Juive ni rien, Monsieur Hamil, elle a seulement mal partout. Et vous êtes tellement vieux vous-même que c'est maintenant à **Allah** de penser **à vous et pas vous à Allah**. (RG: 140)

(8) **Elle aurait pas dû dire** Mohammed, **elle aurait dû dire** Momo. Mohammed, ça fait cul d'Arabe en France, et moi quand on me dit ça, je me fâche. (RG: 222)

Estas repeticiones formales, que destacan por su sencillez léxico-sintáctica y cuyas funciones desempeñan un papel relevante tanto en la mímesis de un lenguaje oral como en la creación de efectos de sentido, van acompañadas en *La Vie devant soi* de curiosas repeticiones de contenido.

3.2 Repeticiones de contenido o paráfrasis

La función cohesiva de las repeticiones de contenido o paráfrasis no se basa en la recurrencia formal sino en conocimientos textuales y contextuales, que son los que permiten establecer la conexión entre un primer elemento y la unidad que lo retoma. Dentro de las repeticiones de contenido, cabe destacar el pleonasmo y la redundancia, que consisten en la explicitación de un significado que ya está presente de alguna otra manera en el texto. Estas figuras no aportan un contenido referencial nuevo, pero no por ello están exentas de repercusiones en la construcción del sentido textual. Se dan sobre todo en el discurso inmediato; por tanto, cuando aparecen en un texto escrito pueden interpretarse como marcas evidentes de oralidad.

Según algunas de las definiciones lexicográficas consignadas para cada una de estas figuras, el pleonasmo se distinguiría de la redundancia por aportar gracia y expresividad al mensaje (DUE; Clave). Sin embargo, como su distinción es muy sutil y no forma parte de los objetivos del presente estudio, nos limitaremos a emplear, para nuestra descripción, el término de redundancia por ser el más genérico.

En *La Vie devant soi* hemos distinguido tres tipos principales de redundancias, que denominaremos metalingüísticas, culturales o cognitivas y contextuales. Muchas de ellas, además, confieren un tono infantil al discurso oral del narrador.

Con las redundancias metalingüísticas, se explicita información ya contenida en una unidad léxica del cotexto. Por ejemplo, el género gramatical de *patronne* ya implica el significado «ser del sexo femenino», que se expresa de nuevo con el segmento *était une femme* en el siguiente pasaje:

(9)   **La patronne** était **une femme** et elle m'a vu. Je préférais voler là où il y avait une femme car la seule chose que j'étais sûr, c'est que ma mère était une femme, on ne peut pas autrement. (RG: 15)

En el fragmento (10), el contenido proposicional del enunciado *il m'a invité à jouer au baby dans le bistro rue Bisson* presupone forzosamente la existencia de un *baby-foot* (futbolín) en dicho lugar, dato que se expresa de nuevo mediante el segmento *il y en avait un*:

(10)   Il a bien vu que je n'étais pas dans ma forme olympique et il m'a invité à jouer **au baby dans le bistro rue Bisson où il y en avait un**. (RG: 204)

En el ejemplo (11) destacamos el verbo *descendre* acompañado de *en bas*; tanto si se considera (al igual que la expresión *bajar abajo*) una redundancia real como una redundancia aparente,[8] lo cierto es que el texto se ve dotado de mayor énfasis y expresividad:

(11)   **Je suis descendu** au café de Monsieur Driss **en bas** et je m'assis en face de Monsieur Hamil qui était marchand de tapis ambulant en France et qui a tout vu. (RG: 10)

Hablamos de redundancia cognitiva o cultural cuando se expresa con palabras una información que se desprende de la experiencia o del universo cultural del locutor (siempre que A, B). Por ejemplo, el segmento *qui mangeait une banane* (A), en el contexto de la narración, tanto en la cultura de partida como en la de llegada, sería suficiente para inferir que el plátano estaba desprovisto de cáscara (B), pero aun así el narrador añade dicho significado mediante el adjetivo *épluchée*:

(12)   Il y en avait même un qui dormait par la fenêtre, un autre qui **mangeait** tranquillement **une banane épluchée** près d'un transistor et c'était la décontraction. (RG: 109)

Y por último, la redundancia contextual se produce cuando se retoma un contenido semántico conocido y se presenta como si se tratara de algo nuevo. Este tipo de redundancia muestra improvisación y produce una breve parada en la progresión temática, características propias de la lengua oral:

(13)   Après, je me suis levé, je leur ai dit que j'étais obligé de rentrer vu qu'il y avait une vieille personne en état de manque qui avait besoin de moi mais la môme **qui s'appelait Nadine** est allée à la cuisine et elle est revenue avec une glace à la vanille qui était la plus belle chose que j'aie jamais mangée dans ma putain de vie, je vous le dis comme je le pense. (RG: 213-214)

Así pues, el conjunto de estas repeticiones y redundancias cumple tres funciones esenciales: en primer lugar, dota el discurso narrativo de un tono coloquial e infantil, en segundo lugar, incide en la creación de efectos cómicos basados en la presencia de elementos aparentemente innecesarios y, en tercer lugar, contribuye a esbo-

---

[8]   Según el DUE, la aparente redundancia no lo es porque en *subimos arriba* y *bajamos abajo*, *arriba* y *abajo* pasan a tener valor sustantivo y designar lugares.

zar la actitud y las emociones de un narrador espontáneo e ingenuo. No debemos olvidar además que en la novela de Romain Gary estos mecanismos de expresión se combinan con otros recursos lingüísticos, como la imprecisión léxica, la falta de concordancia o el desorden sintagmático, que también se sitúan en la misma línea.

4. Respuestas traductoras

Tanto las repeticiones léxicas como las redundancias son esquemas de verbalización universales. Y sin embargo, como ya hemos anunciado, la supresión de segmentos que no aportan una información referencial nueva, independientemente de cuál sea su valor o finalidad, es un procedimiento frecuente en todo tipo de traducción. En el ámbito de la traducción literaria, Gideon Toury apunta que la tendencia a evitar repeticiones presentes en el TO es «one of the most persistent, unbending norms in translation in all languages studied so far» (Toury 1991: 188).

En las traducciones analizadas de *La Vie devant soi* las repeticiones se recuperan en general por el mismo tipo de estrategia expresiva, pero también hemos constatado ocasiones en que algunas de ellas, igualmente importantes, se simplifican o se eliminan completamente; en el primer caso hablaremos de simplificación y en el segundo de omisión.

4.1 Simplificación

La repetición léxica del original se traduce por otros tipos de repetición que resultan más atenuados porque presentan un menor número de ocurrencias de la unidad repetida o bien porque la repetición formal se ha sustituido por una paráfrasis. Veamos los casos más frecuentes.

a) Una repetición léxica simple se recupera mediante una paráfrasis.— Ciertas repeticiones léxicas simples quedan atenuadas porque se recurre a un elemento anafórico o a un sinónimo de A. Si las repeticiones formales se ven suplidas por paráfrasis, disminuye el valor enfático del segmento y aumenta la variedad léxica respecto al texto original. Esto es lo que se constata en todos los fragmentos *infra* excepto en la versión inglesa. Recordemos que si se incrementa la densidad y la variación léxicas nos acercamos a las características prototípicas de un texto escrito y nos alejamos de los rasgos propios de la modalidad coloquial:

(14 a) Je pouvais **m'occuper** de Madame Rosa aussi, même si j'avais une vraie mère à **m'occuper**. (RG: 40)
   b) Aunque tuviera una madre verdadera a quien **cuidar**, también podría **ocuparme** de la señora Rosa. (RGE-Fuente: 49)
   c) Aunque tuviera una madre verdadera a quien **cuidar**, también podría **ocuparme** de la señora Rosa. (RGE-Mas: 40)
   d) Igualment podria continuar **cuidant** la senyora Rosa, encara que tingués una mare de debò de qui **ocupar-me**. (RGC: 32)
   e) I could have **looked after** Madame Rosa even if I'd had a real mother to **look after**. (RGI: 23)

En el siguiente ejemplo, la repetición léxica de *poussière* se sustituye por una paráfrasis en (15b), la partícula *que*; sin embargo, la repetición de este elemento anafórico (*que se levantaba, que era malo...*) podría considerarse una forma de compensación. En (15c), en cambio, la repetición original desaparece del todo; el conjunto de este fragmento pone claramente de manifiesto que se ha preferido un estilo más estructurado de acuerdo con las normas de la lengua escrita, en detrimento del efecto de oralidad que crea el pasaje francés y que consiguen reexpresar de forma similar la traducción al catalán (15d) y al inglés (15e):

(15 a) [...] elle a commencé à balayer la cave. C'était pas une chose à faire, ça faisait de la **poussière** et la **poussière** pour son asthme, il n'y avait rien de pire. (RG: 38-39)
   b) [...] y se puso a barrer. Y no era entonces cosa de barrer con todo aquel **polvo** que se levantaba, **que** era malo para su asma. (RGE-Fuente: 47)
   c) [...] y se puso a barrer. Y barrer no era lo más indicado: con todo aquel **polvo** que se levantaba, no había nada peor para su asma. (RGE-Mas: 38)
   d) [...] i es va posar a escombrar el soterrani. Mal fet, perquè aixecava molta **pols**, i no hi havia res pitjor per al seu asma que la **pols**. (RGC: 31)
   e) [...] she started sweeping the cellar. It was a dump thing to do because it raised **dust** and nothing was worse than **dust** for her asthma. (RGI: 22)

b) Una repetición léxica compleja se recupera por una repetición léxica más simplificada o por una paráfrasis.— Las repeticiones léxicas complejas a menudo se ven simplificadas en las traducciones del corpus porque se suprimen ocurrencias de algunas unidades que configuran el conjunto de la estrategia original. Por ejemplo, en los pasajes (16b) y (16c) se ha eliminado la repetición de los segmentos *à côté de moi* y *je veux*, y en la traducción catalana (16d) se ha omitido completamente la estrategia original sin compensarla con otro recurso similar. Sólo la versión inglesa (16e) ha optado por una repetición compleja parecida a la del texto original:

(16 a) **Je peux** les **voir à côté de moi** quand je veux. **Je peux voir** n'importe qui **à côté de moi** si je veux, King Kong ou Frankenstein [...]. (RG: 107-108)
b) **Puedo ver**los a mi lado cuando quiero, **puedo ver** a cualquiera, a King Kong, a Frankenstein [...]. (RGE-Fuente: 102)
c) Yo **puedo ver**los a mi lado cuando quiero. Y **puedo ver** a quien quiera, a King Kong, a Frankenstein, [...]. (RGE-Mas: 83)
d) Si **vull puc** imaginar-me qualsevol al meu costat, King Kong o Frankenstein, [...]. (RGC: 84)
e) **I can see** them right **before my eyes** when **I want** to. **I can see** anybody **I want** right **before my eyes**, King Kong or Frankenstein, [...]. (RGI: 68)

En el siguiente ejemplo (17a), las repeticiones léxicas complejas presentan un orden alterno; de este modo generan movimientos circulares que conllevan detenciones en la progresión temática. En los fragmentos (17b) y (17c), la sustitución de una repetición formal (*tiré/ tirent*) por una paráfrasis (*tirada/ arrastren*) debilita ligeramente los efectos mencionados. En la versión inglesa (17e), la simplificación es aun mayor y aumenta la variación léxica (*carpet/ rug; towed/ pulling*); en cambio, en el fragmento catalán (17d), se ha mantenido el mismo tipo de repetición compleja y, por lo tanto, los efectos serán más parecidos a los del texto francés:

(17 a) Mais il a aussi un **tapis** qui montre son autre compatriote, Sidi Ouali Dada, qui est toujours assis sur son **tapis** de prière qui est **tiré** par les **poissons**. Ça peut paraître pas sérieux, des **poissons** qui **tirent** un **tapis** à travers les airs, mais c'est la religion qui veut ça. (RG: 41)
b) Pero, además, tiene una **alfombra** con el retrato de otro paisano suyo, Sidi Uali Dada, que está sentado en su **alfombra** de oración **tirada** por **peces**. Puede parecer poco serio el que unos **peces arrastren** una **alfombra** por los aires, pero son cosas de la religión. (RGE-Fuente: 49-50)
c) Pero, además, tiene una **alfombra** con el retrato de su compatriota Sidi Ualí Dada, que siempre está sentado sobre su **alfombra** de oración **tirada** por **peces**. Puede parecer poco serio que unos **peces arrastren** una **alfombra** por los aires, pero son cosas de la religión. (RGE-Mas: 40)
d) Però també té una **catifa** on es veu el seu altre compatriota, Sidi Ouali Dada, assegut sobre la seva **catifa** de les oracions, **tirada** per **peixos**. Pot semblar poc seriós, que uns **peixos tirin** una **catifa** a través de l'aire, però això és el que diu la religió. (RGC: 33)

e) But he also has a **carpet** with a picture of another compatriot, Sidi Ouali Dada, sitting on a prayer **rug** that's being **towed** by **fishes**. Fishes pulling a **carpet** through the air doesn't seem to make much sense, but religion is like that. (RGI: 23)

4.2 Omisión

Hablamos de omisión cuando la supresión de alguna ocurrencia de la unidad repetida (A) implica que el mecanismo cohesivo original desaparezca completamente en el texto meta. Hemos constatado esta estrategia traductora en la recuperación de ciertas repeticiones léxicas pero, principalmente, en la recuperación de redundancias.

Las repeticiones léxicas simples que se presentan de forma contigua, como en el ejemplo (4a), conceden gran fuerza expresiva y un tono oral al discurso del narrador. En las dos versiones castellanas y en la inglesa, algunas de estas repeticiones se suprimen y, en consecuencia, los fragmentos correspondientes muestran una intensidad semántica inferior y pierden una marca de oralidad importante. Sólo en la traducción al catalán (4d) se ha optado por algún tipo de repetición:

(4 a) Il gardait toujours sa main sur le Livre de Monsieur Victor Hugo et il regardait **très loin, très loin** au-delà, comme s'il cherchait ce qu'il aurait à dîner ce soir. (RG: 267)
 b) Seguía con la mano encima del libro del señor Victor Hugo y miraba **a lo lejos**, como buscando lo que iban a darle de cena. (RGE-Fuente: 239)
 c) Seguía con la mano encima del libro del señor Victor Hugo y miraba **a lo lejos**, como buscando lo que iban a darle de cena. (RGE-Mas: 191)
 d) Continuava posant la mà sobre el Llibre de Victor Hugo, i tenia la mirada perduda en la **llunyania**, molt **lluny**, com si busqués amb ella el que havia de sopar aquell vespre. (RGC: 207-208)
 e) He still had his hand on Monsieur Victor Hugo's Book and he looked **far** into the distance as though trying to discover what he would have for dinner that night. (RGI: 178)

La repetición destacada en (4d), aunque también intensifica la imagen, al ser parcial (*llunyania/ lluny*), configura un estilo más elegante y formal que el del texto original; por lo tanto, poco adecuado para simular una lengua hablada, más aun cuando se pone en boca de un niño como lo es el narrador de *La Vie devant soi*.

En el ejemplo (18d) y en el (18e) las repeticiones léxicas sí son de la misma naturaleza que la del TO (*auxili auxili — help help*), y se recurre además al mismo tipo de puntuación alejada de los cánones de la lengua escrita (ausencia de comas entre las expresiones repetidas). Por consiguiente, en estas ocurrencias, los efectos de oralidad se reproducen de forma similar, a diferencia de lo que sucede en las dos versiones castellanas, (18b) y (18c):

(18 a) On a mis les démons en fuite et Madame Rosa a repris son intelligence mais quand elle s'est vue entourée de Noirs à demi-nus aux visages verts, blancs, bleus et jaunes [...] elle a eu tellement peur qu'elle a commencé à gueuler **au secours au secours** à moi, elle a essayé de fuir, [...]. (RG: 180-181)
b) Pusimos en fuga a los demonios y la señora Rosa recobró el sentido; pero al verse rodeada de negros medio desnudos, con la cara verde, blanca, azul y amarilla, [...] se llevó tal susto que empezó a gritar pidiendo **socorro** y trató de huir [...]. (RGE-Fuente: 163)
c) Pusimos en fuga a los demonios y la señora Rosa recobró el sentido; pero al verse rodeada de negros medio desnudos, con la cara verde, blanca, azul y amarilla, [...] se llevó tal susto que empezó a gritar pidiendo **socorro** y trató de huir [...]. (RGE-Mas: 133)
d) Vam foragitar els dimonis i la senyora Rosa va recuperar la intel·ligència, però quan es va veure envoltada de negres mig nus amb les cares verdes, blanques, blaves i grogues [...] es va espantar tant que va començar a xisclar **auxili auxili** que algú m'ajudi i va intentar fugir [...]. (RGC: 140)
e) We put the demons to flight and Madame Rosa's intelligence came back, but when she saw all those black men, with green, white, blue and yellow faces [...] she was so scared she began screaming **help help** and tried to run away, [...]. (RGI: 118)

Igualmente se suprimen ciertas repeticiones léxicas complejas que introducen digresiones discursivas con las que el narrador presenta reflexiones y valoraciones personales (función explicativa; ejemplo 3a). En los texto meta (3b) y (3c), al haberse elidido la repetición léxica compleja, el estilo resulta mucho más simplificado y desaparece el juego de palabras que en el texto original aludía a la absurdidad del lenguaje estereotipado. En cambio, en la traducción al catalán (3d), se ha recurrido a un mecanismo de compensación: se ha mantenido el mismo tipo de repetición con otras unidades léxicas. En la traducción al inglés (3e), la repetición compleja del texto original se ha simplificado al haberse optado por una repetición parcial (*cried / crying*):

(3 a) Je me suis assis dans l'escalier et j'ai **pleuré** comme un **veau**. Les **veaux** ne **pleurent** jamais mais c'est l'expression qui veut ça. (RG: 133)
b) Me senté en la escalera y **lloré** a moco tendido, valga la expresión. (RGE-Fuente: 121)

c) Me senté en la escalera y **lloré** a moco tendido, valga la expresión. (RGE-Mas: 101)
d) Em vaig asseure a l'escala i vaig **plorar** com una **magdalena**. Ja sé que les **magdalenes** no **ploren**, però l'expressió és aixi. (RGC: 103)
e) I sat down on the stairs and **cried** like a baby. That's the expression, but in my opinion every age has its own way of **crying**. (RGI: 85)

La omisión de varias repeticiones léxicas complejas comporta que los textos meta presenten menos detenciones discursivas y un menor grado de insistencia en ciertos conceptos. La atenuación o pérdida de tales construcciones enfáticas afecta la caracterización del narrador: en las traducciones, su actitud parece menos obstinada y alude más de pasada a ciertos temas que en el texto original resultan esenciales. Por ejemplo:

(19 a) — Moi **les lois de la nature** je les emmerde complètement, Madame Lola. Je leur crache dessus. **Les lois de la nature**, c'est des telles dégueulasses que ça devrait même pas être permis. (RG: 271)
b) —Yo me cago en **las leyes de la Naturaleza**, señora Lola. Les escupo. Son un asco y hasta deberían prohibirlas. (RGE-Fuente: 243)
c) —Me cago en **las leyes de la naturaleza**, señora Lola. Les escupo encima. Son tan asquerosas que no deberían estar permitidas. (RGE-Mas: 194)
d) —A mi **les lleis de la natura** me la suen completament, senyora Lola. Em fan fàstic, són tan fastigoses que no haurien d'estar permeses. (RGC: 211)
e) "I say fuck **the laws of nature**, they're no good, they stink on ice and they shouldn't be allowed." (RGI: 180)

De un modo similar, también ciertas analogías que establece el narrador, estrechamente vinculadas a efectos cómicos, se ven atenuadas por la ausencia de recurrencia formal. En el siguiente ejemplo, la revisión de la traducción al español (20c) ha restablecido la repetición léxica y sintáctica que había desaparecido en la primera versión (20b). La traducción al catalán (20d) también la ha recuperado de forma parecida, quedando reforzado en ambos textos el paralelismo que percibe el narrador entre la vida profesional de los dos personajes, *Monsieur Hamil* y *Madame Rosa*; se trata de una figura que deja entrever la ironía del autor. En cuanto a la traducción al inglés (20e), ha optado por una paráfrasis (*sold/peddled*) que atenúa el paralelismo original e incrementa la variación léxica del discurso del narrador:

(20 a) Ils s'étaient bien connus trente ans auparavant quand Monsieur Hamil **vendait** ses tapis et Madame Rosa **vendait** le sien et c'était injuste de les voir maintenant séparés par un ascenseur. (RG: 138)

b) Treinta años atrás, cuando el señor Hamil **vendía** alfombras y la señora Rosa lo suyo, habían sido muy amigos y era injusto que ahora tuvieran que estar separados por un ascensor. (RGE-Fuente: 125)

c) Se habían conocido treinta años atrás, cuando el señor Hamil **vendía** sus alfombras y la señora Rosa **vendía** lo suyo, y era injusto verlos ahora separados por un ascensor. (RGE-Mas: 104)

d) S'havien conegut feia trenta anys, quan el senyor Hamil **venia** les seves catifes i la senyora Rosa **venia** el seu gènere, i ara era injust veure'ls separats per un ascensor. (RGC: 107)

e) They'd met thirty-five years ago when Monsieur Hamil **sold** carpets and Madame Rosa **peddled** her ass, and it wasn't fair for an elevator to come between them. (RGI: 89)

Para traducir los fragmentos (7a) y (8a), cuyas repeticiones cumplen una función contrastiva, la primera versión castellana ha optado por reformulaciones como *no al contrario* en (7b) y *sino* en (8b), que reflejan un acto interpretativo más elaborado y complejo por parte del locutor; los nuevos fragmentos devienen menos repetitivos e insistentes. La versión castellana revisada conserva la reformulación en el ejemplo (8c), pero restablece la repetición léxica del texto original en el (7c). Las traducciones al catalán y al inglés han recuperado la repetición léxica compleja de forma parecida a la del texto original en ambos pasajes:

(7 a) Et vous êtes tellement vieux vous-même que c'est maintenant à **Allah** de penser **à vous** et pas **vous à Allah**. (RG: 140)

b) Y usted está ya tan viejo que ahora es **Alá** el que tiene que pensar **en usted** y no al contrario. (RGE-Fuente: 126)

c) Y usted está ya tan viejo que ahora es **Alá** el que tiene que pensar **en usted** y no **usted en Alá**. (RGE-Mas: 105)

d) I vostè mateix també és tan gran que ja és hora que **Al·la** comenci a pensar **en vostè**, i no **vostè en Al·là**. (RGC: 108)

e) And you're so old yourself that it's up **to Allah** to think **of you** now, not **you of Allah**. (RGI: 90)

(8 a) Elle **aurait pas dû dire** Mohammed, elle **aurait dû dire** Momo. (RG: 222)

b) **No debió decir** Mohamed, sino Momo. (RGE-Fuente: 200)

c) **No debió decir** Mohammed, sino Momo. (RGE-Mas: 162)

d) No **hauria d'haver dit** Mohammed, **hauria d'haver dit** Momo. (RGC: 171)
e) She **shouldn't have said** Mohammed, **she should have said** Momo. (RGI: 148)

Las redundancias, que son el máximo exponente del estilo oral e infantil del narrador y que contribuyen a caracterizarlo como un personaje a la vez inconformista e ingenuo, a vehicular ironía o a crear efectos de comicidad, se eliminan sobre todo en las versiones castellanas y la inglesa. Parece que su supresión obedece a una voluntad de evitar combinaciones semánticas en apariencia innecesarias, sin tener en cuenta los efectos pragmáticos y rítmicos que de ellas se desprenden.

Las redundancias metalingüísticas, como la de (9a), y las culturales o cognitivas, como la de (12a), desaparecen en las versiones castellanas y en la inglesa, a diferencia de lo que sucede en el texto catalán. Así, en los pasajes (9b), (9c), (12b), (12c) y (12e) las redundancias han desaparecido al suprimirse la explicitación de las correspondientes presuposiciones (*était une femme* y *épluchée*, respectivamente), y en el ejemplo (9e) porque el sustantivo *storekeeper* no contiene un morfema distintivo de género; por lo tanto, el segmento *was a woman* no explicita una presuposición sino que aporta un dato nuevo. En este último caso, las constricciones de la lengua meta han influido en la supresión de la redundancia, pero ello no impide que se hubiera podido compensar con una estrategia parecida en otro momento del texto.

(9 a) Une fois, j'étais devant une épicerie et j'ai volé un œuf à l'étalage. **La patronne était une femme** et elle m'a vu. (RG: 15)
b) Un día robé un huevo en una tienda. **La dueña** me vio. (RGE-Fuente: 26)
c) Un día robé un huevo en una tienda. **La dueña** me vio. (RGE-Mas: 23)
d) Una vegada era davant d'una botiga de queviures i vaig robar un ou de fora. **La mestressa era una dona** i em va veure. (RGC: 13)
e) One time I swiped an egg from outside a butter and egg store. **The storekeeper was a woman** and she saw me. (RGI: 5)

(12 a) Il y en avait même un qui dormait par la fenêtre, un autre qui **mangeait** tranquillement **une banane épluchée** près d'un transistor et c'était la décontraction. (RG: 109)
b) Hasta había uno dormido, dormía apoyado en la ventanilla, y otro **se comía un plátano** al lado de un transistor. Estaban de relajación. (RGE-Fuente: 103)
c) Uno dormía apoyado en la ventanilla y otro **se comía un plátano** al lado de un transistor. Estaban de relajamiento. (RGE-Mas: 84)
d) Fins i tot n'hi havia un que dormia amb el cap a la finestra, un altre que **menjava** tranquil·lament un **plàtan pelat** al costat d'un transistor, ben relaxat. (RGC: 85)

e) One was asleep at the windows, another was calmly **eating a banana** with a transistor, all very relaxed. (RGI: 69)

Respecto a las redundancias contextuales, que retoman un elemento ya conocido y lo presentan como nuevo, cuando se eliminan, se despoja el nuevo texto de una marca de espontaneidad importante. En el ejemplo (13a), el segmento *la môme qui s'appelait Nadine* aporta un dato que el narrador ya ha proporcionado con anterioridad. En los textos en español y en el inglés se ha omitido dicha construcción y se ha dejado sólo el nombre del personaje, *Nadine*, de manera que desaparece la redundancia contextual y sus efectos de sentido:

(13 a) Après, je me suis levé, je leur ai dit que j'étais obligé de rentrer vu qu'il y avait une vieille personne en état de manque qui avait besoin de moi mais **la môme qui s'appelait Nadine** est allée à la cuisine et elle est revenue avec une glace à la vanille [...]. (RG: 213-214)

b) Después me levanté y les dije que tenía que volver a casa porque había una anciana en estado de fallo que necesitaba de mí, pero **Nadine** se fue a la cocina y volvió con un helado de vainilla [...]. (RGE-Fuente: 193)

c) Después me levanté y les dije que tenía que volver a casa porque había una anciana en estado de fallo que necesitaba de mí, pero **Nadine** se fue a la cocina y volvió con un helado de vainilla [...]. (RGE-Mas: 156)

d) Després em vaig aixecar i els vaig dir que havia de tornar a casa perquè que hi havia una persona gran que em necessitava, però **la noia, la que es deia Nadine**, va anar a la cuina i va tornar amb un gelat de vainilla [...]. (RGC: 165)

e) After a while I got up and said I had to go home seeing there was an elderly person in a state of deprivation who needed me, but **this Nadine** went to the kitchen and came back with some vanilla ice cream [...]. (RGI: 142)

En la traducción (13d) se ha recuperado el segmento original con una construcción que, pese a ser sintácticamente similar (*la noia, la que es deia Nadine*), comporta un deslizamiento semántico. La formulación catalana vehicula una idea de selección, como si el narrador se refiriera a una mujer de entre varias cuando en realidad sólo hay una y, por lo tanto, expresa un grado inferior de redundancia que el que hubiera supuesto la propuesta literal *la noia, que es deia Nadine*. Es posible, pues, que la nueva construcción pase más desapercibida y sorprenda menos al nuevo destinatario que al lector francés.

5. Conclusiones

El presente estudio ha permitido poner de manifiesto la relevancia de las repeticiones en la construcción de la oralidad simulada de *La Vie devant soi*, esencialmente gracias a sus valores semántico-pragmáticos de evaluación, explicación, énfasis, analogía o contraste, y, por ello, la necesidad de recuperarlas de forma similar en las versiones a otras lenguas, tanto más cuanto que son mecanismos expresivos universales.

Como apuntábamos al principio de nuestro artículo, la supresión de repeticiones y redundancias es una de las tendencias traductoras más frecuentes en todo tipo de traducción. En nuestro corpus, sin embargo, parecen esbozarse dos tendencias, la de los textos en español (RGE-Fuente y RGE-Mas), que confirmaría la hipótesis inicial, puesto que en ellos predominan las omisiones y simplificaciones (aunque en la versión revisada de 2008, se entrevé cierta voluntad por restablecer las repeticiones que la versión de 1997 había descuidado), y la de la traducción catalana (RGC) y la inglesa (RGI), que se han decantado más claramente por la traducción literal o por estrategias compensatorias. El siguiente gráfico (Figura 1) recoge las respuestas traductoras de los cuatro textos analizados, ilustrando dichas tendencias.[9]

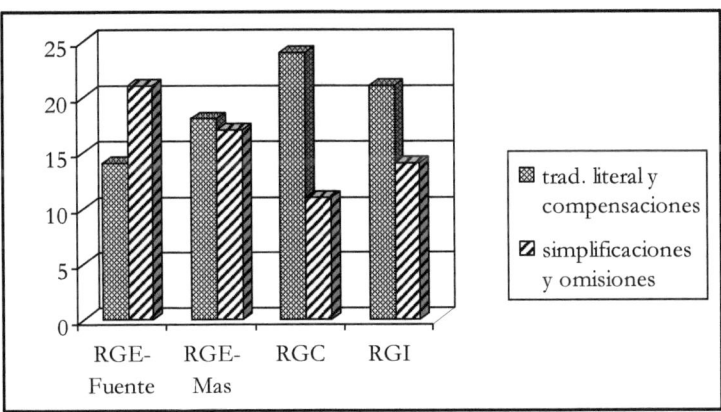

Figura 1. La traducción de las repeticiones y redundancias en *La Vie devant soi*

---

[9] Para elaborar el gráfico nos hemos basado en un total de 35 ejemplos, muchos de ellos comentados en el presente trabajo, pero los resultados que recoge son extrapolables al resto del corpus.

Los ejemplos comentados a lo largo de estas páginas vienen a confirmar que las versiones en que no se mantiene el mismo tipo de repetición se ven simplificadas o su nivel de variación léxica aumenta; en ambos casos se atenúan los efectos de expresividad y la intensidad semántica. En consecuencia, el lenguaje del narrador se aleja de la modalidad oral acercándose a los parámetros normativos y convencionales de la lengua escrita. Paralelamente, la construcción del sentido también se ve afectada porque desaparecen estrategias discursivas que reforzaban los efectos de ironía y comicidad, a la vez que contribuían a perfilar un narrador ingenuo y espontáneo, con una concepción peculiar del mundo.

Finalmente, huelga decir que, para poder extraer conclusiones más definitivas sobre el tipo de oralidad simulada que caracteriza *La Vie devant soi* y el discurso que se construye en cada uno de los textos meta analizados, sería preciso un estudio más exhaustivo, que abarcara otras marcas de oralidad, tanto léxicas como sintácticas. La realización de un trabajo de tal envergadura de momento queda pendiente y no podemos más que anunciarlo como un proyecto futuro.

6. Corpus

RG = GARY, Romain (Émile Ajar) (1975). *La Vie devant soi*. Paris: Mercure de France.

RGC = GARY, Romain (Émile Ajar) (2004). *La vida al davant*. Traducción de Jordi Martín Lloret. Barcelona: Angle.

RGE-Fuente = GARY, Romain (Émile Ajar) (1997). *La vida ante sí*. Traducción de Ana M.ª de la Fuente. Barcelona: Galaxia Gutenberg; Círculo de Lectores.

RGE-Mas = GARY, Romain (Émile Ajar) (2008). *La vida ante sí*. Traducción de Ana M.ª de la Fuente, revisada por Xisca Mas. Barcelona: De Bolsillo.

RGI = GARY, Romain (Émile Ajar) (1986). *The life before us ("Madame Rosa")*. Traducción de Ralph Manheim. New York: New Directions.

7. Referencias bibliográficas

ANSCOMBRE, Jean-Claude; DUCROT, Oswald (1983). *L'argumentation dans la langue*. Liège; Paris: Mardaga.

AZAUSTRE, Antonio; CASAS, Juan (1997). *Manual de retórica española*. Barcelona: Ariel.

BEAUGRANDE, Robert-Alain de; DRESSLER, Wolfgang Ulrich (1981). *Introduction to Text Linguistics*. London: Longman.

BRIZ, Antonio (1996). *El español coloquial: situación y uso*. Madrid: Arco/Libros.

BRIZ, Antonio; SERRA, Enric (1997). «De lo oral y lo escrito y entre lo oral y lo escrito». *Quaderns de Filologia. Estudis lingüístics* 2. 1-6.

CASTELLÀ, Josep M.ª (2004). *Oralitat i escriptura: dues cares de la complexitat en el llenguatge*. Barcelona: Publicacions de l'Abadia de Montserrat.

CHEVALIER, Jean-Claude; DELPORT, Marie-France (1995). *L'Horlogérie de Saint Jérôme. Problèmes linguistiques de la traduction*. Paris: L'Harmattan.

CLAVE = MALDONADO GONZÁLEZ, Concepción (dir.) (2004). *Clave. Diccionario de uso del español actual*. Prólogo de Gabriel García Márquez. 7.ª ed. Madrid: Ediciones SM.

DUCROT, Oswald (1996). «Lexique et gradualité». En ALONSO, Emilia; BRUÑA, Manuel; MUÑOZ, María (eds.) (1996). *La linguistique française: grammaire, histoire et épistémologie*. Vol I. Sevilla: Departamento de Filología Francesa; Grupo Andaluz de Pragmática. 191-205.

DUE = MOLINER, Maria (1994). *Diccionario de uso del español*. Madrid: Gredos.

LECARME-TABONE, Éliane (2005). *La vie devant soi de Romain Gary (Émile Ajar)*. Paris: Gallimard.

LÓPEZ SERENA, Araceli (2007). *Oralidad y escrituralidad en la recreación literaria del español coloquial*. Madrid: Gredos.

NARBONA JIMÉNEZ, Antonio (2001). «Diálogo literario y escritura(lidad)-oralidad». En EBERENZ, Rolf (ed.) (2001). *Diálogo y oralidad en la narrativa hispánica moderna. Perspectivas literarias y lingüísticas*. Madrid: Verbum.

PAYRATÓ, Lluís [1990] (1998). *Català col·loquial. Aspectes de l'ús corrent de la llengua catalana*. València: Universitat de València.

RACCAH, Pierre-Yves (2005). «Une description de l'excessivité en sémantique des points de vue». *Intensité, comparaison, degré. Travaux linguistiques du CERLICO* 18. 171-190.

RENKEMA, Jan (2001). «Intensificadores: un marco de análisis». *Discurso.org* 1. URL: <http://www.revista.discurso.org/articulos/Num1_Art_Renkema.htm>; fecha de consulta: 22-10-2008.

TOURY, Gideon (1991). «What are descriptive studies into translation likely to yield apart from isolated descriptions?». En LEUVEN-ZWART, Kitty M. van; NAAIJKENS, Ton (eds.) (1991). *Translation Studies: The State of the Art. Proceedings of the First James S Holmes Symposium on Translation Studies*. Amsterdam; Atlanta: Rodopi. 179-192.

TOURY, Gideon (1995). *Descriptive Translation Studies and beyond*. Amsterdam; Philadelphia: John Benjamins.

Caterina Briguglia

Universidad Pompeu Fabra, Barcelona

LA ORALIDAD FINGIDA EN *RAGAZZI DI VITA* DE PIER PAOLO PASOLINI: REFLEXIONES SOBRE SU TRADUCCIÓN AL CATALÁN Y AL CASTELLANO

1. Introducción

El problema del lenguaje, y del papel que desempeña, ha sido siempre el núcleo de todas las reflexiones desarrolladas en torno a la novela *Ragazzi di vita* de Pier Paolo Pasolini (1922-1975), desde su primera aparición en 1955. En efecto, el protagonismo absoluto concedido por el autor al dialecto de Roma ha sido siempre la razón tanto de los comentarios favorables, como de las críticas más duras.

El uso de tal variedad geográfica y a la vez social —puesto que se trata del habla propia de las barriadas populares de la capital italiana— representa, sin lugar a dudas, la voluntad de reproducir fielmente unos rasgos lingüísticos propios de la oralidad y, a la vez, el espejo de su poética y estilo personal. Christian Mair, en un interesante estudio sobre la función del dialecto en literatura, afirma que «literary dialects, in addition to meeting basic requirements as plausible realistic renderings of authentic nonstandard speech, serve a variety of additional purposes internal to a given work of art» (Mair 1992: 104). A partir de esta afirmación, en nuestro estudio nos detendremos, en primer lugar, en el análisis de la función y las características del dialecto en la novela de Pasolini. Acto seguido, llevaremos a cabo el estudio descriptivo de su traducción al catalán y al castellano, para ver de qué estrategias se valen los respectivos traductores para restituir el complejo tejido lingüístico del original.

2. *Ragazzi di vita*: la oralidad fingida como «impertérrita declaración de amor»

Al hablar de Roma, la gran protagonista tanto de sus novelas como de sus películas, Pasolini la describía como un lugar «todo vicio y sol, apariencias y luz; un pueblo dominado por la alegría de vivir, por el exhibicionismo y por la sensualidad contagiosos, que llena las periferias» (ápud Naldini 1992: 145). El escritor sentía fascinación por la capital, el Tíber y los ambientes populares: paseaba por la ciudad, saboreándola calle tras calle y sumergiéndose en ella. Así, gradualmente, esta pasión lo empujó hacia una investigación sociológica y lingüística de la nueva realidad que, después de sus primeros años en la campiña friulana, se desplegaba ante sus ojos. Sin embargo, Roma no era sólo luz y sensualidad: allí el escritor entra en contacto con un mundo hasta entonces ignorado, el proletariado. En la capital italiana, Pasolini se enfrenta con la miseria absoluta y la lucha cotidiana por sobrevivir, frente a la indiferencia de la Historia y el individualismo de la clase burguesa. En el subproletariado ve la fuerza del instinto y de la naturalidad, la vitalidad y la capacidad de volver a levantarse ante las mayores tragedias, y una forma de pureza que se escapa a la homologación burguesa. El mismo Pasolini afirma:

> Roma nella mia narrativa ha quella fondamentale importanza [...] in quanto *violento trauma e violenta carica* di vitalità, cioè esperienza di un mondo e quindi in un certo senso del mondo. Nella narrativa Roma è stata la protagonista diretta non solo come oggetto di descrizione o di analisi, ma proprio come spinta, come dinamica, come necessità testimoniale. (Ápud Muzzioli 1975: 15-16)

Frente a esta situación, el escritor siente el deber de comprometerse, porque el no hacerlo para Pasolini implicaba falta de amor y humildad, sobre todo después de la Segunda Guerra Mundial, con todo el sufrimiento y la pobreza que había causado. Pasolini busca un modelo de intelectual que sepa investigar la realidad con una metodología crítica, y representarla. Este camino le llevará a experimentar el lenguaje del cine, por cuanto lo considera como el medio de expresión más realista, puesto que en él se puede representar una situación sin el filtro de las palabras y la imagen es pura realidad. La imagen es al cine lo que la lengua a la narrativa. Y en literatura considera que el medio más eficaz para acercarse a la gente y para calcar su mundo sin falsedad es el dialecto.

Así, con este sentimiento del pueblo, nace la novela *Ragazzi di vita*, publicada en 1955. Gianfranco Contini la definió como una «epopeya pícaro-romanesca» (ápud Naldini 1992: 160), donde los protagonistas son los chicos de los barrios populares, que vagabundean por la ciudad en busca de los elementos básicos de la existencia —comida, dinero y sexo—, dispuestos a cualquier actuación con tal de conseguirlos. Es un carrusel de personajes, cada uno con sus historias y su nivel de degradación, y la estructura coral y abierta ha dado pie a la interpretación del libro como una forma ensayística, una anti-novela. Alberto Asor Rosa (1976) lo considera el trabajo de un folklorista que analiza al pueblo y lo retrata, con todos los elementos culturales y sociológicos característicos. Y habla de un procedimiento mimético filológico, en el que encontramos una narración perfectamente verosímil, sostenida por un lenguaje que se adecua al objeto representado y que quiere ser la manifestación fiel de lo oral en lo escrito. De hecho, Pasolini, como un antropólogo, recorría las barriadas populares y se apuntaba nombres y expresiones para poder construir su novela. Él mismo no se definía como un experto en jerga, sino como una cinta de magnetófono. Lo ayudaba también un chico del barrio, Sergio Citti —que después se convirtió en el actor principal de las películas de Pasolini y en director de cine—, que lo encaminó e instruyó en el aprendizaje del habla viva romana. De esta manera, el escritor la absorbe y reproduce fielmente; así se impregna en ese contexto y desaparece detrás de sus personajes. Las palabras del autor para describir la fórmula definitoria de su estilo no dejan lugar a dudas:

> [...] uso dialettale di specie verghiana: implicanti cioè una regressione dell'autore nell'ambiente descritto, fino ad assumerne il più intimo spirito linguistico, mimetizzandolo incessantemente. (Pasolini 1999: 2729)

Y añade que su regresión ha sido de carácter tanto lingüístico como psicológico y así expresa su amor hacia el pueblo, sin prejuicios, ni filtros culturales. Efectivamente, Contini define la novela como «una impertérrita declaración de amor que procede por "fragmentos narrativos"» (ápud Naldini 1992: 160).

Aclarado el tipo de procedimiento llevado a cabo por el escritor y su idea de la función del dialecto, nos falta ver a qué tipo de variedad lingüística recurre para representar las barriadas populares. La mímesis se produce a través de la adopción de la jerga de la mala vida romana. Se trata, por lo tanto, de una variedad lingüística de usuario[1] y de tipo tanto geográfico como social. Es el dialecto de Roma hablado

---

[1] Michael A. K. Halliday (1989) marca la distinción entre registro y dialecto en base a uso y usuarios. Según su definición, el registro es una variedad relacionada con el uso, una configuración de significados que están típicamente asociados con una particular configuración situacional de campo —es decir, campo de la realidad al que hace referencia el texto—, de modalidad —o sea, canal de producción de la comunicación— y de tenor —tipo de emisor y relación entre emisor y receptor—; el dialecto es, en cambio, una variedad relacionada con el usuario, es lo que se habla normalmente, con independencia del estatus de la persona, y puede reflejar variaciones subculturales, clases sociales, geográficas y de género.

por las clases sociales pobres, una variedad que todavía no había sufrido contaminaciones de tipo literario y que se usaba sólo a nivel oral. Con esta lengua están construidos enteramente los diálogos entre todos los personajes, como si el autor hubiera querido dejar el micrófono a los chicos de la calle. Y una de las características principales es que se trata de un lenguaje rico, riquísimo, en palabras malsonantes y obscenidades. A veces, en la misma página, se repiten una y otra vez los mismos insultos o el diálogo consiste sólo en intercambios de mofas e invectivas hasta llegar a una representación de tinte expresionista, con imágenes exageradas. De acuerdo con Piero Pucci, «il dialogo dei ragazzini pasoliniani pare costruito con l'intenzione di rappresentare con il loro bercio lungo e continuato il loro modo impudente e orgoglioso di affrontare la vita, perché l'imprecazione e l'offesa sono i moduli e i temi del dialogo» (ápud Muzzioli 1975: 74). Mientras que para Carlo Salinari, «il dialetto diviene invadente, eccessivo, sbracato e toglie il respiro al lettore con la sua esuberanza» (ápud Muzzioli 1975: 76). Encontramos un ejemplo en la escena en la que los chicos se están bañando en el Tíber y disfrutan del río «charlando» entre ellos (PP: 22): en un párrafo de apenas veinticuatro líneas encontramos siete veces la expresión *li mortacci* 'me cago en los muertos' y, en la mayor parte de los casos, como única expresión verbal emitida por los interlocutores.

Mientras en los diálogos prevalece de forma absoluta la jerga de la mala vida, en la voz narrativa encontramos una forma contaminada, donde en frases con una estructura sintáctica italiana se insertan palabras jergales. De esta manera, también el narrador se sitúa al mismo nivel de sus personajes, es uno de ellos. Además, el legado de Giovanni Verga (1840-1922) se hace patente en el uso constante del estilo indirecto libre, una técnica ulterior para permitir a los personajes que se expresen sin la interferencia del narrador. En definitiva, Pasolini, como Verga, no quiere juzgar el mundo que está presentando y, por esta razón, opta por renunciar al papel del narrador omnisciente. Podemos decir, recurriendo a las palabras de Verga, de la introducción de *I Malavoglia*, que Pasolini cree que:

> Chi osserva questo spettacolo non ha il diritto di giudicarlo; è già molto se riesce a trarsi un istante fuori dal campo della lotta per studiarla senza passione, e rendere la scena nettamente, coi colori adatti, tale da dare la rappresentazione della realtà com'è stata, o come avrebbe dovuto essere. (Verga [1881] 1981: 11)

Coincidimos en la sensación de fastidio acústico que implica la carga excesiva de palabras malsonantes y en la consideración de que se trata de una representación expresionista de la realidad. Y es un hecho que no hay un verdadero intercambio comunicativo entre los chicos, ni el autor se detiene en describir su mundo interior. Se trata más bien de una antología de formas jergales y de gestualidad típica, a las que hay que añadir la presencia dominante de imágenes de morbosa violencia, al límite de lo humano. Sin embargo, y más allá del resultado logrado por esta mezcla de estilos, y por el uso recurrente y desmesurado de la jerga, a nosotros nos interesa principalmente su valor mimético y la capacidad del autor de reproducir de manera magistral el discurso oral en la página escrita. Pasolini construye su «divina mímesis», parafraseando su célebre escrito, que responde a la intención de representar fielmente y con un lenguaje instintivo la realidad popular (en cambio, por ejemplo, si hubiera querido representar a la clase burguesa, la lengua elegida habría sido el italiano nacional). Creemos que el trabajo lingüístico que subyace en la novela consigue su objetivo: el lector entra de lleno en el mundo del subproletariado, lo siente real y puede llegar a entender las razones de tanta crueldad. Puede que el lector no llegue al amor incondicional que siente el escritor, pero sí que acaba apoyando la causa de estas víctimas sociales, o por lo menos sintiendo como algo familiar su universo degradado.

La verosimilitud es tan incuestionable que la novela provocó un escándalo, no solamente por las formas lingüísticas empleadas, sino también por haber dado voz a este mundo, en lugar de ocultarlo. Así, mientras la crítica discutía sobre el expresionismo o el intelectualismo de Pasolini, la novela sufrió censuras y cambios, y su autor un juicio, debido al carácter obsceno del lenguaje y a la presencia de escenas pornográficas, juicio que terminó con la absolución sin apelación posible. A pesar de todas las críticas negativas, la novela tuvo mucho éxito popular en Italia, fomentado por la presencia, en las ediciones más recientes, de un glosario de las palabras dialectales y jergales más usadas y de su traducción al italiano estándar.

El éxito fue tan grande que muy pronto reclamaron la novela las editoriales extranjeras, aunque enseguida se dieron cuenta de la dificultad que comportaba la traducción del lenguaje pasoliniano.

3. Las traducciones de la obra

Italo Calvino decía a propósito de las novelas pasolinianas: «América no tiene grandes problemas, excepto el de cómo harán para traducir a Pasolini» (ápud Naldini

1992: 201). La afirmación es hiperbólica, pero pone inmediatamente de manifiesto la convicción del escritor italiano de que las novelas de Pasolini presentan enormes dificultades a la hora de traducirlas a otra lengua. El propio autor también era consciente de los problemas que sus novelas, y en particular *Ragazzi di vita*, suponían para el traductor. Efectivamente, afirma en 1955, el año de su publicación: «sembra che il mio romanzo, *Ragazzi di vita*, sia intraducibile» (Pasolini 1988: 90). La dificultad radica, como hemos visto, en la presencia insistente de expresiones dialectales y jergales propias de la capital italiana, tanto en los diálogos como en la voz del narrador. En efecto, el escollo principal consiste en lo que Calvino define como la excesiva «italianidad» de la novela, es decir, el carácter puramente referencial de su lenguaje: el dialecto quiere remitir, sin filtro alguno, al mundo del subproletariado romano, presentado de la forma más sincera, y también en su faceta más salvaje. Por lo tanto, los recursos literarios empleados para dar la impresión de oralidad no quieren sugerir rasgos universales de la lengua hablada, sino que reproducen unas características idiomáticas propias del habla de Roma, es decir, de un contexto sociocultural específico. Este carácter dificulta la tarea del traductor, que se enfrenta con el problema de tener que trasladar una lengua no estándar, y a la vez de tener que trasladar un mundo ajeno, con una idiosincrasia bien marcada. Por tanto, al traductor se le impone la siguiente reflexión: en el estudio del texto original, con las intenciones que lo mueven, ¿hay que priorizar la referencia a la condición concreta de la clase obrera en la capital italiana con los rasgos orales que la caracterizan o, a un nivel más abstracto, la representación de esta clase en el conjunto de la sociedad capitalista? Dicho en otras palabras, ¿es posible trasladar las mismas problemáticas sociales a otro contexto, sin traicionar la poética de su autor original? Y, desde el punto de vista de la lengua, ¿es oportuno hacer el esfuerzo de encontrar una nueva forma expresiva con una connotación semejante, que construya, por ejemplo, una impresión de oralidad inscrita en el mundo del subproletariado catalán o español, o es más «ideal» traducir con un texto en lengua estándar y dejar siempre patente que se trata de una novela sobre el subproletariado romano? Se trata, a fin de cuentas, de establecer si *Ragazzi di vita* es realmente, como decía Calvino, una novela demasiado «italiana», y por ello intraducible; o si, en cambio, es posible descubrir en ella un mensaje universal, de rescate y exaltación de esta clase social, prescindiendo del contexto concreto. A partir de esta disyuntiva, puede cambiar la actitud del traductor y sus elecciones de tipo lingüístico.

Antes de entrar en el estudio descriptivo de las traducciones, veamos qué tipo de recepción recibió esta novela en Cataluña y en España. De hecho, *Ragazzi di vita* tuvo que esperar muchos años antes de ver la luz en estos dos idiomas. A parte de los problemas de carácter lingüístico, la recepción y traducción de la novela de Pasolini está condicionada también por obstáculos de carácter ideológico. El escándalo provocado en Italia, y los juicios por su carácter obsceno, contribuyeron por un lado a aumentar el éxito de la novela, pero también provocaron el rechazo de buena parte de la sociedad. Y, sobre todo, dificultaron su recepción en países como España, entonces bajo la dictadura de Franco, con su imposición de una moral ultraconservadora.

La primera versión al castellano, que data de 1990 y es obra de Miguel Ángel Cuevas para la editorial Cátedra, lleva por título *Los chicos del arroyo*; mientras que la catalana corrió a cargo de Joan Casas y se realizó en la editorial Edicions 62, en 1994.

Ahora bien, nos planteamos la siguiente pregunta: ¿cómo se ha mantenido la «oralidad fingida» de *Ragazzi di vita*? Y, sobre todo, ¿de qué manera ha sido trasladada la jerga de los chicos de la calle?

3.1 La traducción catalana

En la introducción a la traducción catalana, Casas explica de manera sintética pero eficaz qué tipo de obstáculos encontró a la hora de traducir la novela. Afirma que el texto es:

> Un viatge pel gruix de la llengua, un viatge sense cap puresa, sense fi ni esperança en la puresa, a cavall d'un discurs lliure indirecte que s'enfila fins als registres més elevats i depurats, però que tot seguit devalla sense por de contaminar-se amb el dialecte romanesc, amb la grolleria, l'escapçament de paraules, la sintaxi repetitiva del llenguatge empobrit del lumpen, amb totes les formes que esclaten com cops de tralla en els diàlegs. I que encara baixa més avall, fins a les formes pre-verbals del llenguatge, fins als sistemes de gestos expressius codificats, que Pasolini descriu al fil de la narració amb precisió d'entomòleg. (PPC: 7)

Esto significa que el traductor es consciente de las trabas lingüísticas propias del texto original y tiene muy claro a qué dificultades se tendrá que enfrentar. Lo que más nos interesa es observar si, en su traducción, ha optado por convertirse en nuevo entomólogo de la sociedad catalana, realizando su propio viaje a través de la lengua, o si ha recurrido a otra estrategia diferente. En otras palabras, queremos ver si los recursos pasolinianos para construir una oralidad fingida han sido sustituidos por lenguajes análogos en catalán. Casas añade que traducir esta novela exige «compartir la mateixa manca de fe i esperança de l'autor en la puresa lingüística i provar de fer servir les eines que millor permetessin acostar-se al viatge original» (PPC 1994: 7). Veamos, por lo tanto, de qué herramientas se ha valido para restituir en la lengua catalana el dialecto romano y la serpentina estilística elaborada por Pasolini. La muestra de ejemplos, si bien reducida, pretende proporcionar una idea lo más exhaustiva posible de la estrategia de traducción adoptada:

(1a/b) "Aòh, addò vai?". "A casa vado," fece il Riccetto, "tengo fame".
"Vie' a casa mia, no, a fijo de na mignotta," gli gridò dietro il compare, "che ce sta er pranzo." (PP: 7)

—Ei, **tu,** on vas?
—A casa —va fer el Riccetto—, tinc gana.
—Vine a **ca** meva, cony —va cridar el company al seu darrere—, **que** hi ha dinar. (PPC: 11)

(2a/b) "Ce sei mai stato co 'a nave in mezzo ar mare?" chiede curioso il Riccetto.
"Come no," fece Marcello sornione. "Insin'addove?" riprese il Riccetto. "Ammazzete, Riccè," disse tutto contento Marcello, "quante cose voi sapè! E cchi se ricorda, nun c'avevo manco tre anni, nun c'avevo!". "Me sa che in nave ce sei ito quanto me, a balordo!" fece sprezzante il Riccetto. "Sto c..., c'annavo tutti li ciorni su 'r barcone a vela de mi zzio!". "Ma vaffan..., va!" fece il Riccetto schioccando con la bocca. (PP: 15)

—Has estat mai en un **barco**, al mig del mar? —va preguntar el Riccetto, encuriosit.
—I tant —va fer el Marcello fent-se l'interessant.
—I on va ser, això? —va continuar el Riccetto.
—Collons, Riccè —va dir tot content el Marcello—, quantes coses vols saber! Com vols que me'n recordi, si no tenia ni tres anys!
—Em sembla que **tu, en barco, hi has anat tant com jo**, mentider! —va fer despectiu el Riccetto.
—I una merda —va replicar de seguida l'altre—, sortia cada dia amb la barca de vela del meu oncle!
—Vés a prendre pel cul, **au va**! —va dir el Riccetto, fent espetegar la boca. (PPC: 18-19)

(3) "Si venghi co' me," disse al Caciotta, "poi te trovi contento". "Indovve?" fece il Caciotta. Amerigo accennò con la testa avanti, verso Tiburtino. "Qqua," fece, "da Fileni." (PP: 84)

—Si véns amb mi —va dir al Caciotta—, quedaràs content.
—**Abon**? —va fer el Caciotta.
—**Lla** —va fer—, **a cal** Fileni. (PPC: 86)

(4) "E caccia l'artri sordi", disse. "Che, se' matto," fece il Riccetto, "e domani chi me 'i ridà a mme si riperdemo?" (PP: 88)

—Do'm més calés —va dir. —Què passa, estàs boig? —va fer el Riccetto—. I demà qui me'ls torna, si perdem una altra vegada? (PPC: 90)

Los ejemplos muestran la presencia de numerosas formas características del lenguaje coloquial como, en el ejemplo (1b), la forma apocopada *ca* por *casa*; en (3), *abon* en lugar de *a on* 'adónde', junto a *lla*, forma abreviada de *allà*; en (4), *do'm*, por *dona'm* 'dame', y el término *calés* 'dinero', que viene del caló. Y también de préstamos y calcos del castellano, como *barco* (2b).

En general, se nota el uso recurrente de una sintaxis que muestra la intención de reproducir en el texto escrito rasgos propios de la oralidad. Los ejemplos son innumerables: en (1b) observamos, en la expresión *Ei, tu, on vas?* '¿Eh, tu, dónde vas?', la presencia de dos recursos muy típicos del lenguaje oral: la interjección y la apelación explícita al sujeto *tu*; y después el uso del *que* con función causal. En (2b), en la frase *tu, en barco, hi has anat tant com jo* 'tu, en barco, has ido tanto como yo', encontramos la anteposición del complemento *en barco* que da más énfasis al tema del discurso; y también la expresión final, *au va* '¡anda!', es muy coloquial y también productiva en catalán, como fórmula para acabar un diálogo. En (3), la respuesta *Lla, a cal Fileni* 'Allá, a casa de Fileni' muestra otro rasgo del lenguaje oral, la duplicación de la referencia del lugar: en el primer caso es genérica y después más concreta. Finalmente, en (4), la disposición de la frase interrogativa *Què passa, estàs boig?* '¿Qué pasa, estás loco?' representa otro caso de estructura marcadamente oral, debido a la anteposición de la pregunta redundante, un recurso expresivo que funciona como marcador discursivo interactivo.

Como muestran los ejemplos, los rasgos de la oralidad intervienen en la morfología, el léxico y la sintaxis del texto. Observamos el intento, por parte del traductor, de reproducir un lenguaje coloquial, que tiene rasgos propios del habla de Barcelona. A lo largo de la novela éste se caracteriza por la contaminación fuerte del castellano, sobre todo a nivel léxico, y por la presencia de términos provenientes del mundo de los gitanos, el lenguaje conocido como caló.

La presencia del lenguaje de la calle es aún más notable si analizamos otro aspecto de la prosa de *Ragazzi di vita*: el uso constante de palabras malsonantes y reniegos. Hemos observado que las vertientes más vulgares y violentas de la jerga romana se convierten a menudo en la única forma de comunicación entre los chicos. Por ejemplo, hemos visto cómo en una misma página, en el espacio de pocas líneas, se repite siete veces la misma palabra malsonante *li mortacci*. Los ejemplos siguientes muestran la voluntad por parte del traductor de sacudir al lector con el mismo registro de violencia verbal, pero con una diferencia de frecuencia. Mientras en el original se repite de manera obsesiva la misma expresión, en la traducción encontramos un amplio repertorio de improperios catalanes. El italiano *li mortacci* se traduce con las siguientes expresiones (PPC: 26): *La mare que em va parir*; *Que n'ets de collonut, nano*; *Malparits*; *Que vols, tu, que em cagui en tota la teva família?*; *Càgon la reputa*; *La mare que el va parir* y, finalmente, *Mecagondena*. Aquí encontramos además rasgos propios del lenguaje oral, como la contracción de varias palabras en una sola expresión.

Finalmente, como ya hemos comentado, la jerga a veces se insinúa en la voz del narrador, que así retrocede definitivamente en el mundo de sus personajes, mezclándose con ellos, gracias también al recurso del discurso indirecto libre. Presentamos un ejemplo de la voz narradora, con la traducción realizada por Joan Casas:

(5 a) Finalmente il Riccetto aveva trovato una professione: non come Marcello, che mo s'era messo a fare il barista, o come Agnolo, che lavorava da pittore col fratello: ma qualcosa di molto meglio, qualcosa che lo faceva salire di rango fino a considerarsi ormai alla pari, per esempio, con Rocco e con Alvaro, che dai furti dei chiusini erano passati mano a mano a dei lavori molto più impegnativi e di responsabilità, con tutto che, in conclusione, non c'avevano mai una lira in saccoccia e avevano due facce da pidocchiosi peggio di prima. Ormai il Riccetto se la faceva più con loro due che coi pivelli dell'età sua, ossia quelli ch'erano entrati in quattordici anni. Mica si potevano permettere, questi, di andarsela a divertire con uno ch'era sempre ingranato, senza che loro c'avessero na brecola in saccoccia, oppure il massimo il massimo con due tre piotte. (PP: 38-39)

b) Finalment el Riccetto havia trobat una professió: no com el Marcello, que s'havia posat a fer de cambrer, o com l'Agnolo, que treballava de pintor amb el seu germà: sinó una cosa molt millor, una cosa que el feia pujar de categoria fins a poder-se considerar igualat, posem per cas, amb el Rocco i l'Alvaro, que dels robatoris de claveguera havien passat de mica en mica a **treballets** molt més laboriosos i de responsabilitat, tot i que fet i fet, al capdavall, **no tenien mai ni un clau** i encara feien més **cara de pollosos** que abans. Ara el Riccetto tenia més a veure amb ells que no amb **els cadells de la seva edat**, és a dir aquells que havien fet els catorze anys. Aquests poc es podien permetre anar-se a divertir amb **un paio que sempre tenia pasta**, quan mai **no duien ni un clau a sobre**, o si de cas com a molt com a molt dues o tres-centes lires. (PPC: 41)

La voz narradora catalana se expresa aquí a través de un lenguaje estándar y renuncia a las expresiones y términos de tipo dialectal o jergal. El narrador no se involucra en el mundo representado y prefiere mantener su posición tradicional en la que todo lo ve desde arriba. Por lo tanto, se pierde la fuerte carga dialectal del original y no encontramos ninguna incorrección gramatical, aunque el fragmento muestra abundantes marcas de oralidad. Donde más se nota esta elección es en la fraseología del texto, donde las expresiones son de uso común, pero pertenecen a un repertorio más coloquial. Es el caso de *no tenien mai ni un clau* 'no tenían nunca ni un clavo'; *cara de pollosos* 'cara de piojosos'; *un paio que sempre tenia pasta* 'un payo que siempre tenía pasta'; *no duien ni un clau a sobre* 'no llevaban ni un clavo encima' y *els cadells de la seva edat* 'los cachorros de su edad'; el uso de palabras que proceden del caló como *paio*; y de formas diminutivas, como *treballets* 'trabajitos'. En el conjunto, el traductor describe de esta manera su estrategia de mezclar el catalán normativo con el habla coloquial:

> Per baix, una sintaxi oral, pleonàstica, sovint contaminada, una llengua que pogués fer ús amb tota naturalitat del lèxic *xava*, esquitxat de caló si convenia, de castellà, si era necessari. He recorregut a la meva pròpia memòria de nen de barri, que m'ha fet tant de servei com mossèn Fabra. (PPC: 7)

Los ejemplos presentados confirman la presencia de formas sintácticas coloquiales y abundantes. En cuanto al léxico, el uso del *xava*,[2] el caló y los castellanismos es, como hemos visto, menos recurrente. La operación llevada a cabo por Casas parece ser prudente. El traductor recurre al lenguaje oral con sus estructuras redundantes y sus marcadores discursivos. E incluye de vez en cuando formas más típicas de la capital, es decir castellanismos y formas *xava*, pero, a pesar de sus declaraciones, se muestra bastante parco en su uso. Además, los castellanismos empleados, como *barco*, son hoy en día de uso extendido, hasta el punto de poderse considerar como formas genuinas.[3] La operación, por lo tanto, es muy cautelosa, evita los barbarismos demasiado fuertes y, sobre todo, no es constante. Mientras en el texto original, todos los diálogos están caracterizados de manera uniforme, y a la vez tajante, por la variación lingüística, en la traducción, el recurso a ella es más discontinuo. Además, no se puede apreciar alguna forma de compensación en otras partes de la novela o aspectos de la narración. La variable y tenue osadía del traductor puede que

---

[2] Hablar propio de algunas zonas de Barcelona, con una clara influencia del castellano (DIEC2).

[3] El DCVB define «barco» como un castellanismo introducido y arraigado en el territorio de la lengua catalana.

sea el único punto débil de esta traducción, que pierde así parte de la violencia expresiva del texto original. Cabe añadir que estas observaciones están respaldadas por las palabras del mismo Casas que, en una entrevista personal, afirma con respecto a su traducción:

> [...] seguramente ahora hay cosas que yo haría de manera diferente, porque mi voz ha cambiado, está más matizada y yo he madurado. Y seguramente la haría de manera más valiente, porque en esa época, a pesar de mis declaraciones de libertad en el prólogo, estaba muy asustado por la norma. Ahora tendría más autoridad para plantar cara a los correctores, mientras que en ese entonces no la tenía por mi inexperiencia. (Ápud Briguglia 2009: 301)

A pesar de estas consideraciones, creemos que, con respecto a la problemática planteada al comienzo del análisis, la traducción catalana muestra una actitud muy respetuosa hacia el texto original y que ha encontrado un camino de aproximación intermedio.

3.2 La traducción española

Miguel Ángel Cuevas, traductor de la novela, advierte en su prólogo:

> [...] la particular intensidad del lenguaje pasoliniano convierte en extremadamente complejo un trabajo de reproposición textual que plantee una contrafigura estilísticamente coherente con el texto de partida tanto en su vertiente léxica como en la sintáctica. Se hace por tanto necesario insistir en la radical oblicuidad de cualquier versión con respecto a su original. (PPE: 55)

La insistencia en la necesaria oblicuidad del texto traducido previene ante cualquier posible desviación o imperfección respecto al original. Al hacer hincapié en la complejidad del texto pasoliniano, el traductor anuncia la dificultad extraordinaria de su trabajo y se defiende ante las probables desviaciones estilísticas. Sin embargo, veamos a través de qué recursos ha podido crear su «contrafigura estilísticamente coherente». Presentaremos aquí sólo dos diálogos, porque creemos que la muestra es suficiente para dar una idea del lenguaje empleado en la traducción.

(1a/c) "Aòh, addò vai?". "A casa vado," fece il Riccetto, "tengo fame". "Vie' a casa mia, no, a fijo de na mignotta," gli gridò dietro il compare, "che ce sta er pranzo." (PP: 7)

—Eh, ¿dónde vas?
—Me voy a mi casa —contestó el Riccetto—, tengo hambre.
—Pues vente conmigo, joder, que para eso está la comida de ahora, ¿no? —le dijo el padrino. (PPE: 70)

(2a/c) "Ce sei mai stato co 'a nave in mezzo ar mare?" chiede curioso il Riccetto. "Come no," fece Marcello sornione. "Insin'addove?" riprese il Riccetto. "Ammazzete, Riccè," disse tutto contento Marcello, "quante cose voi sapè! E cchi se ricorda, nun c'avevo manco tre anni, nun c'avevo!". "Me sa che in nave ce sei ito quanto me, a balordo!" fece sprezzante il Riccetto. "Sto c..., c'annavo tutti li ciorni su 'r barcone a vela de mi zzio!". "Ma vaffan..., va!" fece il Riccetto schioccando con la bocca. (PP: 15)

—Has **estao** alguna vez en un barco en el mar? —preguntó curioso el Riccetto.
—Claro —dijo Marcello con sorna.
—¿Hasta dónde has ido? —insistió el Riccetto.
—**Venga va**, Riccè, —dijo contento Marcello— ¡cuántas cosas quieres saber! Ni me acuerdo, no tenía ni tres años.
—Tú **en barco** me huelo que has ido lo que yo, **atontao** —dijo desdeñoso el Riccetto.
—Este cabrón —replicó rápido el otro—, ¡si me montaba todos los días en la gabarra de mi tío!
—**¡Anda ya!** —soltó el Riccetto chascando la lengua. (PPE: 78)

Los ejemplos muestran la decisión de recurrir a un nivel de lengua coloquial, donde la sintaxis muestra construcciones que trasmiten inmediatez comunicativa, como en (2c): *Tú en barco me huelo que has ido lo que yo*, con la anteposición pleonástica del pronombre personal y también del complemento *en barco*. También el léxico y la fraseología, como *Venga va* o *¡Anda ya!*, remiten indiscutiblemente a la lengua hablada. Desde el punto de vista morfológico, la única verdadera infracción de la lengua estándar la constituye la grafía del participio pasado, que termina en *-ao*, en lugar de *-ado*, como en el verbo *estao* por *estado*. Esta forma, con la terminación articulada de manera caída, es característica del registro hablado familiar. En general, los diálogos consiguen una suerte de equivalencia funcional, porque el lenguaje empleado por los jóvenes corresponde a una forma, si bien atenuada, de jerga callejera, repleta de formas abreviadas y de tacos.

A diferencia del traductor catalán que intenta reproducir una variedad lingüística propia de Barcelona, Cuevas recurre a una lengua que no indica una procedencia geográfica concreta, como Madrid u otra gran ciudad española; es decir, en la traducción española desaparecen los rasgos dialectales del original, pero sí que transmite la idea de hablantes pertenecientes a un ambiente social poco instruido.

Diferente es el caso de la voz narradora. El fragmento seleccionado más arriba como ejemplo del lenguaje del narrador, revela, en su traducción al castellano, la elección de una variedad estándar, con una tenue, si no inexistente, desviación coloquial:

(5 c) Por fin el Riccetto había encontrado una profesión; no como Marcello, que ahora se había colocado de barman, o como Agnolo, que trabajaba de pintor con su hermano; sino algo mucho mejor, algo que lo hacía **elevarse de rango** hasta considerarse ya a la altura, por ejemplo, de Rocco y de Álvaro, que de los robos en las alcantarillas habían pasado poco a poco a trabajos mucho más importantes y **de responsabilidad**, a pesar de que, a fin de cuentas, nunca **tenían ni una gorda**, y aún más cara de piojosos que antes. Ya el Riccetto tenía que ver más con ellos dos que con los **pipiolos** de su edad, o sea los de catorce años cumplidos. Ni que pudieran permitirse, **éstos**, irse de juerga con alguien que tuviera siempre **pasta**, estando ellos **a dos velas**, o **como mucho como mucho** con dos o tres billetes. (PPE: 104)

Observamos aquí que, en la voz narradora no se aplica la terminación -*ao* del participio pasado. El traductor recurre, en cambio, a formas coloquiales como *no tener ni una gorda, tener pasta* o *estar a dos velas* para hacer referencia al dinero; o *pipiolos* para hablar de muchachos. También recurre a construcciones sintácticas que, si bien de manera suave o más atenuada respecto al original, intentan reproducir el registro oral y, en definitiva, el discurso indirecto libre del personaje, como, hacia el final, la presencia del pronombre indefinido sujeto *éstos*, con función aclaratoria, o de la expresión enfática repetida *como mucho, como mucho*. Es interesante comprobar que estas expresiones idiomáticas de la lengua oral contrastan con otras de registro más formal, como por ejemplo *elevarse de rango* o *trabajos... de responsabilidad*.

En resumen, el resultado de esta operación es un texto que, en palabras de su traductor, «no pretende siquiera satisfacer una absoluta y puntual exigencia de legibilidad, antes bien tiende a constituirse como ambiente verbal enrarecido, contrapartida de un discurrir obsesivo de la narración» (PPE: 56).

4. Conclusiones

El análisis de *Ragazzi di vita* ha puesto de manifiesto el uso continuado, por parte del autor italiano, del dialecto de Roma para caracterizar a sus personajes. Se trata de rasgos de la oralidad que no son universales, sino que remiten a un contexto geográfico y social concreto. Su traslación a otro idioma implica, como hemos visto, una operación acrobática, donde el traductor tiene que decidir de qué manera reproducir esta idiosincrasia lingüística, proporcionando al nuevo lector un texto que respete el original, aunque lo inserte en un contexto diferente. Las opciones a su alcance son muchas y todas controvertidas.

El estudio de la traducción de esta novela al catalán y al castellano pone de manifiesto la voluntad de los traductores de recurrir a dos estrategias diferentes. El traductor español, Miguel Ángel Cuevas, sustituye la variación lingüística diatópica del texto original por una lengua caracterizada por la presencia de rasgos típicos de la oralidad, que son a la vez universales y panespañoles. Los desplazamientos sintácticos, el léxico sencillo y las expresiones de la lengua hablada pertenecen a un bagaje lingüístico que es propio de todos los hablantes del castellano y no pertenece a una comunidad geográfica concreta.

El caso catalán muestra, en cambio, la voluntad de traducir a una lengua que se desvía más fuertemente de la norma, y además la estrategia de emplear unos rasgos orales propios de Barcelona buscando un juego de correspondencias entre las dos capitales. Joan Casas, como hemos visto, ha optado por traducir la jerga romana de los personajes con un catalán callejero, propio de Barcelona: encontramos un léxico y una sintaxis repletos de castellanismos, que remiten a la variedad geo-social *xava*, y a veces hasta a términos propios del mundo gitano, es decir del caló. No se trata de rasgos lingüísticos propios de un registro más bajo, o diferente (como en el caso de la traducción española), sino que violan la norma del catalán estándar y, además, caracterizan a los hablantes como procedentes de la capital catalana. Casas busca el correlato de la jerga de la capital italiana en la de la capital catalana, en un intento de conseguir una equivalencia dialectal sociocultural, tal como sugiere John C. Catford (1970: 146). Según el lingüista, a la hora de elegir el dialecto debe ser más relevante el criterio humano o sociológico que el geográfico. Ello implica que la elección de la variante correspondiente depende del análisis de los contextos socio-culturales y de las implicaciones ideológicas que se derivan, y que la solución no es el resultado de un paralelismo geográfico (sur por sur, norte por norte).

Es fácil encontrar argumentos a favor o en contra de la estrategia de traducir dialecto por dialecto. En este sentido, las aportaciones de los traductólogos son muchas y todas muy sugestivas, porque en el debate entran en juego cuestiones que, según nuestro punto de vista, representan los puntos más candentes y, a la vez, más estimulantes de la reflexión en torno a la operación traductora. En primer lugar, la disyuntiva sobre la fidelidad a la forma o al contenido de la obra original.

Un breve repaso bibliográfico revela cómo la mayoría de los estudiosos de la traducción se muestran contrarios al uso del dialecto geográfico en el texto meta y apelan al problema de la nueva connotación que el texto adquiere (entre otros, Slobodník, 1970: 142; House 1973: 167; Coseriu 1985: 231; Newmark 1992: 107; Rabadán 1991: 97; Carbonell i Cortés 1999: 92; Hatim/Mason 1995: 57-58). Para evitar la poca verosimilitud para el nuevo lector o eventuales efectos cómicos ausentes en la obra original, la opción más deseada es añadir una coletilla del tipo *dicho en dialecto* o *añadió en dialecto*, o el recurso a una modalidad de la lengua meta que muestre rasgos subestándar, pero que no reproduzca ninguna variedad geográfica concreta (esta estrategia, la sugieren, entre otros, Coseriu 1985: 231; Newmark, 1992: 263). Algunos autores (Hurtado Albir 2001: 589-590; Marco 2002: 83 y 86), después de analizar todas las propuestas y destacar la extrema complejidad de este problema de traducción, adoptan una postura posibilista, que no descarta a priori la estrategia de traducir dialecto por dialecto, siempre y cuando se analice atentamente la función de la variación en el texto de partida y se sopesen las posibles consecuencias para la lectura y acogida del texto meta. Finalmente, Josep Julià Ballbé (1994, 1995: 132-148; 1996, 1997a y 1997b) es del todo favorable a la opción dialectal y su posición se basa fundamentalmente en la consideración de la importancia de la función de la variación en la obra original, sobre todo cuando ésta es polidialectal. Todas las posturas y reflexiones son controvertidas y más o menos acertadas, pero ninguna de ellas juzgable *a priori*: todas tienen pros y contras, según el punto de vista que adoptemos y el factor al que decidamos otorgar prioridad.

Sin duda, no se puede ignorar la contrapartida que conlleva esta difícil operación traductora: cada dialecto remite a un contexto social preciso, con todo el bagaje cultural que lo sustenta, y que no puede ser equivalente en connotación a otro dialecto. George Steiner afirma que «no hay dos lenguas, no hay dos dialectos o idiomas locales dentro de una lengua que identifiquen, designen, cartografíen sus mundos del mismo modo» (Steiner 1998: 115). A raíz de esta afirmación, el resultado de una operación traductora que ponga en práctica la estrategia de traducir dialecto por dialecto es un texto meta que pierde unas referencias fundamentales y que adquiere nuevas connotaciones, evidentemente ajenas al texto de partida.

Sin embargo, creemos que el ejemplo catalán, a pesar de las nuevas connotaciones y el ambiente diferente al que remiten, no traiciona el espíritu de la novela y las intenciones que la inspiran. Se pierde la jerga de Roma, pero eso es inevitable, y ninguna estrategia de traducción la habría podido salvar. Pero creemos que el texto catalán consigue mantener la voz del pueblo, que es, en definitiva, la voz del autor. Por esta razón, consideramos que las dos traducciones analizadas muestran dos maneras acertadas de enfrentarse con el original y que, por lo tanto, cuando se trata de traducir una novela monodialectal, ambas estrategias son viables y recomendables. A fin de cuentas, creemos que tanto el texto en castellano como el texto en catalán, son adecuados —en términos de Gideon Toury (1995: 56-57)— con respecto al texto original y capaces de restituir, dentro de los términos de lo posible, el andamiaje estilístico e ideológico construido por el autor italiano.

5. Corpus

PP = PASOLINI, Pier Paolo [1955] (2006). *Ragazzi di vita*. Milano: Garzanti.
PPC = PASOLINI, Pier Paolo (1994). *Nois de la vida*. Traducción de Joan Casas. Barcelona: Edicions 62.
PPE = PASOLINI, Pier Paolo (1990). *Chicos del arroyo*. Traducción de Miguel Ángel Cuevas. Madrid: Cátedra.

6. Referencias bibliográficas

ASOR ROSA, Alberto (1976). *Scrittori e popolo. Il populismo nella letteratura italiana contemporanea*. Roma: Savelli.
BRIGUGLIA, Caterina (2009). *La traducción de la variación lingüística en el catalán literario contemporáneo (Las traducciones de Pasolini, Gadda y Camilleri)*. Tesis doctoral. Barcelona: Universitat Pompeu Fabra. URL: <http://www.tdx.cat/TDX-0612109-190940>; fecha de consulta: 27-1-2010.
CARBONELL I CORTÉS, Ovidi (1999). *Traducción y cultura, de la ideología al texto*. Salamanca: Ediciones Colegio de España.
CATFORD, J. [John] C. (1970). *Una teoría lingüística de la traducción. Ensayo de lingüística aplicada*. Traducción de Francisco Rivera. Caracas: Ediciones de la Biblioteca de la Universidad Central de Venezuela.
COSERIU, Eugenio (1985). *El hombre y su lenguaje. Estudios de teoría y metodología lingüística*. Madrid: Gredos.
DCVB = ALCOVER, Antoni M.ª; MOLL, Francesc de B. (2001-2002). *Diccionari català-valencià-balear*. Barcelona: Institut d'Estudis Catalans. URL: <http://dcvb.iecat.net/>; fecha de consulta: 5-6-2009.
DIEC2 = INSTITUT D'ESTUDIS CATALANS (2007). *Diccionari de la llengua catalana*. 2.ª ed. Barcelona: Institut d'Estudis Catalans. URL: <http://dlc.iec.cat/>; fecha de consulta: 5-6-2009.
HALLIDAY, Michael A. K.; HASAN, Ruqaiya (1989). *Language, Context and Text: a Social Semiotic Perspective*. Oxford: Oxford University Press.
HATIM, Basil; MASON, Ian (1995). *Teoría de la traducción: una aproximación al discurso*. Traducción de Salvador Peña. Barcelona: Ariel.

HOUSE, Juliane (1973). «Of the limits of translatability». *Babel* 19/4. 166-167.

HURTADO ALBIR, Amparo (2001). *Traducción y traductología. Introducción a la traductología*. Madrid: Cátedra.

JULIÀ BALLBÉ, Josep (1994). «Dialectes i traducció: reticències i aberracions». En BARCARDÍ, Montserrat (ed.) (1994). *Actes del II Congrés Internacional sobre Traducció*. Bellaterra: Departament de Traducció i Interpretació, Universitat Autònoma de Barcelona. 561-574.

JULIÀ BALLBÉ, Josep (1995). *Pressupòsits teòrics i metodològics per a l'estudi dels dialectes en la traducció literària*. Trabajo [inédito] de investigación en el Programa de Doctorado de Teoría de la Traducción. Bellaterra: Universitat Autònoma de Barcelona.

JULIÀ BALLBÉ, Josep (1996). «Varietats i recursos lingüístics en la traducció literària catalana». En ORERO, Pilar (ed.) (1996). *Actes del III Congrés Internacional sobre Traducció*. Bellaterra: Departament de Traducció i Interpretació, Universitat Autònoma de Barcelona. 371-384.

JULIÀ BALLBÉ, Josep (1997a). «Els dialectes a la literatura catalana: una riquesa menystinguda». *Ciutat* 5. 31-32.

JULIÀ BALLBÉ, Josep (1997b). «*The Adventures of Huckleberry Finn* i les traduccions impossibles». En GONZÁLEZ RÓDENAS, Soledad; LAFARGA, Francisco (eds.) (1997). *Traducció i literatura. Homenatge a Ángel Crespo*. Vic: Eumo. 195-202.

MAIR, Christian (1992). «A methodological framework for research on the use of nonstandard language in fiction». *Arbeiten aus Anglistik und Amerikanistik* 17/1. 103-123.

MARCO, Josep (2002). *El fil d'Ariadna. Anàlisi estilística i traducció literària*. Vic: Eumo.

MUZZIOLI, Francesco (1975). *Come leggere Ragazzi di vita di Pier Paolo Pasolini*. Milano: Mursia.

NALDINI, Nico (1992). *Pier Paolo Pasolini. Una vida*. Traducción de Mercedes de Corral. Barcelona: Circe.

NEWMARK, Peter (1992). *Manual de traducción*. Traducción de Virgilio Moya. Madrid: Cátedra.

PASOLINI, Pier Paolo (1988). *Lettere 1955-1975*. Torino: Einaudi.

PASOLINI, Pier Paolo (1999). *Saggi sulla letteratura e sull'arte*. Editado por Walter Siti y Silvia De Laude. Milano: Mondadori.

RABADÁN, Rosa (1991). *Equivalencia y traducción. Problemática de la equivalencia translémica inglés-español*. Zamora: Universidad de León.

SLOBODNÍK, Dušan (1970). «Remarques sur la traduction des dialects». En HOLMES, James S. (ed.) (1970). *The Nature of Translation. Essays on the Theory and Practice of Literary Translation*. Den Haag: Mouton 139-143.

STEINER, George (1998). *Errata. El examen de una vida*. Traducción de Catalina Martínez Muñoz. Madrid: Siruela.

TOURY, Gideon (1995). *Descriptive Translation Studies and beyond*. Amsterdam; Philadelphia: John Benjamins.

VERGA, Giovanni [1881] (1981). *I Malavoglia*. Palermo: Edikronos.

Susanne M. Cadera
Universidad Pontificia Comillas, Madrid

ASPECTOS DE ORALIDAD FINGIDA EN LA NARRATIVA DE MARIO VARGAS LLOSA Y SUS TRADUCCIONES AL ALEMÁN*

1. La narrativa de Mario Vargas Llosa

Dar una visión global de la obra de Vargas Llosa no es tarea fácil considerando la amplitud de sus creaciones. Sin embargo, existe un hilo común que desde los principios de su escritura se manifiesta como una especial fascinación por el lenguaje, es decir, por las distintas formas de expresión y, de una manera más amplia, las distintas maneras de comunicación humana.

En *Cartas a un joven novelista*, el autor comenta lo siguiente acerca del estilo literario:

> Las novelas están hechas de palabras, de modo que la manera como un novelista elige y organiza el lenguaje es un factor decisivo para que sus historias tengan o carezcan de poder de persuasión. Ahora bien, el lenguaje novelesco no puede ser disociado de aquello que la novela relata, el tema que se encarna en palabras, porque la única manera de saber si el novelista tiene éxito o fracasa en su empresa narrativa es averiguando si, gracias a su escritura, la ficción vive, se emancipa de su creador y de la realidad real y se impone al lector como una realidad soberana. (Vargas Llosa 1997a: 39)

En la cita destacan fundamentalmente dos ideas que se repiten en otros de los muchos comentarios que Vargas Llosa ha hecho sobre el lenguaje literario y que son válidas para la obra en su conjunto:

— El lenguaje literario tiene que estar unido al tema y al mundo representado.

— El lenguaje literario tiene que ser verosímil.

Por ello, en cada novela o en cada relato se encuentran nuevas formas que se adaptan al escenario, a los personajes y a las escenas. Aunque los recursos utilizados por

---

* Este artículo se ha escrito en el marco del proyecto de investigación HUM2007-62745/FILO *La Oralidad Fingida: Descripción y Traducción* (OFDYT), financiado por el Ministerio de Educación y Ciencia.

Vargas Llosa en sus novelas sean distintos, en todas se ve reflejada la idea de una literatura realista que tiene como objetivo convencer al lector de la realidad representada. Lo mismo sucede con el lenguaje. No se trata de transcribir la lengua real, sino de la creación de un lenguaje propio que, no obstante, sugiere la manera de hablar de sus personajes.

La obra de Vargas Llosa resulta ser un material valioso para el análisis de recursos para fingir la oralidad. Tal como lo afirma su traductor al francés, Albert Bensoussan, al comentar algunas de las dificultades que supone traducir sus obras, «sus personajes novelescos hablan y hablan, no dejan de hablar, y la estructura inventada por el autor, [...] revela un cuidado extremado de captar la lengua hablada, de respetarla, de caracterizarla, y de mezclarla sutilmente con el comentario del narrador» (Bensoussan 2007: 37).

A ello hay que añadir la variedad de estilos literarios. Si el tema o la escena lo exige, utiliza marcadores gráficos para la representación de aspectos fonéticos, cambia sus técnicas narrativas para otorgar más dinamismo a la escritura, distingue entre diferentes lugares a través del lenguaje de sus personajes, caracteriza ciertos grupos de personajes por sus expresiones o trabaja con diferentes registros textuales (cf. Cadera 2002; König 2002). El lenguaje literario, elaborado con esmero y planificación, tiene especial relevancia en cada una de las novelas ya que la forma tiene que estar unida al tema.

Esta cuestión, la simbiosis entre forma y contenido, ha sido y sigue siendo punto de reflexión y de discusión en los estudios de traducción literaria. Es obvio que al traducir se cambia necesariamente la forma del texto original; el símbolo de la lengua de partida es sustituido por otro con unas características morfológicas, fonéticas y hasta sintácticas distintas. Ya en 1813, Friedrich Schleiermacher describía las dos formas históricas de traducir como conducir al lector hacia la lengua del autor, o conducir al autor hacia el lector extranjero, y defendía que sólo ante la primera se puede hablar de traducción genuina porque es la que también manifiesta una relación auténtica con la lengua de partida. Eugene A. Nida y Charles R. Taber (1974) distinguen entre una traducción orientada hacia la *equivalencia formal* que intenta reproducir el texto original literalmente en todas sus categorías y otra hacia la *equivalencia dinámica* que busca reproducir los efectos que causa el texto en el lector. Jean Paul Vinay y Jean Darbelnet (1973) contraponen la *traducción directa* que intenta reflejar las características de la lengua de partida y la *traducción oblicua* que usa ciertos procedimientos de adaptación en el caso de que las distancias lingüísticas de las dos lenguas no permitan la traducción directa.

No es nuestro objetivo profundizar en las distintas posturas existentes en los estudios traductológicos. Sin embargo, dada la importancia manifestada por Vargas Llosa acerca de la conexión entre el lenguaje literario y el mundo representado, por un lado, y de la importancia de la verosimilitud del lenguaje, por otro, creemos que la traducción debería encontrar un equilibrio entre lo que es traducible y lo que es inevitable cambiar:[1] ser fiel al original en la medida de lo posible, pero al mismo tiempo creíble en la traducción.

Respecto a la traducción de marcas de oralidad en textos literarios, Rainer Kohlmayer mantiene la misma postura afirmando que el traductor debe ser consciente de que estas marcas presentes en el original son intencionadas y, por lo tanto, no se deberían pasar por alto:

> Erst wenn man sich über die einem Text eingeschriebene Performanz im klaren ist, kann man sich mit vollem Bewusstsein eine Übersetzungs- oder Bearbeitungsmethode wählen [...] Einen besonderen Hinweis auf die dem Text eingeschriebene Performanz geben die eindeutigen graphischen Signale, die manche Autoren setzen. [...] Ein Übersetzer sollte sich nicht leichtfertig über so eindeutige Mündlichkeits-Signale hinwegsetzen. [...] Wer beim Übersetzen nur auf das Inhaltliche oder das Metatextuelle achtet, läuft Gefahr, den Ton des Textes und die Stimme des Autors (oder Erzählers oder der Figur) zu löschen oder zu übertönen. (Kohlmayer 2004: 482)

Como mencionamos antes, los recursos que utiliza Vargas Llosa en sus novelas son complejos. Nos limitaremos a comentar algunas de las estrategias más características para presentar el habla de los personajes haciendo hincapié en el fingimiento de elementos suprasegmentales y parasegmentales. Pero también, adoptando la terminología peirciana de símbolos, índices e iconos, nos fijaremos en la perspectiva semiótica que va más allá de lo estrictamente lingüístico. Partiendo de este análisis previo, se analizan las traducciones al alemán de algunos extractos representativos de varias obras narrativas de Vargas Llosa.

---

[1] Jörn Albrecht (1998: 266-267), como paso previo a la traducción, propone establecer una jerarquía de lo que no se debería cambiar (*invariable traductora*), tanto de la forma como del contenido del texto a traducir. En el proceso traslativo se trataría de respetar las exigencias establecidas en esta jerarquía en la medida de las posibilidades idiomáticas de la lengua meta.

A continuación resumimos brevemente algunas cuestiones teóricas sobre la diferencia entre la oralidad y escrituralidad que subyacen al presente estudio. Estos fundamentos teóricos nos resultan útiles para la definición y evaluación de las estrategias adoptadas y para la planificación de las estrategias traductoras que se deben adoptar para textos que fingen la oralidad.

2. Oralidad versus escrituralidad

Las investigaciones sobre la diferencia entre oralidad y escrituralidad llevadas a cabo en las últimas décadas, han aportado soluciones interesantes para la distinción entre el lenguaje oral real y el recreado en la escritura.

Peter Koch y Wulf Oesterreicher (1985; 2007: 30-35) definen la relación entre la concepción «escrita» y «hablada» como una escala continua entre dos polos extremos con numerosas gradaciones.[2] Como ejemplo proporcionan diferentes modelos discursivos que se encuentran, por sus características lingüísticas y pragmáticas, a diversas distancias del polo «hablado» y del polo «escrito». Teniendo en cuenta las condiciones externas de las situaciones comunicativas, Koch y Oesterreicher introducen los términos *Nähesprache* (para designar el extremo que combina el código fónico con la concepción hablada) para el lenguaje de la inmediatez comunicativa y *Distanzsprache* (para denominar el polo que combina el código gráfico con la concepción escrita) para el lenguaje de la distancia comunicativa. Se trata de un modelo de continuo que ilustra cómo en un texto se materializa la distancia comunicativa. Por ejemplo, una carta privada se acerca al polo «hablado» por su grado de inmediatez comunicativa, mientras que un acto jurídico se sitúa en el extremo opuesto del polo «escrito» por su distancia comunicativa. Para el análisis de la oralidad fingida en la narrativa, este esquema resulta de gran utilidad conceptual, porque demuestra que un texto literario puede tener características de la lengua hablada y situarse más cerca del polo «hablado», o al contrario, estar situado en el otro extremo.

Quizás la mayor dificultad que supone fingir la oralidad mediante la escritura consiste en el hecho de que en la oralidad sucede todo a la vez; escuchamos, vemos y percibimos al mismo tiempo: los elementos no verbales como la mímica, los gestos o las posturas corporales acompañan a los enunciados, los acontecimientos y los ruidos que suceden alrededor pueden influenciar la conversación en curso, e inclu-

---

[2] El concepto del «continuo» lo utiliza también Wallace L. Chafe (1993).

so, percibimos cambios en el estado de ánimo del interlocutor. La oralidad es todo esto en conjunto y no se reduce simplemente a un plano verbal. Tal como expresa Hans-Martin Gauger (1991: XII), el hablar se dirige al oído y al ojo al mismo tiempo, mientras que el escribir supone siempre una reducción respecto al hablar. Por esta razón, la semiótica como ámbito de la lingüística que relaciona la realidad con el mundo simbólico constituye una fuente de recursos conceptuales para el análisis de la literatura, particularmente de aquellos planteamientos narrativos que pretenden ofrecer una visión totalizante de la realidad. El filósofo norteamericano Charles Sanders Peirce (1839-1914), fundador de la semiótica, nos ofrece una clasificación de los signos a partir de su relación con el objeto particular, denominándolos símbolos, índices e iconos.

Los *símbolos* son una expresión institucional o convencional de los objetos, su designación no es natural sino impuesta. Son las palabras en sí, pero también convencionalismos como señales de tráfico o letreros, etc.

Los *índices* guardan una relación indirecta con el objeto, pero de continuidad natural. Un rayo es índice de tormenta o el humo lo es de fuego, etc.

Los *iconos* tienen una relación de semejanza con el objeto, son una representación directa de la realidad. Por ejemplo, pinturas o mapas (véase Marafioti 2004: 88-98).

El pensamiento de Peirce evolucionó con el tiempo (Short 2004). Su inicial clasificación de signos trascendió hacia el ámbito del procesamiento cognitivo, es decir, la mente. Los signos, siendo contenido del procesamiento de la mente, también definen la naturaleza de la misma, requiriéndose distintos tipos de procesos mentales para distintos tipos de signos (Gomila 1996: 1355-1357). De este modo, y en consonancia con las teorías psicológicas y comunicativas posteriores de la Escuela de Palo Alto,[3] la clasificación de Peirce permite diferenciar procesos mentales abstractos, como la escritura o las matemáticas, y procesos mentales concretos, primarios, pero fuertemente advenidos a la conducta observable. Es decir, no solo abarca el mundo de lo abstracto, sino también de lo concreto.

---

[3] Desde una perspectiva psicosocial, originada en los años sesenta por la Escuela de Palo Alto en California, se habla de la existencia simultánea de información de contenido e información relacional o social. Autores como Paul Watzlawick, Janet Helmick Beavin, Don D. Jackson, John H. Weakland trabajaron desde 1958 en esta nueva acepción del hecho comunicativo, especialmente en pacientes que mostraban disfunciones de relación personal. Estas teorías de la comunicación interpersonal están recogidas en Watzlawick/Beavin/Jackson (1967).

Desde esta misma perspectiva interpersonal podemos describir las distintas clases de signos de la siguiente manera:

Los *símbolos* suponen el código verbal o soporte abstracto del mensaje (las palabras).

Los *índices*, teniendo en cuenta todos los aspectos que se producen en una situación comunicativa interpersonal, se dividen en dos subcategorías: denominamos *señales* a los signos que representan el lenguaje no verbal que apoya al mensaje (gestos, mímica, énfasis en el tono de voz, etc.) y llamamos *indicios* a los signos que componen, tanto el lenguaje no verbal universal que ilustra el estado emocional y modula el mensaje de manera decisiva (sonrojarse, tartamudear, temblor de voz, etc.) como los signos del entorno físico, que impactan en la comunicación (ruidos, luz, olores, etc.).

Sin embargo, los *iconos*, aunque en la percepción de la realidad estén siempre presentes como imágenes mentales, no tienen necesariamente una influencia directa en el desarrollo de la comunicación interpersonal. En el caso de tenerla, se convierten en índices que se incorporan al transcurso de la conversación. De todas maneras, estos tres signos básicos raras veces aparecen en estado puro, Peirce admite que son más frecuentes los signos mixtos (Gomila 1996: 1351). En la literatura no es infrecuente la incorporación de iconos en forma de imágenes e ilustraciones en el texto. Asimismo, las metáforas son consideradas por Peirce icónicas por su efecto mental visual (Gomila 1996: 1350).

Continuando con la explicación de nuestra clasificación, mientras que los símbolos se interpretan desde un código cerrado que requiere un procesamiento *digital-abstracto*, las señales e indicios no se basan en un código, sino que se interpretan desde el entorno y pertenecen al procesamiento *analógico-concreto*.

La escritura, en principio, sólo tiene un código, la palabra, y, por lo tanto, se mueve en el plano de su contenido exclusivamente. Si en la literatura se pretende recrear situaciones comunicativas completas, y causar en el lector la impresión de «escuchar», «ver» y «percibir» a los personajes, la tarea del autor consiste en el intento de compensar de alguna manera la falta de señales e indicios de los propios personajes o su entorno que en la oralidad real suponen una parte comunicativa muy importante. Sin embargo, la simultaneidad comunicativa que caracteriza la oralidad, ante la limitación secuencial que se impone en el código escrito, puede ser construida en la mente del lector. La literatura es el mundo creado por el autor y recreado por el lector. Si el autor es capaz de sugerir situaciones comunicativas complejas, el lector será capaz de unir las partes que componen los símbolos, señales e indicios formando una simbiosis creada mentalmente.

En nuestro análisis, nos fijamos ante todo en los recursos que intentan emular el fenómeno de la comunicación interpersonal, es decir que fingen la ocurrencia simultánea de símbolos, señales e indicios para otorgar al discurso la viveza y el dinamismo característicos de la oralidad. Estos recursos se mueven en el plano narrativo, esto es, en el uso de técnicas narrativas, en la composición del texto, en la presentación textual y en el uso de signos de puntuación.

Además de la consideración anterior sobre lo que supone el fenómeno comunicativo interpersonal, queremos resaltar la importancia de plasmar los recursos narrativos del texto original en la traducción, hecho al que no se ha prestado el merecido interés. La traducción adecuada de los aspectos narrativos de una obra literaria puede tener una repercusión en cómo esta obra es percibida por la cultura de llegada.[4] Por ello, el análisis del discurso literario puede aportar un gran valor, no solamente a la teoría sino también a la práctica de la traducción literaria.

3. Recursos narrativos de fingimiento de oralidad y sus traducciones al alemán

A la luz de lo expuesto anteriormente, podemos afirmar que Vargas Llosa intenta fingir la oralidad abarcando elementos que van más allá del plano estrictamente verbal, es decir, más que tan solo los símbolos representados por palabras. Busca la recreación de la situación comunicativa interpersonal compleja. Lo logra mediante ciertas técnicas narrativas y otros recursos estilísticos que, aunque pertenezcan al medio escrito, son capaces de fomentar la percepción de oralidad en el lector.

En los comienzos de su creación literaria, Vargas Llosa experimenta con diferentes técnicas narrativas para representar el lenguaje de sus personajes. Las primeras formas innovadoras para hacer hablar a sus personajes aparecen ya en su

---

[4] Lance Hewson, en una conferencia presentada en la Universidad Pontificia Comillas de Madrid en 2006, comentó que en la traducción al francés de *Die Verwandlung* de Franz Kafka se había cambiado la técnica narrativa del estilo indirecto libre del original por un relato en primera persona. El estilo indirecto libre que en el original causa desde el comienzo del relato una especial ambigüedad entre realidad e irrealidad fue interpretado en Francia como un hecho realmente ocurrido al personaje principal y, por lo tanto, causó una reacción de rechazo y repulsa entre los lectores franceses, quitándole además la variedad interpretativa que tiene el original.

primera novela, *La ciudad y los perros*, y continúan desarrollándose en las posteriores. Principalmente, se encuentran dos tipos de presentación de situaciones comunicativas:

— Diálogo convencional, con marcadores gráficos y acotaciones de un narrador impersonal o acotaciones desde la perspectiva interior de un personaje.

— Intercalaciones de enunciados en estilo directo, estilo indirecto y/o en estilo indirecto libre en un párrafo escrito desde la perspectiva interior de un personaje y/o desde la perspectiva de un narrador impersonal.

A continuación nos detendremos en varios ejemplos de las técnicas anteriores que se acercan al polo de la inmediatez comunicativa a causa del fingimiento de la simultaneidad de símbolos, señales e indicios. Nos interesa saber si los traductores captan los mecanismos utilizados por el autor y qué procedimientos usan para trasladarlos a la lengua meta, en nuestro caso a la lengua alemana.

3.1 Innovación del diálogo convencional y su traducción al alemán

Dentro de los diálogos presentados de forma convencional, Vargas Llosa introduce alguna novedad para minimizar todo lo posible los comentarios del narrador. A menudo, las acotaciones se reducen a la indicación del cambio de hablante, haciendo hincapié en la alternancia constante y no planificada entre los distintos hablantes y/o los temas de la conversación. Otras veces, desde la perspectiva interior de uno de los interlocutores se interpretan las señales e indicios que acompañan a la conversación. Sin embargo, es en la novela *Pantaleón y las visitadoras* donde más experimenta con el diálogo convencional. Con la ayuda de unas acotaciones mínimas intenta transmitir justo lo que parece imposible: la simultaneidad de los enunciados, los elementos no verbales y lo que sucede alrededor, o sea la simultaneidad de símbolos, señales e indicios. El propio autor comenta:

> Utilicé las acotaciones para todas las descripciones necesarias. [...] No solo para aclarar quién habla dónde, sino también para dar más información sobre el lugar y el tiempo, sobre lo que hacen las personas en este preciso momento, o lo que hacen otras personas [...]. (Vargas Llosa 1997b: 119-120)[5]

---

[5] Este texto fue publicado originalmente en inglés como recopilación de las conferencias presentadas ante estudiantes en Estados Unidos. Solamente se ha traducido al alemán. La traducción de esta cita es nuestra.

Aunque, en la escritura, todos estos elementos aparecen necesariamente de forma consecutiva, Vargas Llosa es capaz de acercarse considerablemente a la recreación de situaciones comunicativas orales, utilizando tanto recursos verbales como gráficos.

En *Pantaleón y las visitadoras* se usan las acotaciones —solo separadas por comas— para mencionar los elementos no verbales o los actos que acompañan a la conversación, como demuestra la siguiente cita:

(1)   —¡Cómo se atreve a gritarme!—ruge, enrojece, vibra en el asiento, desordena la mesa, se calma al instante el general Scavino—. (MVL-*Pantaleón*: 284)

Adoptando la mencionada perspectiva peirciana, podemos observar que en la acotación se hace referencia a los indicios (*ruge, vibra en el asiento, se calma, enrojece, desordena la mesa*) que suceden de forma simultánea en una situación comunicativa real. Con los signos de exclamación se intenta sugerir la entonación y la subida de tono señalando el enfado del general Scavino. Asimismo, llama la atención la estructura sintáctica de la acotación, inusual para el castellano. La indicación del hablante se traslada al final de la frase, mientras que los elementos que acompañan al enunciado del general Scavino se anteponen. Este recurso se usa en todos los diálogos convencionales que conforman los capítulos I, V, VIII y X de la novela, provocando una lectura sucesiva y rápida de todos los elementos que acompañan a los propios enunciados de los personajes. La simultaneidad absoluta de la inmediatez comunicativa no es posible con los medios de la escritura; sin embargo, con esta técnica, el espacio textual se reduce al mínimo. Además, al contrario de los indicadores gráficos usados en otras novelas de Vargas Llosa, se observa que todos los guiones que enmarcan los enunciados están unidos directamente a las palabras, sin ningún espacio tipográfico. En *Conversación en La Catedral*, por ejemplo, hay un espacio que separa el enunciado de la acotación, tal como es la convención editorial en España: «—Claro que te espero —dijo Santiago—» (MVL-*Conversación*: 60).

Veremos ahora algunos ejemplos representativos y su traducción al alemán:

(2)   —Podemos recitar su hoja de servicios de   "Wir kennen Ihre Personalakte auswen-
        memoria—abre el cartapacio, baraja las   dig." General Victoria öffnet die Mappe.
        fichas y formularios el general Victoria—. (MVLA-*Pantaleón*: 7)
        (MVL-*Pantaleón*: 13)

En cuanto a la tipografía de la traducción al alemán (2) resalta en primer lugar que los guiones se sustituyen por comillas porque así lo dicta la tradición editorial en Alemania. Sin embargo, no se justifica el punto con que concluye el enunciado separándolo de esta forma claramente de la acotación y provocando una pausa en la lectura, o sea, un efecto contrario al del original. Respecto a la acotación en sí, vemos un ejemplo claro de omisión en el que los actos que acompañan a la situación comunicativa se reducen a uno solo. Por otro lado, no se ha mantenido la estructura sintáctica del original, aun siendo uno de los recursos más característicos de los diálogos de la novela. No existe ninguna razón lingüística para esta decisión, ya que en alemán el sujeto no tiene que estar colocado necesariamente en primer lugar. El resultado es una acotación convencional que no incluye los recursos innovadores del autor para fingir situaciones comunicativas complejas y, por lo tanto, se caracteriza más por su distancia comunicativa.

(3) —Está muy mal lo que pretendían los reclutas con la dama, por supuesto—contemporiza, sonríe, hace venias el general Victoria—. (MVL-*Pantaleón*: 16)   "Natürlich ist es schlecht, was die Rekruten mit der Dame vorhatten." General Victoria verneigt sich, lächelt. Windet sich. (MVLA-*Pantaleón*: 12)

En este ejemplo no se omite ningún elemento de la acotación que, en este caso, describe el lenguaje no verbal, es decir, las señales del hablante. Sin embargo, se introduce un punto provocando una pausa en la lectura mientras que el original se lee de forma fluida. De nuevo, la traductora toma una decisión que va en dirección contraria a lo que pretende el autor. Además, existen datos sobre la importancia que Vargas Llosa otorga a la puntuación. En una carta a su primer traductor, Wolfgang Luchting, al responder a las dudas de éste sobre si mantener u omitir una coma en la versión alemana, escribe: «Si hubiera una coma después de *tú* todo se iría al carajo y mi trabajo de meses en estas páginas no tendría valor alguno» (Vargas Llosa, carta del 11/2/1967, citado en König 2002: 210). Esta preocupación por la coma demuestra el alto grado de planificación que hay detrás de cada una de las frases de las obras de Vargas Llosa. En la traducción se deberían respetar en la medida de lo posible todos los recursos introducidos por el autor. En el caso de la traducción literaria, un estudio preliminar de todos los recursos narrativos y lingüísticos se hace imprescindible. Veremos en otro ejemplo cómo la inmediatez comunicativa del texto original se transforma en la representación de distancia comunicativa en la traducción:

(4) —Y sobre todo qué lejos del mar—suelta la aguja, remacha el hilo y lo corta con los dientes la señora Leonor—. ¿Habrá muchos zancudos allá en la selva? Son mi suplicio, ya sabes. (MVL-*Pantaleón*: 16)

"Und noch dazu so weit weg vom Meer." Frau Leonor befestigt den Faden und reißt ihn mit den Zähnen ab. "Da im Urwald wird es viele Mücken geben. Die sind mein Tod, das weißt du doch." (MVLA-*Pantaleón*: 13)

Al igual que en el ejemplo (2), se omite aquí (4) una parte en la acotación (*suelta la aguja*), reduciendo los actos descritos en el original, con el resultado de convertir el texto en una acotación convencional. Además se transforma la interrogación del original en una oración afirmativa quitándole al texto la interacción dinámica que inspira.

Podemos concluir que la traducción al alemán de *Pantaleón y las visitadoras* no transmite las innovaciones introducidas por Vargas Llosa en un tipo de diálogo considerado como convencional. Es más, la traducción elimina todos los recursos que otorgan a este tipo de diálogo más inmediatez comunicativa con el resultado de quitarle la originalidad que lo caracteriza. Si se tiene en cuenta que los diálogos constituyen cuatro de los diez capítulos de la novela, la traducción no ofrece la posibilidad de una lectura dinámica que contribuya a la recreación de situaciones comunicativas complejas en la mente del lector, tal como sucede en la lectura del original.

3.2 Las intercalaciones y su traducción

La casa verde, la segunda novela de Vargas Llosa, se caracteriza por una evolución de las técnicas narrativas y de los recursos para presentar el habla de los personajes: los párrafos que contienen diálogos convencionales con acotaciones realizadas por un narrador impersonal y un *verbum dicendi* alternan con posibilidades más innovadoras. La innovación más importante respecto a las estrategias discursivas en *La casa verde* consiste en la introducción de los enunciados en la propia narración. No hay marcadores gráficos como guiones o comillas para separar los enunciados de los personajes del texto narrativo. A partir de esta segunda novela nos encontramos con los marcadores *y* o bien *y* + nombre o pronombre personal respectivo, como en el ejemplo (5):[6]

---

[6] Las negritas dentro de las citas son nuestras.

(5) Y al anochecer ella escapó como él le dijo, bajó el barranco **y Fushía** por qué te demoraste tanto, rápido, a la lanchita. Se alejaron de Uchamala con el motor apagado, casi a oscuras, **y él** todo el tiempo ¿no te habrán visto, Lalita?, pobre de ti si te vieron, me estoy jugando el pescuezo, no sé por qué lo hago **y ella**, que iba puntero, cuidado, un remolino y a la izquierda rocas. Por fin se refugiaron en una playa, escondieron la lancha, se tumbaron en la arena. (MVL-*Casa*: 170)

Aunque las partes narrativas son bastante abundantes en *La casa verde*, es sobre todo a través de la intervención de los personajes cómo el lector conoce las distintas realidades que contrastan entre sí (ciudad-selva, indígena-blanco, habitantes de Piura-burdel de Piura). Los distintos diálogos evocan una pluralidad de perspectivas y puntos de vista, de condiciones de vida y de relaciones humanas.

En el relato *Los cachorros*, Vargas Llosa renuncia por completo al diálogo convencional. El texto entero se presenta mediante una constante alternancia del estilo directo y estilo indirecto libre con acotaciones mínimas que aluden al hablante, y mediante la mezcla entre diferentes situaciones comunicativas con distintos hablantes que ocurren en un tiempo y un espacio diferentes.

Tanto esta última obra como *Conversación en La Catedral* se puede considerar como punto culminante respecto a las formas de representación del habla de los personajes. Las exigencias de Vargas Llosa, formuladas en su teoría de la *novela total* (Vargas Llosa citado en Harss 1968: 440), de representar la realidad en todas sus facetas posibles se ven reflejadas en la representación de los enunciados de una multitud de personajes mediante diferentes técnicas que recrean situaciones comunicativas de manera dinámica y plural. El lector participa directamente en los diálogos sin que exista un narrador visible que comente los acontecimientos y los diálogos desde fuera, o que nos introduzca en el contexto. A menudo, Vargas Llosa entremezcla diferentes situaciones comunicativas dentro de un párrafo o capítulo. Es una técnica que el propio autor denomina *vasos comunicantes*,[7] es decir, la unión de diferentes conversaciones por un nexo determinado. De esta manera, en la imaginación del lector puede surgir una multitud de conversaciones ocurridas entre diferentes personajes, en diferentes momentos y en diferentes lugares. En la siguiente cita de *Los cachorros* se representa un diálogo entre Cuéllar, el protagonista

---

[7] Vargas Llosa menciona la técnica de los vasos comunicantes en varias obras ensayísticas, véase por ejemplo Vargas Llosa (1974, 1997a).

principal del relato, y sus amigos, interrumpido por unas señoras que se despiden desde la ventana y por la intervención de la madre de Cuéllar intercalada con la técnica del *flash back*.

(6 a) Cuenta, Cuéllar, hermanito, qué pasó, ¿le había dolido mucho?, muchísimo, ¿dónde lo había mordido?, ahí pues, **y se muñequeó**, **¿en la pichulita**?, sí, **coloradito, y se rió y nos reíamos y las señoras desde la ventana** adiós, adiós corazón, **y a nosotros** sólo un momentito más porque Cuéllar todavía no estaba curado **y él** chist, era un secreto, su viejo no quería, tampoco su vieja, que nadie supiera, mi cholo, mejor no digas nada, para qué, había sido en la pierna no más, corazón ¿ya? (MVL-*Cachorros*: 67)

En este breve extracto se entremezclan varios recursos que en su conjunto son capaces de fingir una o varias situaciones comunicativas. La presentación textual en forma de párrafo y la falta de puntos sugiere una conversación rápida y emotiva, donde el intercambio de palabras sucede casi sin pausas. El cambio de turno se indica únicamente si es necesario con el marcador *y*. Al comienzo del diálogo suceden las palabras entre Cuéllar y sus amigos separadas solo por comas. Las partes narrativas están intercaladas a modo de acotaciones cortas y desde la perspectiva del grupo de amigos (véase la negrita en el texto). Estas intercalaciones indican el cambio del turno de palabra y la representación de indicios que impliquen el estado de ánimo de Cuéllar (*se muñequeó, coloradito*). La emotividad se ve reforzada, además, por el uso de los diminutivos (*hermanito, pichulita, coloradito, momentito*), expresiones afectivas (*corazón, mi cholo*) y la onomatopeya *chist*. El hecho de que las intervenciones cambien constantemente entre estilo directo e indirecto otorga al texto un dinamismo que sugiere el constante cambio de hablante. A la ilusión de inmediatez comunicativa contribuye además la formulación de preguntas.

La traducción de este fragmento por el traductor alemán Wolfgang Luchting, que se cita a continuación, se puede considerar bastante lograda. Mantiene la presentación textual y la puntuación del original, e intenta causar el mismo efecto de dinamismo por el constante cambio de hablante formulado en distintos estilos:

(6 b) Erzähl, Cuéllar, Bruderherz, was war denn los? hatte es ihm sehr weh getan? schrecklich, wo hatte er ihn denn gebissen? da halt, **und er wurde verlegen**, ins Schwänzchen? ja, **knallrot, und er lachte und wir lachten und die Frauen vom Fenster her** adieu Herzchen, **und zu uns** nicht mehr lange, denn Cuéllar war noch nicht geheilt **und** psst, war ein Geheimnis, sein Alter wollte nicht, seine Alte auch nicht, daß es jemand erführ,

schau, Bub, sag lieber nichts, wozu auch, war nur am Bein gewesen, Herzchen, ja?
(MVLA-*Cachorros*: 14)

Respecto a las técnicas narrativas, llama la atención que no coinciden exactamente con el original. Luchting sustituye el estilo indirecto del castellano —y en una ocasión el estilo directo— por el estilo indirecto libre. En el siguiente esquema se ven en detalle los cambios efectuados:

Estilo directo	Estilo indirecto libre
qué pasó	*was war denn los?*

Estilo indirecto	Estilo indirecto libre
¿le había dolido mucho?	*hatte es ihm sehr weh getan?*
¿dónde lo había mordido?	*wo hatte er ihn denn gebissen?*
porque Cuéllar todavía no estaba curado	*denn Cuéllar war noch nicht geheilt*
era un secreto, su viejo no quería, tampoco su vieja, que nadie supiera	*war ein Geheimnis, sein Alter wollte nicht, seine Alte auch nicht, daß es jemand erführ*
había sido en la pierna no más	*war nur am Bein gewesen*

El proceder de esta manera es, a nuestro juicio, una estrategia muy acertada ya que, en alemán, el estilo indirecto se forma con el modo verbal del *Konjunktiv I* (una modalidad del condicional) y su uso es una marca de distancia comunicativa extrema ya que está restringido casi exclusivamente al lenguaje escrito y especialmente como registro del lenguaje periodístico. Además, el uso del estilo indirecto libre en sustitución del estilo indirecto del original está justificado porque es un recurso que Vargas Llosa usa muy a menudo en otras novelas para la representación del habla de sus personajes.[8] De esta forma se mantiene la impresión del constante cambio de hablante y el dinamismo, además de trasladar la emotividad de la escena original. Es cierto que en alemán hay que renunciar al uso tan abundante de diminutivos, ya que su uso no es tan frecuente y está restringido a la sufijación de sustantivos o nombres propios. Pero Luchting compensa este hecho al usar una expresión afectiva en su forma diminutiva: *Herzchen*.

---

[8] Varios estudios narratológicos han demostrado que el estilo indirecto libre se usa tanto para la representación del interior del personaje como del habla, cf., por ejemplo, Stanzel (1995: 281), Rojas (1980-1981: 45) o Banfield (1978).

A pesar de la excelente traducción de Luchting del relato *Los cachorros*, en algunas ocasiones comete algún error, sobre todo cuando se trata de escenas con una estructura narrativa complicada. En el extracto citado se omite, por ejemplo, el pronombre *él* que sucede al último marcador de cambio de hablante *y*, traduciendo sólo *und*:

(6) | [...] **y él** chist, era un secreto, su viejo no quería, tampoco su vieja, que nadie supiera, [...] | [...] **und** psst, war ein Geheimnis, sein Alter wollte nicht, seine Alte auch nicht, daß es jemand erführ, [...]

Como se observa, en la traducción al alemán se crea la ambigüedad de quién está hablando. Se podría intuir que se trata de Cuéllar, como se evidencia en el original, pero también podría interpretarse como una continuación del enunciado anterior pronunciado por las señoras.

Luchting, que fue el primer traductor al alemán de Vargas Llosa, tradujo también las novelas *La ciudad y los perros*, *La casa verde* y *Conversación en La Catedral*. En todas ellas sustituye el estilo indirecto, o por el estilo indirecto libre o por el estilo directo de forma muy acertada, ya que logra mantener la impresión del constante cambio de turno del original. En general, las traducciones de Luchting son muy logradas. Veamos la siguiente traducción de un fragmento de *La casa verde*:

(7) | [...] la Superiora suspira, Bonifacia: le estaban hablando, qué modales eran esos. Julio Reátegui la examina siempre, Madre, caramba, iban para cuatro años, la vida volaba, hija, cómo has crecido, era un pedacito de mujer y ahora vean ustedes. La Superiora asiente, Bonifacia, vamos, que saludara al señor Reátegui, suspira de nuevo, tenía que respetarlo mucho y lo mismo a su señora, ellos serían muy buenos. Y Reátegui que no tuviera vergüenza, hija, iban a conversar un momento, ya hablaría el español muy bien, ¿cierto? [...] (MVL-*Casa*: 95) | [...] die Oberin seufzt, Bonifacia: man redete mit ihr, was für Manieren! Julio Reátegui betrachtet sie immer noch, Madre, *caramba*! es war ja schon vier Jahre her, wie die Zeit verging, Kind, was bist du groß geworden, damals war sie noch ein winziges Weibchen, und jetzt schau, schau! Die Oberin nickt, komm, Bonifacia, los, sag guten Abend zu Señor Reátegui, sie seufzt noch einmal, sie mußte ihn sehr respektieren und die Frau auch, sie würden sie gut behandeln. Und Reátegui, sie sollte nicht so verschämt sein, Kind, sich ein bißchen unterhalten, sie sprach doch schon sehr gut Spanisch, oder? [...] (MVLA-*Casa*: 138)

En el ejemplo (7), los enunciados de los distintos personajes se suceden casi sin interrupción. Las acotaciones del narrador impersonal se reducen a una descripción mínima de los elementos parasegmentales. La reducción de las acotaciones causa principalmente dos efectos: la impresión de simultaneidad de símbolos y señales, y la impresión de «escuchar» sólo las intervenciones de los personajes sin intermediario. En la traducción al alemán, como se puede apreciar, se ha conseguido el mismo efecto.

El ejemplo (8), extraído de la novela *Conversación en La Catedral*, transmite la impresión de simultaneidad de señales e indicios mediante intercalaciones y la propia presentación textual. La escena está relatada desde la perspectiva interior de Santiago, que observa a sus amigos Jacobo y Aída, interpretando gestos y expresiones.

(8) **Jacobo la escuchaba desconcertado,** ella se había olvidado del examen, un dictador que subió al poder en la punta de las bayonetas, **alzaba la voz y accionaba, y Jacobo asentía y la miraba con simpatía,** y había suprimido los partidos y la libertad de prensa **y ahora entusiasmado** y había ordenado al Ejército masacrar a los arequipeños **y ahora hechizado** y había encarcelado, deportado y torturado a tantos, ni siquiera se sabía cuántos, y Santiago observaba a Aída y a Jacobo [...] (MVL-*Conversación*: 61)

Jacobo hörte ihr verduzt zu, sie hatte die Prüfungen vergessen, ein Diktator, der die Macht mit Bajonetten erobert hatte, **sie sprach lauter und gestikulierte, und Jacobo nickte und sah sie voller Sympathie an,** und die Parteien unterdrückt und die Pressefreiheit beseitigt und der Armee befohlen hatte, die Arequipeños zu massakrieren, **wie gebannt,** und so viele eingesperrt, deportiert und gefoltert hatte, man wusste nicht einmal, wie viele, und Santiago beobachtete Aída und Jacobo [...] (MVLA-*Conversación*: 76)

En la traducción al alemán, se recurre a una estructura complicada y confusa al intentar mantener las estructuras gramaticales de la lengua de partida. La frase relativa introducida por *que* en castellano se traslada al alemán con el pronombre relativo *der* que requiere la colocación del verbo al final de la frase. Al intercalar las señales e indicios sin más marca que las comas, tal como aparecen en el original, la referencia a la estructura relativa se pierde, por lo que la frase se vuelve confusa. Sospechamos que la razón por la cual se omite una de las intercalaciones (*y ahora entusiasmado*) es para no complicar la estructura aún más. Sin embargo, el traductor intercala la siguiente acotación (*y ahora hechizado*) y la traduce como *wie gebannt*, con la consiguiente pérdida del referente. El participio terminado en *-o* del original no deja ninguna duda de que esta acotación describe el gesto de Jacobo; el participio en alemán, sin embargo, no indica género alguno. La intercalación resulta añadida sin referente, por lo cual se pierde el hilo durante la lectura. Se podría argumentar que la lengua alemana no ofrece otra solución de traducción, debido a la rigidez de sus estructuras subordinadas. Sin embargo, el traductor hubiera podido optar por una estructura que en el alemán hablado y coloquial es frecuente y que consiste en la colocación del verbo en segundo lugar después del sujeto en las frases subordinadas. Es una simplificación de la estructura sintáctica que se da sólo en el lenguaje hablado. Aunque esta estructura ocurre con más frecuencia en oraciones causales o concesivas con *weil* y *obwohl* (cf. Schwitalla 2006: 144-145), hubiera evitado la confusión que causa el mantenimiento de la estructura sintáctica normativa con las intercalaciones, además de proporcionar al texto más inmediatez comunicativa. Teniendo en cuenta que Luchting reemplaza el estilo indirecto del original por el estilo indirecto libre, por lo cual se pone en boca del personaje lo dicho, tampoco hubiera chocado con la normativa escrita. Por otro lado, se conoce la posición del verbo en segundo lugar después de la introducción por un pronombre relativo de la literatura de tradición oral. En el género de los cuentos infantiles esta estructura es dominante. Por esta razón, la colocación del verbo en segundo lugar no hubiera chocado al lector y hubiera permitido la intercalación de forma más comprensible y fluida.

En el ejemplo (9), extraído igualmente de *Conversación en La Catedral*, se logra la impresión de cambio espontáneo de hablante mediante intercalaciones en estilo directo e indirecto con marcadores mínimos de puntuación e *y* + nombre.

La traducción logra una impresión general cercana al original, aunque se produce un falso sentido con la consiguiente pérdida del indicador del hablante (véase negrita).

(9) La chicha me hizo peor, pensó Trifulcio. [...] Pero disimulaba, largando la mano hacia su enorme vaso y sonriendo a Téllez, Urondo, Ruperto **y el** capataz Martínez: salud. [...] El cholón maceteado se las daba de culto, en la casa del lado había dormido Bolívar, las chicherías de Yanahuata eran las mejores del mundo, y se reía con suficiencia: en Lima no tenían esas cosas ¿no? (MVL-*Conversación*: 362)

Die Chicha hat's noch schlimmer gemacht, dachte Trifulcio. [...] Aber er ließ sich nichts anmerken, streckte die Hand nach dem riesigen Glas aus und lächelte Téllez, Urondo, Ruperto **und dem** Aufseher Martínez zu: Prost. [...] Der untersetzte Cholo gab sich gebildet, im Haus nebenan hatte Bolívar geschlafen, die Chicherías in Yanahuara waren die besten auf der Welt, und er lächelte selbstgefällig: In Lima gab's diese Dinge nicht, oder? (MVLA-*Conversación*: 463)

La traducción nos hace sospechar que la marca para indicar el hablante que consiste en *y el capataz Martínez* ha pasado desapercibida. Con la introducción del dativo en alemán, el posterior enunciado es atribuido a Trifulcio y no al capataz. Bien es cierto que este tipo de errores no llamará la atención del lector alemán, pero tanto en este extracto como en cualquier otro, conlleva una interpretación distinta del texto. Por lo tanto, un descuido por parte del traductor no se queda sólo en el plano estilístico, sino que repercute en la interpretación de la escena, e incluso de la obra en su conjunto. Atribuir las palabras, los gestos y los pensamientos de un personaje a otro, puede llegar a variar la caracterización original de los personajes en cuestión.

Para terminar, volvemos a repetir que las traducciones de Wolfgang Luchting de las primeras obras de Vargas Llosa demuestran un gran esfuerzo por mantener el estilo y el lenguaje literario y de trasladarlo al alemán. Sin embargo, en las escenas con mayor complejidad estructural comete algún error que afecta sobre todo a la atribución de enunciados, gestos o actos a los distintos protagonistas.

4. Conclusiones

Una de las características más destacables de la narrativa de Vargas Llosa supone el intento de representar mediante distintos recursos la simultaneidad de símbolos, señales e indicios existente en la comunicación interpersonal. Experimenta tanto con el diálogo convencional como con otras posibilidades de representar situaciones comunicativas completas. Los recursos narrativos introducidos con este fin son fruto de una larga planificación y elaboración, un hecho que el traductor no debería pasar por alto. Es más: para el traductor, se hace imprescindible analizar el texto original previamente para reconocer todos los recursos usados y planificar una estrategia y táctica coherentes con la traducción. Para ello puede recurrir a diversos instrumentos teóricos que provienen de la lingüística en general y de la semiótica en particular. La consciencia de que la oralidad y la escrituralidad son medios distintos y de que en la literatura se trabaja con unos recursos determinados para recrear situaciones comunicativas complejas, evocando en la mente del lector una visión del mundo representado, sirve para evitar cambios relacionados con las técnicas narrativas, la presentación textual o la puntuación. Es bien sabido que no siempre se pueden trasladar todos los aspectos en una traducción, sino que es cuestión de encontrar un equilibrio entre la traducción de la forma y del contenido, para acercarse lo más posible al efecto que produce el original.

En este trabajo, por su brevedad, nos hemos centrado en algunos extractos de las primeras obras narrativas de Mario Vargas Llosa (1962-1973) para analizar después las respectivas traducciones al alemán. En esta primera etapa, las obras han sido traducidas por dos traductores: Wolfgang Luchting en el caso de las primeras (*La ciudad y los perros*, *La casa verde*, *Los cachorros*, *Conversación en La Catedral*) y Heidrun Adler en la última (*Pantaleón y las visitadoras*).

En la novela *Pantaleón y las visitadoras* destaca el especial tratamiento del diálogo convencional que conforma cuatro de los diez capítulos de la novela. En las acotaciones, el autor describe o enumera de forma muy escueta todos los elementos que pasan de forma simultánea y alrededor del propio enunciado del personaje. De esta forma se consigue una lectura rápida, sin pausas, que evoca la simultaneidad de símbolos, señales e indicios existente en la comunicación interpersonal; es decir, la simultaneidad de palabras, gestos y mímica, de los índices de estados emocionales, de los ruidos o acontecimientos de fondo y de los actos que acompañan a cualquier situación comunicativa. Además, los diálogos no se enmarcan en ningún relato de un narrador, las propias acotaciones y las palabras de los personajes sugieren el contexto. En la traducción al alemán, sin embargo, se ha ido en sentido contrario al del autor. Si Vargas Llosa intenta dar más vida a un diálogo enmarcado en la tradición literaria introduciendo innovaciones estructurales, lingüísticas y de puntuación, la traductora ha convertido este diálogo novedoso en un diálogo puramente convencional. Los recursos del autor para dar la impresión de oralidad quedan eliminados porque introduce puntos en vez de mantener las comas, omite partes de las acotaciones que describen elementos no verbales o actos que acompañan a la conversación y cambia la estructura sintáctica del original sin que hubiera una razón idiomática para ello. El resultado es un diálogo estático que pierde la gracia y el humor transmitido por el original.

Por otra parte, las traducciones de Luchting se pueden considerar como un gran logro y ejemplo de traducción de unas obras narrativas nada fáciles de traducir. Hemos analizado varios ejemplos de un tipo de diálogo muy característico en la primera fase de Vargas Llosa, que consiste en la intercalación de enunciados en estilo directo, indirecto e indirecto libre en una presentación textual en forma de párrafo corrido. Otras veces las intercalaciones ocurren en un párrafo relatado desde la perspectiva interior de un personaje o desde un narrador anónimo y consisten en la descripción de los elementos no verbales o actos que acompañan a la situación y los enunciados de los diversos protagonistas. Generalmente hay pocos puntos, la separación se efectúa mediante comas. En la traducción al alemán de los ejemplos analizados se percibe el esfuerzo del traductor por mantener los recursos narrativos, causando una impresión general muy próxima al original. Además intenta compensar algunas características del original que, por cuestiones idiomáticas, son imposibles de traducir o no adecuadas en este registro. Éste es el caso de la menor ocurrencia de diminutivos en alemán o del estilo indirecto castellano que se sustituye por el estilo indirecto libre en alemán. A pesar de la excelencia general de las traducciones de Luchting, se observan algunos errores, sobre todo en las escenas complejas donde confluyen enunciados, gestos, actos y pensamientos de manera tan sucesiva que parecen ocurrir al mismo tiempo. Todos los casos que encontramos en este breve estudio repercuten en la atribución de las palabras, gestos o actos a los distintos protagonistas, y crean cierta confusión en el lector. Por otro lado, estos deslices demuestran la complejidad y complicación de estas escenas a la hora de traducirlas. Aun un traductor tan cuidadoso como Luchting ha pasado por alto algunos recursos del autor para causar la impresión de oralidad.

5. Corpus

MVL-*Cachorros* = VARGAS LLOSA, Mario [1967] (1986). *Los cachorros*. Madrid: Cátedra.

MVLA-*Cachorros* = VARGAS LLOSA, Mario (1975). *Die jungen Hunde*. Traducción de Wolfgang Luchting. Frankfurt: Suhrkamp.

MVL-*Casa* = VARGAS LLOSA, Mario [1966] (1987). *La casa verde*. Barcelona: Seix Barral.

MVLA-*Casa* = VARGAS LLOSA, Mario [1968] (1998). *Das grüne Haus*. Traducción de Wolfgang Luchting. Frankfurt: Suhrkamp.

MVL-*Conversación* = VARGAS LLOSA, Mario [1969] (1987). *Conversación en La Catedral*. Barcelona: Seix Barral.

MVLA-*Conversación* = VARGAS LLOSA, Mario [1976] (1984). *Gespräch in der "Kathedrale"*. Traducción de Wolfgang Luchting. Frankfurt: Suhrkamp.

MVL-*Pantaleón* = VARGAS LLOSA, Mario [1973] (1980). *Pantaleón y las visitadoras*, Barcelona: Seix Barral.

MVLA-*Pantaleón* = VARGAS LLOSA, Mario [1974] (1984). *Der Hauptmann und sein Frauenbataillon*. Traducción de Heidrun Adler. Frankfurt: Suhrkamp.

6. Referencias bibliográficas

ALBRECHT, Jörn (1998). *Literarische Übersetzung. Geschichte, Theorie, kulturelle Wirkung.* Darmstadt: Wissenschaftliche Buchgesellschaft.

BANFIELD, Ann (1978). «The formal coherence of represented speech and thought». *PTL. A Journal for Descriptive Poetics and Theory of Literature* 3. 289-314.

BENSOUSSAN, Albert (2007). «Traducir a Mario Vargas Llosa». En BOLAND OSEGUEDA, Roy C.; ENKVIST, Inger (eds.) (2007). *Una pasión por la literatura. Estudios críticos sobre Mario Vargas Llosa. Actas del Congreso Internacional sobre Mario Vargas Llosa en Estocolmo. 3 y 5 de mayo de 2006.* Melbourne: Antípodas Monographs. 37-47.

CADERA, Susanne M. (2002). *Dargestellte Mündlichkeit in Romanen von Vargas Llosa.* Genève: Librairie Droz.

CHAFE, Wallace L. (1993). «Integration and involvement in speaking, writing and oral literature». En TANNEN, Deborah (ed.) (1993). *Spoken and Written Language. Exploring Orality and Literacy.* Norwood (New Jersey): Ablex. 35-53.

GAUGER, Hans-Martin (1991). «Vorwort». En BLANK, Andreas (1991). *Literarisierung von Mündlichkeit: Louis-Ferdinand Céline und Raymond Queneau.* Tübingen: Gunter Narr. XI-XVII.

GOMILA, Antoni (1996). «Peirce y la ciencia cognitiva». *Anuario Filosófico* 29. 1345-1367.

HARSS, Luis (1968). *Los nuestros.* Buenos Aires: Sudamericana.

HEWSON, Lance (2006). «Translation strategies, or sorting out fiction from fiction». Conferencia presentada en el Departamento de Traducción e Interpretación de la Universidad Pontificia Comillas de Madrid. 11-5-2006.

KOCH, Peter; OESTERREICHER, Wulf (1985). «Sprache der Nähe — Sprache der Distanz. Mündlichkeit und Schriftlichkeit im Spannungsfeld von Sprachtheorie und Sprachgeschichte». *Romanistisches Jahrbuch* 36. 15-43.

KOCH, Peter; OESTERREICHER, Wulf (2007). *Lengua hablada en la Romania: español, francés, italiano.* Traducción de Araceli López Serena. Madrid: Gredos.

KÖNIG, Brigitte (2002). *Speech Appeal. Metasprache und fingierte Mündlichkeit im Werk von Mario Vargas Llosa.* Tübingen: Gunter Narr.

KOHLMAYER, Rainer (2004). «Literarisches Übersetzen: Die Stimme im Text». En DEUTSCHER AKADEMISCHER AUSTAUSCHDIENST (ed.) (2004). *Germanistentreffen Deutschland–Italien. 8.-12. 10. 2003. Dokumentation der Tagungsbeiträge.* Bonn: DAAD. 465-486.

MARAFIOTI, Roberto (2004). *Charles S. Peirce: El éxtasis de los signos.* Buenos Aires: Biblos.

NIDA, Eugene A.; TABER, Charles. R. (1974). *The Theory and Practice of Translation.* Leiden: Brill.

ROJAS, Mario (1980-1981). «Tipología del discurso del personaje en el texto narrativo». *Dispositio* 5-6/15-16. 19-55.

SCHLEIERMACHER, Friedrich [1813] (1978). «Sobre los diferentes métodos de traducir». Traducción de Valentín García Yebra. *Filología moderna* 63-64. 343-392.

SCHWITALLA, Johannes (2006). *Gesprochenes Deutsch. Eine Einführung.* Berlin: Erich Schmidt.

SHORT, T. L. (2004). «The development of Peirce's Theory of Signs». En MISAK, Cheryl (ed.) (2004). *The Cambridge Companion to Peirce.* Cambridge: Cambridge University Press. 214-240.

STANZEL, Franz (1995). *Theorie des Erzählens*. Göttingen: Vandenhoeck und Ruprecht.
VARGAS LLOSA, Mario (1974). *La novela*. ARGUEDAS, José María. *La novela y el problema de la expresión en el Perú*. [Buenos Aires?]: América Nueva.
VARGAS LLOSA, Mario (1997a). *Cartas a un joven novelista*. Barcelona: Planeta.
VARGAS LLOSA, Mario (1997b). *Die Wirklichkeit des Schriftstellers*. Traducción de Lieselotte Kolanoske. Frankfurt: Suhrkamp.
VINAY, Jean Paul; DARBELNET, Jean (1973). *Stylistique comparée du français et de l'anglais : méthode de traduction*. Montreal: Didier.
WATZLAWICK, Paul; BEAVIN, Janet Helmick; JACKSON, Don D. (1967). *Pragmatics of Human Comunication*. New York: W. W. Norton & Company.

Xavier Barceló Pinya

Universitat de les Illes Balears, Palma

«PUC FER DE TORSIMANY, SI VOLEU». ORALIDAD FINGIDA EN *DINS EL DARRER BLAU* Y SU TRADUCCIÓN

1. Introducción

Este artículo presenta un estudio sobre las implicaciones que aspectos narratológicos y léxicos relacionados con la oralidad fingida tienen en la novela de Carme Riera *Dins el darrer blau*, así como el uso que de ella hacen sus traducciones al castellano —titulada *En el último azul*—, al portugués —*No último azul*—, y al inglés —*In the Last Blue*—.

La obra de Riera *Dins el darrer blau* es una novela calificada de género histórico que relata el intento de huida de la isla de un grupo de judíos mallorquines conversos, los llamados chuetas, en 1688, y su posterior proceso y condena. La recreación histórica de los hechos presenta una gran importancia para la historia de la isla, puesto que la sentencia no sólo llevó a la muerte a la mayoría de los treinta y siete reos, sino que también condenó a sus descendientes, aquellos que heredaron su apellido, a una discriminación que ha durado siglos y que sólo recientemente han podido ver superada.[1]

Barbara Luczak, a partir de un comentario de la misma Carme Riera, que en el epílogo de la novela asevera que «he canviat noms, cognoms i malnoms a posta per remarcar que el meu llibre no és d'història, sinó de ficció» (CR: 430-431), defiende que el «discurs literari parteix dels fets reals, per oblidar-los, tot construint-ne una realitat autosuficient, que funciona per ella mateixa, d'acord amb la seva pròpia re-

---

[1] Aunque bien es cierto que en la época en que Riera escribe *Dins el darrer blau* la presencia de la discriminación es residual, la memoria y una cierta culpabilidad entre los mallorquines le obligan a puntualizar que no pretende polemizar ni estigmatizar: «*Dins el darrer blau* no té, encara que pugui semblar-ho, cap interès polèmic. No pretén burxar velles ferides ni tampoc obrir-ne de noves, fent referència a la intolerància de bona part de la societat mallorquina contra un altre grup de mallorquins de procedència jueva, ja que, per ventura, pitjor que els fets del 1691 foren les seves tràgiques conseqüències que marginaren i humiliaren durant segles els descendents dels màrtirs cremats en els *Autos de Fe*» (CR: 432).

tòrica» (Luczak 2004: 194), o sea, el discurso literario crea, al margen de los hechos reales, una nueva realidad gestionada por su propia retórica. En este artículo vamos a centrarnos precisamente en este último término, su retórica, puesto que, a partir de ésta y su relación con la oralidad, se producen importantes implicaciones para el desarrollo de la ficción y, por supuesto, para su traducción a otros idiomas.

2. Las formas cronotópicas y la oralidad fingida

En primer lugar, analizaremos la concepción de tiempo y espacio en la obra de Riera, a partir del concepto de cronotopo desarrollado por Mijail Mijailovic Bajtin, puesto que a través de la relación espacio-tiempo podremos descubrir sutiles —o no tan sutiles— detalles que contribuyen a la creación de la simulación de oralidad, más allá de las obvias características lingüísticas, que también discutiremos en el presente artículo.[2] Ya desde su inicio, se hace evidente que *Dins el darrer blau* no es una obra que se base en la literatura oral, cercana al mundo rural, con su concepción cíclica del tiempo y la integración del ser humano en la naturaleza. Más bien al contrario, la novela presenta un espacio urbano, delimitado en su mayoría por los muros de la ciudad de Palma (e incluso, en muchas de las escenas, por la habitación privada), alejado del entorno comunitario y rural que discuten, por ejemplo, Eric Havelock (1986) o Bajtin (1987). Igualmente, el tiempo representado parece estar muy definido históricamente, lo cual contrasta con la utilización de un tiempo mítico, corriente en las obras con una muy evidente simulación de oralidad basada en las sociedades rurales. No debemos descartar la presencia de la oralidad en las formas cronotópicas usadas, aunque en efecto sólo podamos rescatar algún rastro de las coordenadas espacio-tiempo de la oralidad primaria, según el concepto delimitado por Walter Ong (1982).

Así pues, la novela se inicia presentando un *flash-back* de un relato del pasado: João Peres recuerda las palabras del capitán Harts, que cuenta en una taberna su propia versión de cómo conoció a Blanca Maria Pires. Esta organización narrativa del tiempo, muy compleja y elaborada, parece compartir algunas características con la oralidad, que tiende a la atomización de las estructuras narrativas y al uso episódico

---

[2] Bajtin (1981: 85) observa que «it is precisely the chronotope that defines genre and generic distinctions, for in literature the primary category in the chronotope is time». Así pues, las variaciones en la concepción del tiempo serán una muestra evidente de la fluctuación de género y, en relación al tema que nos ocupa, de la representación de la oralidad.

de la estructura narrativa.³ Incluso la forma de la narración secundaria, el relato de Harts, en estilo directo, nos lleva a considerar la oralidad como referente y ficción formal de la narrativa. Aun así, no debemos olvidar que el mismo Ong recuerda que «[i]f we take the climactic linear plot as the paradigm of plot, the epic has no plot. Strict plot for lengthy narrative comes with writing» (Ong 1982: 141). Por ello, se hace difícil no acudir a la estructura narrativa atomizada, pero siempre integrada en un argumento trabado, de la novela, antes que a la estructura episódica de la narración oral al buscar un referente para la obra de Riera.

Ahora bien, en las páginas siguientes de la novela, la utilización del presente de indicativo, en la narración protagonizada por Peres —a partir de la página 32—, contrasta con el pasado utilizado hasta entonces, tanto en el nivel narrativo de Peres, como en el de Harts. Este mecanismo, que se repite a menudo en la novela,⁴ no responde aparentemente a ninguna razón obvia —más allá de la variación que evite el cansancio de leer siempre en el mismo tiempo verbal—, e incluso rompe la unidad temporal delimitada por el sistema deíctico temporal establecido, puesto que el tiempo marcado hasta entonces había sido, tanto lingüística como ficticiamente, un pasado lejano al presente del lector. Consideramos que la interpretación del cambio al presente como un rastro de oralidad nos puede ofrecer alguna respuesta,⁵ aunque

---

³ En cierta manera, recuerda la afirmación de Ong que «[w]hat made a good epic poet was, among other things of course, first, tacit acceptance of the fact that episodic structure was the only way and the totally natural way of imagining and handling lengthy narrative and, second, possession of supreme skill in managing flashbacks and other episodic techniques. Starting in "the middle of things" is not a consciously contrived ply but the original natural, inevitable way to proceed for an oral poet approaching a lengthy narrative» (Ong 1982: 141).

⁴ Vid. CR, páginas 32-38, 93-96, 99, 138, 179-195, 196-222, 236-237, 269-275, 298-303, 321-322, 324-331, 352, 375-378, 378-386, 397, 399, 405-427.

⁵ Así, Monika Fludernik asegura que «[a]s regards the function of the historical present tense, Wolfson submits that it is one of several "performative" features of oral narrative, occurring in conjunction with other performative devices such as direct quotation of protagonists' speech, gestures, exclamations, asides, expressive sounds, and sound effects» (Fludernik 1991: 368). Manuel Pérez Saldanya asegura que las narraciones (pseudo-)orales, a diferencia de las escritas, alternan habitualmente los tiempos de presente y pasado: «Si en les narracions escrites, el primer pla de la narració s'identifica amb el passat (simple o perifràstic), en les narracions orals (o en les que imiten d'alguna manera l'oralitat) el passat es troba sovint en alternança amb el present. Més encara: un dels trets més característics de les narracions orals és el canvi d'esfera temporal que implica l'ús del present en un context temporalment passat» (Pérez Saldanya 2000: 99).

ciertamente el texto carezca de los demás mecanismos de la comunicación oral primaria o, incluso, secundaria.

Fludernik (1991) observa que el presente histórico en una narración oral tiene como función marcar sus puntos clave, no sólo desde el punto de vista estructural, sino también emocional. Aunque su estudio se circunscribe a la narración oral o cuasi-oral atomizada y, por definición, breve, si examinamos la presencia de las escenas en la novela en presente de indicativo, veremos cómo efectivamente marcan puntos de inflexión en la narrativa: la escena en la que João Peres encuentra a Aina Capdetrons, el recuerdo de Gabriel Valls de su pasado violento,[6] la vida en Liorna,[7] el funeral de Capdetrons, las escenas centrales del intento de huida y la captura de los chuetas, la misa de agradecimiento de los cristianos a Dios por el arresto, la detención de *la Coixa*, el momento en el que Valls sabe del encarcelamiento de su hijo en las mazmorras de la Inquisición, sus dudas, la conversación entre *la Coixa* y Maria sobre Rafel Onofre, el juicio a Valls, el momento en que éste conoce a Joan de Santamaria,[8] y, finalmente, la ejecución de los reos, desde el punto de vista externo de João Peres, que completa el círculo, al iniciar y cerrar la novela.

Es evidente que todos los acontecimientos citados marcan profundamente el desarrollo argumental y, sobre todo, afectivo de la novela, y justifican, a partir de la hipótesis presentada, la elección del presente de indicativo. La novela fluctúa entre la posibilidad de alternancia entre pasado y presente, de manera muy parecida a como se utilizaría en un discurso oral, y episodios completos en los que se mantiene la forma de presente sin ninguna vacilación, que Fludernik identifica en el discurso literario más o menos convencional. En este último caso, aunque la función del cambio de tiempo también podría mantener una conexión con la oralidad en cuanto a la función narrativa del presente, el discurso evita la inestabilidad habitual en la oralidad, en la cual el paso de un tiempo a otro es constante. En el primer caso, en cambio, la aparición del presente de forma repentina rompe el ritmo de la

---

[6] Esta escena, al estar en presente, queda realzada y define al personaje como un ser contradictorio, bajo la apariencia del disfraz de hombre respetable. Cabe destacar que el recuerdo también marca la propia percepción, subjetiva.

[7] En este caso, la importancia se encuentra en la representación del objetivo para los fugitivos, la aspiración por la cual arriesgan y, en último término, pierden la vida.

[8] En palabras de Valls, Joan de Santamaria era el único que lo hubiera podido convencer para abandonar la fe judía, nuevamente un recuerdo íntimo que marca la vida del chueta.

narración, anunciado en el pasado simple. En particular, las páginas 96-97, 99, 138, 196, 225, 321-322, 351-352 y 398 muestran un retorno rápido al pasado, en lo que identificamos precisamente como el mecanismo de cambio verbal que discutíamos anteriormente, una traza de oralidad en el discurso complejo y muy estrechamente trabado de la narración, signo inequívoco de un discurso escrito, aunque muy diferente del presente descriptivo que aparece habitualmente en textos literarios.

Justamente uno de los aspectos clave que deriva de la misma construcción del discurso escrito, la ausencia y el silencio, aparece trastocado por el tiempo presente —y, precisamente, parece oportuno destacar la misma palabra que lo define, presente, como adjetivo—, ya que la utilización de este tiempo verbal contribuye a crear una ilusión de presencia, al fin y al cabo uno de los objetivos o de las consecuencias de la simulación de oralidad.[9] La distancia temporal y, particularmente, la distancia simbólica entre el lector y los hechos relatados disminuyen, a la par que aumenta el grado de implicación del lector. La alternancia entre pasado y presente contribuye a realzar este efecto: el texto no niega la distancia temporal de los acontecimientos narrados, a través del uso del pasado, pero, a la vez, al representarlos —es decir, recrearlos en presente— destaca su existencia, aunque sea residual, en la sociedad mallorquina actual.

Sorprendentemente, a pesar de que el discurso en tiempo presente no es homogéneo, los fragmentos en los que esta simulación de oralidad es más evidente, los diálogos (de los que nos ocuparemos más adelante) reflejan muy raramente la alternancia de tiempos, y, en cambio, muestran una correlación muy fija y sin vacilaciones. En referencia a la narrativa en lengua inglesa, Kazunari Miyahara sostiene que el diálogo establecido entre presente y pasado «demonstrates the oscillation between the monologic historiography and the dialogic microhistory in the present tense» (Miyahara 2009: 250). De esta manera, si la conexión entre la microhistoria y la oralidad es un enlace bastante común, el texto de Riera introduciría la oralidad —o, de manera mucho más exacta, una traza de oralidad— no solamente en el nivel del diálogo de los personajes, que mostrarían un simulacro de oralidad aparente, sino también en el discurso narratorial que, al desplazar el

---

[9] En conexión a este punto, Fludernik (1991: 391) asegura: «The historical present tense, self-evidently, since it occurs in oral narration, requires the presence of a speaker».

tiempo verbal, también desplazaría el acento desde la historia monológica, la que ha presidido el discurso hegemónico durante siglos, hacia el discurso dialógico de la microhistoria del subalterno y, por tanto, rescataría del silencio su discurso enmudecido.

En cuanto a la relación entre oralidad y escritura en el origen y la redacción del texto, cabe destacar que la autora, para la reconstrucción de la sociedad del momento y, en particular, para entender las circunstancias que rodearon tanto la huida como el proceso, asegura que «he investigat en diversos arxius, he remenat un munt de paperassa i llegit bibliografia *ad hoc*» (CR: 431), lo cual indica que las fuentes de su indagación se basaron en la palabra escrita. Indudablemente, la distancia temporal con los hechos narrados impide cualquier contacto con los protagonistas de la historia, pero también llama la atención el esfuerzo que se aprecia para crear una impresión verosímil de oralidad. Así, en su intento por reconstruir —o deconstruir— el origen de la discriminación y, según sus propias palabras, de «demanar perdó» (CR: 432), Riera basa el conflicto sobre un paradigma de oposición entre los documentos, que se conservan y que relatan los hechos,[10] y otro punto de vista, el de los perseguidos, a los que sólo les queda el refugio de la oralidad. Consecuentemente, su relato provoca la reintegración de los hechos obviados, que previamente habían sido reprimidos y reinterpretados de manera ideológicamente marcada, en la memoria colectiva que, como dice Umberto Eco (1976: 103), «ci aiuta a stabilire le catene causali, a ricostruire un fatto».

Su cronotopo, pues, no es el documental,[11] a pesar de que las fuentes sí lo son, porque la novela presenta una visión experiencial de los hechos, a partir del punto de vista —ficticio, por supuesto— de los actores. El texto, por tanto, muestra una

---

[10] El documento sobre el caso que más se ha difundido es el libro de Francisco Garau *La Fee Triunfante en cuatro autos* que, como veremos, tiene una presencia importante en la novela de Riera, no solamente como referencia intertextual, como tiene en *Cavalls cap a la fosca* de Baltasar Porcel, que cita extensamente el libro de Garau (cf. particularmente Porcel [1975] 2007: 172-174), sino que la narración recrea el proceso de construcción del mismo texto y, a través de éste, desacredita la obra del franciscano.

[11] «The documentary chronotope differs from the idyllic chronotope in its reliance on cultural documents, rather than the laws of nature [...]. Typically, the historically charged worlds of the documentary chronotopes imply the presence of global historical processes» (Keunen 2007: 281).

preponderancia del cronotopo idílico,[12] que domina el texto y hace más efectiva la carga emocional de la ruptura del ciclo como resultado de la captura, confinamiento y posterior juicio de los chuetas, momento en que el texto abrazaría el cronotopo del umbral, particularmente centrado en Gabriel Valls, pero también en Pere Onofre Aguiló, que desde Livorno se siente responsable de una situación que se ve incapaz de revertir. La elección de Riera de representar la recreación de la vida del barrio a través de los ojos de Costura, el delator, muestra una doble función de descripción y de traición, en la preparación de la tragedia a partir de la cotidianidad, en la que la oralidad juega un papel crucial.

Contrariamente, la tertulia del padre Amengual es precisamente una vía para introducir la cotidianidad y la oralidad, el rumor y el cotilleo —masculino, en este caso—[13] en la oficialidad, además de un mecanismo para presentar otros puntos de vista ajenos al colectivo chueta. En la misma línea, tras la captura de los criptojudíos, el libro recoge el clamor general que conecta con la afirmación de Spacks (1986: 59) que «Gossip reinforces established mores». De esta manera, el reflejo de la transmisión oral evidencia una agresividad colectiva contra los chuetas, que Riera utiliza en su construcción de la alteridad intrasocial de los criptojudíos. No se trata, pues, de la opresión que desde el poder, en este caso eclesiástico, se ejerce sobre un colectivo, sino del rechazo de toda una sociedad hacia unos individuos que pertenecen a ella y de la cual no pueden ni, a menudo, quieren escapar. La oralidad, el rumor y el clamor popular muestran la extensión de la discriminación, que se retroalimenta a partir de la repetición de fórmulas estereotipadas: «jueus que mataren el Bon Jesús, jueus poques vergonyes que mos xuclen sa sang» 'judíos que mataron al

---

[12] «Day in, day out the same round of activities are repeated, the same topics of conversation, the same words and so forth. In this type of time people eat, drink, sleep, have wives, mistresses [casual affairs], involve themselves in petty intrigues, sit in their shops or offices, play cards, gossip. This is commonplace, philistine cyclical everyday time» (Bajtin 1981: 248).

[13] Aquí se introduce la concepción de la tertulia masculina, que Patricia M. Spacks describe muy acertadamente: «For men to sit around in public and gossip is quite acceptable since, it is generally assumed, this exchange is [...] a friendly, sociable, light-hearted, good-natured, altruistic exchange of news, information and opinion» (Spacks 1986: 38). Riera siempre ha declarado que no se considera una escritora feminista, sino que escribe desde un feminismo inseparable de su concepción de mujer. Así pues, la oralidad, la tertulia y el rumor, le ayudan a presentar un punto de vista igualitario en que hombres y mujeres se dan al cotilleo con igual fruición y muestran los mismos comportamientos egoístas y mezquinos.

Buen Jesús, judíos sinvergüenzas que nos chupan la sangre' (CR: 294). Precisamente, la traducción de estas fórmulas, así como la oralidad fingida que presentan los diálogos, representa uno de los problemas traductológicos más graves a los que se enfrentan las traducciones, como veremos en las páginas siguientes. A grandes rasgos, no obstante, podemos afirmar que las traducciones al inglés y al portugués, así como la versión al castellano, mantienen los rasgos estructurales que hemos estado describiendo hasta ahora. Esta coincidencia nos permite afirmar que la ilusión de oralidad también se construye en la estructura de la obra que, entre lenguas más o menos cercanas, permite la traducción sin problemas de esta referencia a la oralidad como marco de ideas y de ordenación de la realidad.

3. Oralidad y escritura. Poder, alteridad y periferia

Volviendo a la asociación entre oralidad y subalternidad, y escritura y poder, no podemos caer en la tentación de dividir el libro entre los subalternos ágrafos y la hegemonía alfabetizada, porque Riera representa a muchos de los personajes masculinos del colectivo chueta como hombres capaces de leer y escribir, así como a algunas mujeres que, como en el caso de Blanca Maria Pires, tienen incluso capacidad para discutir cuestiones teológicas. De la misma manera, también presenta muchos de los personajes del mundo cristiano totalmente analfabetos, como podrían ser la meretriz, Beatriu Mas, o los payeses, que entran a la ciudad «per veure si alguna tallada els pertocaria d'aquell be mort» (CR: 252). Bien es cierto que todos ellos se podrían calificar de periféricos, tanto en el sentido social, en particular la prostituta, como geográfico-político, en el caso de los payeses. Por otra parte, los personajes relacionados con el poder tienden a relacionarse con la esfera de lo escrito, incluso entre las mujeres, como, por ejemplo, doña Onofrina o Lluïsa Orlandis, destreza que no hace ninguna referencia a su capacidad intelectual, pues en los casos citados es muy limitada.

Volviendo a la tertulia del padre Amengual, supuestamente literaria —en realidad, para la mayoría de los asistentes no es más que una excusa para engullir *quartos embatumats*—, una parte de los presentes se autocalifican de intelectuales, muy mediocres, como el narrador se ocupa de señalar sin demasiada sutilidad.[14] Fragmentos

---

[14] El organizador de la tertulia, álter ego de Francesc Garau, se presenta como el personaje metaliterario que escribe los acontecimientos que se narran en la novela —aunque no el narrador, porque el libro que escribe no es el que nosotros leemos—, y, al mismo tiempo, desacredita

de las supuestas obras de todos ellos aparecen citados en algún momento de la novela, en un castellano retórico y alejado de la lengua viva y colorista, siempre en catalán, del texto principal.

Este aspecto marca una doble separación entre la oralidad y la escritura en la Mallorca de la época, puesto que la diglosia domina la distribución lingüística que se da a lo largo de la narración —equivalente a la que ocurría en la vida real—, de manera que la lengua catalana domina los usos orales e informales, y la lengua castellana los usos escritos y formales. En este contexto, la oralidad queda vinculada con la lengua catalana y la presencia del castellano es residual, reducida solamente a los textos literarios y a los diálogos de Antonio Nepomuceno y Sotomayor en Madrid. En relación a este último personaje, su origen castellano[15] y su rango de Virrey indicarían que la lengua asociada a éste debería ser la castellana, de acuerdo con la distribución que hemos descrito más arriba, pero Antonio Nepomuceno es representado siempre en catalán e, incluso, en su visita a Madrid, sus pensamientos son reproducidos en un catalán dialectal de Mallorca que contrastan con sus intervenciones retóricas en castellano. El narrador incluso especifica que «El Virrei emprava el mallorquí, que ningú no entenia a la Cort, quan la ràbia li feia esclatar i, per no emprendre-la a potades contra el primer que se li posés davant, s'espeiava [sic] xerrant tot sol» (CR: 338).

Otra excepción a esta distribución de las lenguas se encuentra en el tribunal de la Inquisición, tanto en las confesiones de Costura como en el mismo proceso inquisitorial, en el cual el Inquisidor y los miembros del tribunal utilizan el catalán en un registro formal de lengua, a diferencia de la totalidad de las intervenciones, marcadamente dialectales, de los diálogos de la obra. Esta distribución contribuye sobre-

---

con su conducta mezquina y egoísta tanto el libro *La Fee Triunfante*, bajo el ligero disfraz de *El triunfo de la fe*, en tres cantos, un conducto para ocupar una plaza eclesiástica, como la misma figura del escritor vano y presuntuoso. El cronista Angelat, por su parte, también presenta unas características parecidas, a diferencia de Don Sebastià, menos caricaturizado y ciertamente mucho menos repulsivo, pero escritor mediocre a lo sumo, que, a pesar de su voluntad, «Déu no l'havia cridat per aquest camí de les lletres» (CR: 106).

[15] El texto especifica que había nacido en «el castell de Boradilla del Monte» (CR: 275), pueblo inventado que guarda una gran similitud con Boadilla del Monte, localidad de la comunidad de Madrid. En cualquier caso, el nombre del pueblo en castellano indica que la lengua habitual del lugar debía ser el español.

manera a crear la ilusión de oralidad, puesto que el *code-switching* identifica los registros informales y dialectales como orales, y distancia el uso escrito del poderoso a través del cambio de lengua.

En este aspecto, las traducciones estudiadas optan por soluciones diferentes: en el caso de la versión castellana de la misma autora, el texto principal es en castellano y, consecuentemente, no puede presentar el cambio de idioma de la misma manera. Aun así, se mantiene el cambio de registro y muestra la prosa retórica de los escritores. En cambio, algunos tratamientos, las canciones y oraciones recogidas en el texto original se conservan en catalán en la traducción. De esta manera, la versión recoge la presencia heteroglótica de la lengua catalana, si bien la relación entre los dos idiomas queda alterada profundamente: todo el texto se presenta en castellano y el catalán tiene una presencia residual. Sin embargo, cabe destacar precisamente la escena en la que Antonio Nepomuceno maldice en catalán en la Corte (ejemplo 1), que describíamos más arriba, porque es la única en la que la dinámica entre las dos lenguas se mantiene de la misma manera que en el original:

(1) Déu meu, exclamó Boradilla en cuanto abandonó la sala inmensa y oscura, forrada hasta el techo de tapices enormes. Déu meu! Així és fàcil entendre per què els clergues ens mengen de viu en viu!..., volvió a exclamar en voz alta, sin importarle demasiado que el gentilhombre de cámara pudiera tomarlo por descortés o por loco; el Virrey utilizaba el mallorquín, que nadie entendía en la Corte, cuando la ira le hacía estallar y, para no emprenderla a patadas contra el primero que se le pusiera por delante, se desahogaba hablando solo. (CRE: 303)

En el caso de la traducción al inglés, el cambio idiomático desaparece completamente, no así el cambio de registro. De esta manera, podemos apreciar la diferencia de registros y, en particular, el tratamiento retórico que refuerza la ilusión de diferencia de estos textos, que los convierte en escritos en el texto escrito y acentúa así su carácter literario.[16] Todavía podemos encontrar una tercera opción, que es la que

---

[16] Resulta muy ilustrativo el cambio de registro que aparece en las oraciones y apelaciones a Dios, que en el original catalán presentan una forma lingüística muy llana, sin ninguna marca de formalidad, e incluso mantienen en el caso de algunos personajes la forma dialectal mallorquina, lo cual les confiere una cierta implicación de diálogo íntimo con Dios. En la traducción inglesa, se opta por traducir las oraciones y las apelaciones a partir del registro de formalidad máxima que esta lengua habitualmente usa en oraciones y apelaciones a Dios.

sigue la traducción portuguesa, que mantiene el texto monolingüe, pero marca los fragmentos en castellano en una nota a pie de página.[17]

Riera, en su nota final tanto a la versión original como a la traducción al castellano, menciona nombres y apodos como un elemento de referencia importante para la comprensión del texto. Como escribe Luis Adolfo Gómez Macker: «El sobrenombre es una variedad de nombre propio que cumple un importante rol sociocultural favoreciendo una identificación más realista de las personas y estableciendo vínculos especiales entre los individuos que los poseen y los usan» (Gómez Macker 1977: 122). Consecuentemente, el apodo o mote se podría calificar de un rastro de un tipo de sociedad en la que las conexiones sociales se basan en el contacto y no en los documentos escritos, en la que los integrantes de la sociedad reciben un nombre a partir de ciertas características físicas, conductuales o familiares, que les distinguen como miembro de una familia —en el libro, el colectivo Capdetrons—, o individualizan a la persona más allá de un nombre otorgado de manera más o menos arbitraria para ser distinguido por su cuerpo —*la Coixa*— o su comportamiento —*Sara de les Olors*—, de manera inequívoca y única.

De acuerdo con Miguel Ángel Rebollo Torío, «el nombre propio no admite traducciones de una lengua a otra. En cambio el apodo, sí» (Rebollo Torío 1993: 347), pero las diferentes versiones del texto que nos ocupan difieren en su aproximación. En relación a los nombres, se mantienen sin traducción con algunas excepciones, en las que se adaptan a la grafía del idioma de la traducción: Rafel y Maria se castellanizan en Rafael y María; asimismo, Caterina en la versión portuguesa se transforma en Catarina. En cuanto a los apodos, *Costura*, sobrenombre de Rafel Cortès, no se traduce en ninguno de los textos estudiados, como tampoco los apodos *Cap de Trons* o *Moixina* muestran ninguna variación. El *cònsol*, apelativo de Josep Aguiló, por otra parte, sí que recibe traducción en todos los textos, aunque la proximidad de las soluciones adoptadas hace que pase prácticamente inadvertida. Beatriu Mas, *la Coixa*, por el contrario, no tiene el mismo tratamiento en la versión castellana y en las traducciones inglesa y portuguesa. En la primera, Riera decide conservar su nombre en catalán, lo mismo que Sara *de les Olors* y *Madò Grossa*, mientras que en la

---

[17] «Pel que fa a les opcions de traducció cap el portuguès de *Dins el darrer blau* [...] va utilitzar les notes a peu de plana per advertir, per exemple, que un fragment del text, que ella traduïa al portuguès, estava escrit en castellà a l'original» (Cotoner 2007: 4).

versión inglesa, el traductor opta por denominar *Limp* a Mas, pero mantiene el apodo de las otras dos en el original catalán. En la versión portuguesa, se traducen el de la meretriz, *a Coxa*, y la denominación Sara *dos Odores*, pero no así *Madò Grossa*, que se mantiene en catalán. Así, vemos cómo las opciones son poco coherentes y no podemos encontrar una lógica que gobierne la elección traductológica, lo que provoca que, en la mayoría de los casos, una característica que integra a los personajes en la sociedad a partir de una manera de entenderla basada en la comunidad, la oralidad y el contacto entre las personas se convierta en un elemento de exotismo del texto, que ofrece al lector un nombre en un idioma extraño, sin más, hecho que quedaría refrendado por la afirmación de Riera: «he optado por dejar los nombres y apodos en mallorquín para tratar de conservar un mayor sabor local» (CRE: 388).

4. La oralidad fingida. Estrategias textuales

Además del cambio de código que aparece en la novela, el texto produce una indiscutible impresión de oralidad en según qué pasajes, que discutiremos en las siguientes páginas. Basaremos esta reflexión en el conjunto de características que recoge Rainer Friedrich (1991: 21) para los textos orales e intentaremos cotejarlas con el texto de Riera, y así tal vez podamos esclarecer las estrategias que utiliza la autora para simular la oralidad con bastante éxito. Empezaremos puntualizando que estos elementos tienden a aparecer en los diálogos, pero no es el único contexto en el que están presentes. En ocasiones, la voz narratorial los integra completamente en el discurso, en combinación con la voz del autor, como citación implícita, explícita o como estilización de una voz oral en estilo indirecto.

4.1 Estrategias generales de estructuración del discurso

4.1.1 Transitivización

En primer lugar, analizaremos la relación pragmática del texto con la oralidad. De acuerdo con Havelock (1986), el mensaje oral se centra principalmente en la acción y en la narrativización de todos los sujetos del mensaje. Si observamos el texto de Riera, nos damos cuenta de que la tendencia general es evitar la descripción estática de los sujetos. Veamos, por ejemplo, la descripción de Aina Capdetrons en su primera aparición en la obra, cuando João Peres la encuentra desmayada en la calle. En ella, en lugar de optar por la descripción minuciosa del cuerpo sin sentido de la muchacha, Riera opta por una descripción sensorial. Así, antes del encuentro, la atmósfera queda marcada por «la campana de Santa Clara tocant les vespres, primer, i després les completes» (CR: 31). La escena continúa con un nuevo sonido: «Ja es retirava quan, de sobte, li arribà el soroll de passes. Amb el pols accelerat s'aturà en sec per comprovar si també s'aturaven, com succeí al capità. Però aquest pic la remor no anava junyida a ell. El soroll venia de més enfora i s'anà fent més audible a mesura que algú s'atracava des de l'altre extrem del carrer» (CR: 31). De esta manera, el texto se detiene en el componente oral extralingüístico, que transciende el silencio escrito. Una vez que João ha encontrado a Aina, describe a la chica de la siguiente manera:

(2 a) Acotat vora la cendrosa figura, s'inclina més per ensumar que per mirar-la. Ensuma uns rulls espessos i negres que surten del rebosillo mal ajustat i que exhalen una sentor vinagrosa, que es confon, ara de més a prop, amb l'olor d'oli recuit que gens no li agrada. S'aixeca altre pic i li pregunta si està ferida [...]. Alena fondo i de sobte acluca els ulls de llargues parpelles atapeïdes, el rictus se li endolceix i Peres troba el seu rostre més admetent. Porta la botonadura del gipó mal cordada, com si s'hagués vestit a grapades, i du les faldes llistades d'un teixit aspre, brutes de fang. (CR: 32-33)

Si analizamos la descripción con detenimiento, veremos que los verbos que el texto utiliza tienen como característica común indicar acción: *acotar*, *inclinar*, *ensumar*, *sortir*, *exhalar*, *aixecar-se*, *preguntar*, *alenar*, *aclucar*, *endolcir*... que evitan la descripción expositiva, mediante la aplicación de un verbo de movimiento. Estos verbos en general se conservan en las traducciones, que mantienen su valor semántico. Incluso en el fragmento que describe la ropa, el momento menos narrativo y más descriptivo del párrafo transcrito, observamos que ambos verbos, *portar* y *dur*, implican necesariamente movimiento, el paso de un objeto de un lugar a otro, sentido presente también en el verbo castellano *llevar* (2b), pero ausente en la versión portuguesa (2c) y en la versión inglesa (2d).

(2 b) [...] Lleva mal abrochado el jubón, como si se hubiera vestido deprisa, y en la falda, de tejido basto, se adivinan manchas de barro. (CRE: 28)

c) [...] Tem a botonadura do corpete mal apertada, como se o tivesse vestido de pressa, e as saias listrada, dum tecido áspero, sujas de lama. (CRP: 29)

d) [...] Her bodice is not properly buttoned up, as if she had dressed in a hurry, and her stripped skirt of coarse material is mattered with mud. (CRI: 27)

Este modo de descripción es recurrente en todo el libro y refuerza el valor de la acción a través del uso de expresiones fijadas que contienen la transitivización de un hecho estático o más abstracto. Veamos algunos ejemplos:

(3 a) Li digué que tot el dia havia hagut de mossegar-se la llengua per no preguntar-li com era que havia convidat Costura. (CR: 84)
b) El Cónsul le manifestó su sorpresa por haberse encontrado a Costura. (CRE: 75)
c) Disse-lhe que durante todo o dia mordera a língua para não lhe preguntar porque havia convidado Costura. (CRP: 80)
d) He told him that he had been biting his tongue all day to avoid asking him how it was he had invited Costura. (CRI: 73)

(4 a) Brutor era una paraula que feia posar els cabells drets a madò Hugueta. (CR: 228)
b) Suciedad era una palabra que ponía los pelos de punta a Madó Hugueta. (CRE: 203)
c) Sujidade era uma palavra que fazia pôr os cabelos em pé a *madò* Hugueta. (CRP: 222)
d) Dirt was a word that set Madò Hugueta's hair on end. (CRI: 202)

(5 a) No els quedaria més remei que afluixar la bossa. (CR: 296)
b) No les quedaría más remedio que aflojar la bolsa. (CRE: 265)
c) Não teriam mais remédio senão abrir os cordões à bolsa e contribuir para as despesas das festas. (CRP: 290)
d) They would have no choice but to loosen the purse-strings and contribute to the cost of the festivities. (CRI: 264)

En todos los casos citados, la concreción en un objeto o parte del cuerpo remarca el valor de movimiento de la acción, que no hubiera estado presente de haber utilizado el verbo más usual. Es cierto que este modo de descripción no es único en absoluto, pero está indudablemente muy presente en la narración y remite a la estructuración oral que describe Bajtin (1987). Siguiendo con la tónica expuesta anteriormente, las traducciones se esfuerzan en mantener, siempre que sea posible, el valor de acción de los verbos utilizados, aunque debemos apuntar que la versión de la autora en castellano es en ocasiones mucho menos transitivizadora.

4.1.2 La acentuación de la oralidad: repeticiones, enunciados incompletos

Walter Ong (1982: 40) describe la redundancia como una de las características fundamentales de la oralidad primaria. En la oralidad fingida, la baza de la repetición es un recurso ampliamente utilizado y, en *Dins el darrer blau*, no se produce ninguna excepción. Veamos algunos ejemplos:

(6) Com pot dir això! Com pot dir això, Don Sebastianet! [...] Com pot dir que aquí no haguera passat res! I molt que haguera passat! I molt! (CR: 247)

(7) Ajornar-lo, preparar-lo amb temps, era molt perillós. Qualsevol podia, sense voler, delatar-los, delatant-se per una imprudència a si mateix. Ajornar-lo era perdre s'oportunitat que els envià en Pere Onofre Aguiló i la viuda Sampol. No, no podien deixar marxar de buit es xabec, després des pacte que havien dut a terme amb es capità es seus amics de Liorna. No, de cap manera. (CR: 323)

Observamos que las dos citas que hemos trascrito presentan dos usos de la repetición muy diferentes y que se pueden considerar como ilustrativos de la presencia de la repetición en la novela. En el ejemplo (6), identificamos una repetición deudora de la oralidad, a la que remite y a la que intenta imitar, puesto que se utiliza en el diálogo de forma enfática, para significar la importancia de un segmento y para darle preponderancia. Así pues, el hecho de que Riera elija presentar un texto que haga uso de la repetición debe de tener el objetivo de remitir a un contexto oral, en el cual la repetición no sólo es habitual, sino también necesaria para la correcta transmisión del mensaje. En el ejemplo (7), cabe destacar la repetición como una característica literaria, muy relacionada con la anterior, como una idea obsesiva en la mente del personaje, que no puede dejar de pensar en determinadas ideas que recurren en el discurso. Aunque es cierto que se presenta el discurso en estilo indirecto, probablemente en este caso la función de la repetición no está tan ligada con la oralidad fingida sino más bien con la creación de la psicología del personaje, sin descartar, evidentemente, que el fragmento pueda ser al mismo tiempo un medio de fabricación de oralidad fingida.

Para finalizar con este análisis, observemos un elemento sintáctico relacionado con la repetición, aunque también con el carácter provisional de la oralidad, que tiende a la reconstrucción constante del discurso, como por ejemplo la producción de enunciados incompletos, que caracterizan la oralidad a partir de la temporalidad dominante en el medio. Sin embargo, es importante remarcar que esta reformulación se da no como característica de la oralidad, sino como resultado de la espontaneidad y la no elaboración del discurso, que, por consiguiente, se reduce al mínimo en la poesía oral, como resultado de la estructuración fija del verso. Si observamos el discurso fingidamente oral de los diálogos de la novela, veremos cómo la autora rechaza el uso de la reconstrucción, así como otras muchas características de la oralidad espontánea,[18] y adopta el uso de frases incompletas como marcador de turno de palabra interrumpido:

(8)   Jo crec que es camí no fou encertat, que sa senyora... | Cònsol, no et permetré... (CR: 87)

(9)   Hauríem de cercar sa manera que tu i el Cònsol... (CR: 99)

(10) Don Sebastià, Don Sebastianet, això que diu no ho digui, no ho torni a repetir, per l'amor de Déu, o haurem de pensar que té motius..., que vossa mercè també... (CR: 244)

(11) No consent que... No li permet, pare Ferrando, que posi en dubte... Per respecte an es seu ministeri, no... (CR: 244)

(12) Jo, de cap manera... (CR: 244)

(13) Deman que la vostra... (CR: 291)

4.2 Rasgos particulares

4.2.1 Rasgos diatópicos. El mallorquín y sus propiedades

Posiblemente los fragmentos que consiguen una mayor ilusión de oralidad son los que corresponden a los diálogos, en los que Riera aplica lo que el formalismo ruso llamó *skaz*, la estilización de una voz oral. En ellos, la mejor baza que juega Riera es su proximidad al dialecto mallorquín, como declara en la nota final: «He optat per utilitzar la variant mallorquina en els diàlegs dels autòctons, mantenint la fonètica i l'article salat» (CR: 431). Precisamente, podemos apuntar que parte de la ilusión de oralidad corresponde a la ruptura parcial de la normativa de registros que rige la escritura en catalán, una técnica que se erige como el sello de la narrativa de Riera. Como afirma Lluïsa Julià de sus primeros relatos: «val a dir que en aquesta primera etapa narrativa, el llenguatge de Carme Riera és bàsicament líric, amb una forta càrrega de l'oralitat a través del dialecte mallorquí que parlen els seus personatges» (Julià 2009: 27). Así, crea un contraste con la lengua catalana escrita, que

---

[18] Éstas incluyen, entre otras, «incomplete sentences, pauses, short turns, and the use of discourse particles and high-frequency "passe-partout words"» (Wanner 2008: 133), que también se dan en mayor o menor medida en la escritura espontánea del chat cibernético (cf. Wanner 2008).

mayoritariamente parte del uso de formas estándar,[19] y que, como asegura Joan Veny, «es manifesta, en general i paradoxalment, prou homogènia. Fins i tot, els que diuen escriure en una varietat valenciana o mallorquina, no solen mostrar en la seva llengua fisures dialectals tangibles» (Veny 2001: 46). Consecuentemente, cuanto más difiere el dialecto de estas formas escritas, más fácil es provocar la ilusión de que lo que se está escribiendo es discurso oral, porque la falta de costumbre de ver estas formas escritas connota su referente oral. De esta manera, la ilusión de oralidad en realidad no es más que una referencia intermedial, como puede serlo la transcripción de la letra de una canción, algo que también utiliza Riera. Así, no deja de ser un intento de romper el silencio de la palabra escrita a partir del desencadenamiento del sonido en la mente del lector, a través de un detonante lingüístico, concentrado en la letra, o, en este caso, en las formas lingüísticas poco habituales o arbitrariamente asignadas a la transcripción de la oralidad. Al mismo tiempo, volviendo al concepto de *skaz*, cabe destacar el matiz dialógico presente en Bajtin (1984), que aporta una doble voz a cualquier ocurrencia de *skaz*. De esta manera, a través de su dialogismo implícito, se hace evidente una tensión entre el canon literario y la oralidad construida que dialoguiza todo el texto.

Obviamente, la representación de las formas dialectales también muestra una clara preferencia por la utilización de las características más marcadas y connotadas por la convención, sin romper en la mayoría de los casos con la normativa que rige el uso escrito. Así pues, Riera usa la forma del artículo *es, sa, es, ses*, de uso común en las islas Baleares.[20] Por ejemplo:

---

[19] Veny (2001: 85) señala que «la llengua estàndard, abans anomenada literària o comuna, de caràcter supradialectal, es caracteritza per la seva notable uniformitat».

[20] Ahora bien, su uso no siempre es del todo correcto, puesto que a veces emplea la forma *ets*, que en la oralidad corresponde a un alófono de *es*, artículo masculino plural, ante vocal y fricativa alveolar, en casos en que de forma oral nunca aparecería: «en ses confiscacions de béns no es consideraven ets deutes» (CR: 60); contrariamente, no aparece en algunos casos en los que debería estar presente: «Què sap ell des actes aliens» (CR: 217). Resalta también la no utilización del alófono *so* después de la preposición *amb*: «Tots voldrien plorar amb es nostros ulls» (CR: 220). Incluso en este caso se produce la confusión de alófonos que mencionábamos al principio de esta nota: «Ja me diràs que tenc a veure jo amb tu, jueueta, jo amb ets claus que tallàreu voltros per enclavar el Bon Jesús» (CR: 93).

(14) Entona bé i sa veu no sembla de cap missatge... I ella? Qui deu ser? Ben segur és sa petita de ses filles de s'amitger... (CR: 142)

(15) Posats a inventar, més valdria que inventassin una màquina per xuclar es mals pensaments (CR: 79)

(16) Si és més enllà no fóra més que una il·lusió dets homos encarparrotats en esperances folles? (CR: 400)

Este uso se opone al literario *el*, *la*, *els*, *les*, que sí aparece en el discurso narratorial y, también, en las intervenciones de los inquisidores[21] y de los personajes extranjeros, que muestran una clara tendencia a la lengua no marcada.

Otra característica en los diálogos es la combinación de formas pronominales débiles propias de Mallorca (el objeto directo precede al objeto indirecto, así como la forma reforzada es equivalente a la forma plena en la mayoría de los casos y en otros son formas propias):[22]

(17) Si en reunim els que considerin necessaris, potser no mos faran sa pell. (CR: 220)
(18) No te moguis. Te duré cosa bona. (CR: 230)
(19) I ara per què la vos n'enduis! [...] Per què me la preniu (CR: 298)
(20) Fou ella i només ella qui li demanà mil vegades que la se'n dugués (CR: 312)

Las formas pronominales fuertes de primera y segunda persona plural también aparecen en la forma mallorquina en los diálogos:

(21) Quan neix un infant [...] el canvien per un de noltros, per un des millors de noltros. (CR: 77)

Todos estos usos recogen el uso de formas poco corrientes, aunque marginalmente aceptadas en usos menos formales o específicos —por ejemplo, la toponimia—,

---

[21] Como afirma la autora, usa el dialecto «menys quan són els inquisidors els qui parlen, ja que, segons consta documentalment, no salaven durant els interrogatoris ni tampoc en els actes de la vida religiosa» (CR: 431).

[22] Sin embargo, no siempre se mantiene. Por ejemplo: «però vós, reverència, no us ho podeu creure, això» (CR: 299) o «ell mateix em vingué a trobar. Ell em topà i es posà en es meu camí accentant es convit de s'hort» (CR: 218).

pero en otros casos, vemos que aparecen incorrecciones, de acuerdo con la normativa que rige los usos escritos, orientadas a acercar el grafolecto a la oralidad. Por ejemplo, usa el alófono de la preposición *a*, *an*, ante vocal, no admisible en el registro escrito:

(22)   ho confià an es bordegassos de sa seva partida. (CR: 217)
(23)   gràcies an es vostro enginy... (CR: 249)
(24)   An això vaig. (CR: 342)

La alteración gráfica de algunas palabras para reflejar las pronunciaciones típicas de la isla (como, por ejemplo, *-o* por *-e* final, reducción *-ua* en *-o*), vuelve a incidir en el intento de Riera de acercar el texto estilizado a su referente oral:

(25)   Ho dic per curiositat, homo, per res més. (CR: 78)
(26)   Ses vostres cases han estat barrades i es vostros béns confiscats. (CR: 234)
(27)   Es bordell obert durant la Corema? (CR: 299)
(28)   Sort en tenim en aquest hort amb s'aigo. (CR: 71)[23]

En el plano morfológico, vemos una utilización de formas habituales en el dialecto balear, que en algunas ocasiones reflejan alteraciones usuales en el habla oral:

(29)   Vos ho agraiesc, madò Hugueta, però no necessit defensors. (CR: 298)
(30)   No et porem contestar (CR: 302)
(31)   Trei-me ses mans de damunt. (CR: 304)
(32)   Tanmateix, tard o d'hora no haguera tengut més remei que fer-vos-ho sebre. (CR: 342)

De la misma manera, también vemos un uso habitual de vocabulario propio de Mallorca, aunque en este caso debemos apuntar que es algo habitual en la narrativa de autores mallorquines. Sin embargo, hay que tener en cuenta que, ante la ambientación de finales del siglo XVII, la autora opta por «no emprar paraules que no haguessin estat ja documentades, sense caure, però, en una llengua massa arcaïtzant i en conseqüència de lectura difícil» (CR: 431). Como aseguran Santiago Martínez

---

[23] Cabe notar que, en alguna ocasión, esta reducción *-ua* en *-o* también se da en la voz narratorial: «S'estopetjà amb aigo i s'eixugà amb una tovallola flonja, que feia olor de pomes» (CR: 235).

Arrieta y Domergue Sumien, «[u]na part del lèxic del balear és arcaic o particular en el conjunt català» (2006: 128), por lo cual el acercamiento al léxico que se utiliza en la isla debería facilitar la proximidad con el habla arcaica.

Todas estas características quedan completamente eliminadas en las traducciones y no hay ningún intento de connotar dialectalmente los diálogos. Curiosamente, se mantiene la explicación de la autora en la nota final, convenientemente traducida al inglés y al portugués —no así al castellano—, que asegura que utiliza la variante mallorquina para los diálogos, preserva la fonética —cosa que no es del todo cierta— y mantiene el artículo *es, sa, es, ses*.

Riera, en una versión castellana de una obra anterior, explica:

> He intentado en estas narraciones reproducir el modo de hablar de los personajes populares mallorquines cuando intentan expresarse en una lengua que no es la suya. De ahí, de esa mezcla entre castellano y mallorquín, sale un idioma híbrido que alguien denominó castellorquín y que podemos escuchar en muchos lugares de Mallorca cuando el hablante se esfuerza por dirigirse a un interlocutor castellano. Los mallorquinismos léxicos han sido traducidos en el vocabulario. En cuanto a la sintaxis hemos reproducido sólo las construcciones más características: calco de la construcción «me parece» en la anormal «me crea»; o la posposición de la conjunción adversativa «pero» al final del período oracional. Por lo que respecta a la fonética lo más característico es la sustitución del sonido (z) interdental, fricativo, sordo, inexistente en catalán, por su correspondiente alveolar (s); y el velar fricativo sordo (x) por el (c) velar oclusivo sordo, aunque esta última confusión aparece de forma intermitente en un mismo hablante. También es destacable el ensordecimiento del fonema /d/ castellano en posición final, creemos que como consecuencia de que tampoco en catalán se produjo la sonorización de las sordas intervocálicas procedentes del latín. Por último, señalamos la dislocación del acento en las palabras esdrújulas a la penúltima sílaba; o en el caso de la conjunción «pero» que convierten en aguda por asimilación al «però» catalán. (Riera 1980: 193-194)

En esta obra, por el contrario, opta por presentar una lengua mucho menos marcada, que aliene menos a los personajes del posible lector objetivo. Ella misma asegura: «Creo que en la versión original catalana se consigue que los diferentes registros lingüísticos fluyan con toda naturalidad, cosa que en castellano no me ha resultado nada fácil reproducir. Tanto que en ocasiones he preferido reescribir el texto que traducirlo» (CRE: 388). En el resumen de la reunión de los traductores de las diferentes lenguas a las que se ha vertido la literatura de Riera, leemos sobre el proceder de Miranda das Neves, traductora de la obra al portugués:

Pel que fa a les opcions de traducció cap el [sic] portuguès de *Dins el darrer blau*, va decidir fer ús d'un llenguatge més antiquat i marcar els tres graus de formalitat per als tractaments socials que existeixen en portuguès, així va mantenir el registre més formal quan parlaven els personatges eclesiàstics o de la noblesa. (Cotoner 2007: 4)

Así pues, la simplificación se encuentra en un registro formal para los personajes eclesiásticos y de la nobleza, pero sin connotaciones regionales que caracterizan el texto original y que le conceden una oralidad fingida muy efectiva.

4.2.2 Las expresiones fijas de carácter oral

La presencia de fórmulas, dichos y onomatopeyas tiene varias implicaciones. En primer lugar, la mayoría de fórmulas y dichos buscan la transitivización de una enunciación estática, como hemos apuntado anteriormente. En segundo lugar, en un contexto oral, estas fórmulas poseen una doble función: la cohesión social a partir del conocimiento conjunto y la conservación del saber en una comunidad. En la obra de Riera, probablemente obedecen a la primera función, en cuanto identificadores de comunidad. Así pues, el uso de este tipo de fórmulas muestra la comunidad que la autora retrata, de la misma manera que la pueden representar costumbres, ropajes o comidas, y ofrece así su color local de forma lingüística. En cierta manera, se trata de un uso connotado de la oralidad como representación de un pueblo, que, como es obvio, presenta problemas a la hora de la traducción. Por último, integradas en el contexto literario, aportan otra lógica, basada en la oralidad primaria y el texto las conserva para la posteridad.

Para ilustrar este extremo, pongamos algunos ejemplos:

(33 a) Com és ara? (CR: 242)
   b)   ¿En verdad? (CRE: 216)
   c)   Na verdade? (CRP: 237)
   d)   Really? (CRI: 214)

(34 a) A mesura que avançava cap a la fosca disminuïen els *Bona nit* i els seus *Bona nit que Déu mos do*. (CR: 257)[24]

---

[24] La versión castellana resulta un poco extraña y poco idiomática, y es parecida al texto portugués. En inglés, en cambio, el traductor opta por una solución que remite al texto shakespeariano de *The Taming of the Shrew*. «And being a winner, God give you good night!», (acto V, escena 2.ª). Todas las traducciones propuestas no consiguen el juego entre la expresión idiomáti-

b) [...] disminuían los Buenas noches de los demás y sus Buenas noches que Dios nos dé, porque los caminantes sabían que la helada de marzo es mala compañía para alejarse más de una legua. (CRE: 229)
c) À medida que avançava em direcção à escuridão diminuíam os *Boas noites* dos outros e os seus *Que Deus vos dê boas noites*. (CRP: 252)
d) The further he advanced into the darkness, the less he heard "Good Night" and wished others "God give you good night". (CRI: 228)

(35 a) Déu me'n lliber! (CR: 235)
b) ¡Dios me libre! (CRE: 209)
c) Deus me livre. (CRP: 229)
d) God forbid. (CRI: 208)

(36 a) m'han dit que ahir va ser gros. (CR: 240)[25]
b) ¡Me han dicho que fue inconmensurable! (CRE: 214)
c) Disseran-me que ontem foi coisa grossa. (CRP: 234)
d) I'm told yesterday was serious (CRI: 213)

(37 a) Don Sebastià, expressions a ca seva... (CR: 247)
b) salude de mi parte a su tío... (CRE: 220)
c) saludações lá em casa... (CRP: 241)
d) Don Sebastià, my regards to your uncle... (CRI: 219)

(38 a) Cap com aquesta! (CR: 250, 298, 345)[26]
b) ¡qué disparate! (CRE: 223); ¡Habráse visto! (CRE: 267); ¡Lo que me faltaba! (CRE: 309)
c) Uma como esta! (CRP: 244); Olha que uma destas! (CRP: 292); Olha que esta! (CRP: 338)
d) What nonsense! (CRI: 220); Well, would you believe it? (CRI: 266); What! (CRI: 309)

(39 a) darrerament anava molt cop-piu (CR: 327)
b) parecía andar de capa caída (CRE: 292)

---

ca del catalán, no reducida a eclesiásticos, y la escena, en la que Rafel Onofre, disfrazado de monje, intenta escapar de la ciudad.

[25] En este caso, las variaciones son importantes, porque la fórmula portuguesa mantiene el tono del original, mientras que la elección de Riera para el texto en castellano resulta excesivamente culta. En cambio, el texto inglés reduce la exclamación algunos grados.

[26] Esta expresión resulta interesante, porque las tres lenguas deben utilizar formas diferentes en los diferentes contextos, mientras que la expresión catalana, muy idiomática, cumple las tres funciones a la perfección.

c) ultimamente andava muito decaído (CRP: 321)
d) he's been looking sorry for himself lately (CRI: 292)

(40 a) Ferrando, en saber que l'Inquisidor ha donat el plàcet, talla claus. (CR: 327)[27]
b) Ferrando, al tener noticia de que el Inquisidor ha dado el plácet, está que masca clavos. (CRE: 292)
c) Ferrando, ao saber que o Inquisidor dera o seu assentimento, fica furioso. (CRP: 321)
d) Ferrando is furious when he finds out the Inquisitor gave his placet. (CRI: 292)

(41 a) Això va de primera (CR: 331)
b) Esto va de primera (CRE: 296)
c) Isto vai muito bem (CRP: 329)
d) Smashing (CRI: 296)

En estos ejemplos vemos que las traducciones a menudo difieren bastante del original y, a grandes rasgos, podemos afirmar que las traducciones inglesa y portuguesa tienden a buscar una solución neutra, no idiomática, mientras que la versión castellana lo intenta, pero en ocasiones fracasa y aporta un simple calco de la frase hecha en catalán.

Un aspecto que Bajtin trata detalladamente en *La cultura de la Edad Media y el Renacimiento* es la carga subversiva y regeneradora del lenguaje abusivo, esencial para la literatura grotesca, derivada de un contexto de oralidad primaria. En la obra de Riera, es indudable que la presencia de insultos e imprecaciones es considerable.[28] Obviamente, el contexto escrito no es propicio para este tipo de lenguaje, pues la implicación es que el lenguaje escrito está conectado con las capas intelectuales o, como mínimo, bien situadas de la sociedad. En cambio, el uso del insulto y la impre-

---

[27] En este caso, tanto la traducción inglesa como la portuguesa optan por soluciones muy neutras. En cambio, la solución de Riera resulta bastante extraña y poco idiomática.

[28] Por ejemplo, podemos citar los siguientes: «Retira-ho, animal, ca de merda» (CR: 93); «Vatua Déu que vos cansau d'aviat» (CR: 261); «I ara què dius? Una meuca i ben meuca! Que no li veus sa puteria?» (CR: 298); «Puta sí, Reverendíssim senyor Inquisidor, per servir-lo. Puta sí, però res més» (CR: 300); «Bruts, porcs, poca-vergonyes» (CR: 304); «Sa poca-vergonya meuca des bordell» (CR: 305); «Judiarra» (CR: 305); «es gran poiós traïdor» (CR: 342); «Això és una punyetera mentida que han fet córrer aquests cabrons amb banyes de diable de capellans per enfonsar-me! Aquests fills de puta del dimoni!» (CR: 343); «Tots ets homos fossin com es teu Rafel Onofre i no es pardalers, collonarros, malparits que corren pes món! Si jo vos contàs!» (CR: 350).

cación se relaciona con las capas populares o con poca formación. Así pues, la presencia de tal lenguaje, considerado vulgar, siempre integrado en los diálogos, contribuye, por una parte, a la sensación de oralidad de los discursos de los personajes, puesto que un léxico restringido a la oralidad en el medio escrito siempre remitirá a su contexto habitual. Por otra parte, retomando un tema que exponíamos anteriormente, forma parte de la construcción del lenguaje del subalterno, a partir del término spivakiano (cf. Spivak 1999), que la autora integra en la hegemonía a través de la literatura, hecho que permite un inicio de diálogo y una reivindicación del Otro en sus términos. En relación a la traducción de estos insultos, en ocasiones se puede notar una reducción de tono, para optar por una solución menos ofensiva, aunque, por regla general, los traductores se esfuerzan por mantener esta característica del discurso.

4.2.3 Los diminutivos

Lluís Payrató, en su estudio sobre la oralidad en catalán, nota la frecuencia de uso de aumentativos y diminutivos en la variedad coloquial, que en otros contextos contribuyen, según observa, a «col·loquialitzar» y «crear i evocar contextos» (Payrató [1988] 1996: 99). En el texto de Riera podemos identificar precisamente el marco de ideas expuesto por Payrató, la intención de crear y evocar contextos a partir del uso de los diminutivos, en fragmentos como:

(42 a)   Oh, quin fraret tan preciós (CR: 256)
(43 a)   Ets una marededeueta, filla meva (CR: 314)

En los dos ejemplos la utilización del diminutivo connota cariño por parte de los hablantes hacia los oyentes —e, incluso, muestra en los dos casos un enamoramiento imposible—, que se ha demostrado difícil de traducir, por lo que podemos observar en las diferentes versiones. El ejemplo (42a) se transforma en:

(42b)   Oh qué frailecito tan bonitito (CRE: 228)
   c)   Oh, que fradinho tão bonito (CRP: 251)
   d)   Oh, what a beautiful monk (CRI: 227)

La versión de Riera (42b) denota un aire amanerado, atribuible al uso del doble diminutivo, excesivo a todas luces, que no transmite la versión catalana. Por el contrario, la traducción portuguesa se mantiene muy cercana a la versión catalana, igual que la versión inglesa, aunque ésta obvia el uso del diminutivo. En el ejemplo (43b), no obstante, intenta conservarlo, de manera absolutamente fallida:

(43b)   You are a mini Mother of God, my daughter (CRI: 280)

En este caso, la versión castellana sí consigue transmitir el tono adecuado, al igual que la versión portuguesa:

(43 c)   Eres una Virgencita, hija mía (CRE: 281)
   d)   És uma mãezinha de Deus, minha filha (CRP: 308)[29]

En otros casos, el diminutivo se utiliza en un tono peyorativo que también sufre una suerte dispar en las versiones traducidas como, por ejemplo, en:

(44 a)   Només dic que la gent senzilla, rústega, com aquesta doneta, és més fàcil fer-la combregar amb rodes de molí. Qualsevol els faria creure que els ases volen... (CR: 104)

Las traducciones son las siguientes:

(44b)   Digo sólo que a la gente sencilla, rústica, como esa mujer, es más fácil hacerle comulgar con ruedas de molino... Cualquiera le haría creer que los burros vuelan... (CRE: 92)
   c)   Apenas digo que a gente simples, rústica, como essa mulherzinha, é muito crédula. Qualquer um os faria acreditar que os burros volam... (CRP: 100)
   d)   I'm only saying that simple, rustic people like this young woman will believe anything. For example, that pigs might fly. (CRI: 90)

5. Conclusiones

A lo largo de este trabajo hemos analizado varias estrategias, tanto léxicas y semánticas como estructurales, que podemos identificar en el libro *Dins el darrer blau*. Todas ellas tienen como objetivo presentar una oralidad virtual en el texto, que cree una ilusión de presencia, a partir de técnicas que van desde el nivel más abstracto hasta el nivel más concreto. Identificamos particularmente dos estrategias que tie-

---

[29]   Entendemos que este último ejemplo también debe leerse más como una muestra de que las culturas hispánicas comparten usos y referentes religiosos, además de que el uso del diminutivo sea obviamente similar en todas estas culturas.

nen resultados dispares en cuanto a las traducciones estudiadas. Por una parte, hemos visto cómo la oralidad virtual integrada en el nivel de estructuración de discurso, tanto formal como de ordenación ontológica, penetra más o menos fácilmente en el texto meta —si bien las lenguas escogidas para el estudio presentan coincidencias importantes y, por lo tanto, tal vez deberíamos revisar esta conclusión si integráramos en el estudio traducciones a lenguas de otras familias lingüísticas o con divergencias más profundas—, pero en el nivel diatópico y los ámbitos léxico-semántico y paremiológico, las diferencias se acentúan. Así, el recurso de apelar a las formas dialectales queda suprimido y, con él, parte de la ficción de oralidad, cosa que desactiva en cierta medida el discurso periférico y dificulta, al menos parcialmente, la integración de discursos subalternos en el discurso hegemónico, en nuestra opinión uno de los temas centrales de la obra de Riera.

6. Corpus

CR = RIERA, Carme (1994). *Dins el darrer blau*. Barcelona: Destino.
CRE = RIERA, Carme (1996). *En el último azul*. Traducción de Carme Riera. Madrid: Alfaguara.
CRI = RIERA, Carme (2007). *In the Last Blue*. Traducción de Jonathan Dunne. London: Duckworth.
CRP = RIERA, Carme (2008). *No Último Azul*. Traducción de Miranda das Neves, revisor José Costa. Lisboa: Teorema.

7. Referencias bibliográficas

BAJTIN, Mijail Mijailovic (1981). *The Dialogic Imagination. Four Essays*. Editado por Michael Holquist. Traducción de Caryl Emerson y Michael Holquist. Austin: The University of Texas Press.
BAJTIN, Mijail Mijailovic (1984). *Problems of Dostoevsky's Poetics*. Editado y traducido por Caryl Emerson. Minneapolis: The University of Minnesota Press.
BAJTIN, Mijail Mijailovic (1987). *La cultura popular en la Edad Media y el Renacimiento: el contexto de François Rabelais*. Traducción de Julio Forcat y César Conroy. Madrid: Alianza Universidad.
COTONER, Lluïsa (ed.) (2007). *Memòria resumida del Seminari de Traductors i Traductores de l'Obra de Carme Riera. (Barcelona, 24 i 25 d'abril de 2007)*. Barcelona: Institució de les Lletres Catalanes. URL: <http://www20.gencat.cat/docs/CulturaDepartment/ILC/Documents/Arxiu/Resum%20Seminari%20Carme%20Riera.pdf>; fecha de consulta: 12-4-2010.
ECO, Umberto (1976). *Opera aperta*. Milano: Bompiani.
FLUDERNIK, Monika (1991). «The historical present tense yet again. Tense switching and narrative dynamics in oral and quasi-oral storytelling». *Text* 11. 365-398.
FRIEDRICH, Rainer (1991). «The problem of an oral poetics». En RUNTE, Hans R.; RUNTE, Roseann (eds.) (1991). *Oralité et littérature. Actes du XIème Congrès de l'association internationale de littéra-*

ture comparée (Paris, août 1985). Orality and Literature. Proceedings of the XIth Congress of the International Comparative Literature Association (Paris, August 1985). New York: Peter Lang. 19-28.

GARAU, Francisco [1691] (1984). *La Fee triunfante*. Prólogo de Llorenç Pérez; versión y estudio preliminar de Lleonard Muntaner. Palma: Miquel Font.

GÓMEZ MACKER, Luis Adolfo (1977). «El sobrenombre: implicaciones socioculturales». *Estudios Filológicos* 12. 97-110.

HAVELOCK, Eric (1986). *The Muse Learns to Write*. New Haven; London: Yale University Press.

JULIÀ, Lluïsa (2009). *Carme Riera*. Barcelona: AELC.

KEUNEN, Bart (2007). «World making in modernist city literature». En EYSTEINSSON, Ástráður; LISKA, Vivian (eds.) (2007). *Modernism*. Vol. 1. Amsterdam; Philadelphia: John Benjamins. 271-290.

LUCZAK, Barbara (2004). «Història i ficció a *Dins el darrer blau* de Carme Riera». En CAMPS, Christian; ARNAU, Pilar (eds.) (2004). *Col·loqui Europeu d'Estudis Catalans*. Vol. 2, *La literatura de la democràcia*. Montpellier: Publications Montpellier 3 (Université Paul Valéry). 189-202.

MARTÍNEZ ARRIETA, Santiago; SUMIEN, Domergue (2006). «Els lligams entre català i occità: alguns problemes de representació i estandardització». En *Estudis de Llengua i Literatura Catalana*, LII / *Miscel·lània Joan Veny*. Vol. 8. Montserrat: Publicacions de l'Abadia de Montserrat. 111-140.

MIYAHARA, Kazunari (2009). «Why now, why then?: present-tense narration in contemporary British and Commonwealth novels». *Journal of Narrative Theory* 39/2. 241-268.

ONG, Walter (1982). *Orality and Literacy. The Technologizing of the World*. London: Methuen.

PAYRATÓ, Lluís [1988] (1996). *Català col·loquial: aspectes de l'ús corrent de la llengua catalana*. 3.ª ed. València: Universitat de València.

PÉREZ SALDANYA, Manuel (2000). «Notes per a una estilística dels temps verbals». *Caplletra* 29. 83-103.

PORCEL, Baltasar [1975] (2007). *Cavalls cap a la fosca*. Barcelona: Labutxaca.

REBOLLO TORÍO, Miguel Ángel (1993). «El apodo y sus características». *Anuario de estudios filológicos* 16. 343-350.

RIERA, Carme (1980). *Palabra de mujer*. Barcelona: Laia.

SPACKS, Patricia Meyer (1986). *Gossip*. Chicago: Chicago University Press.

SPIVAK, Gayatri Chakravorty (1999). *A Critique of Postcolonial Reason: Towards a History of the Vanishing Present*. Cambridge (Mass.): Harvard University Press.

VENY, Joan (2001). *Llengua històrica i llengua estàndard*. València: Universitat de València, Servei de Publicacions.

WANNER, Anja (2008). «Creating comfort zones of orality in online discussion forums». En MAGNAN, Sally (ed.) (2008). *Mediating Discourse Online*. Amsterdam: John Benjamins. 125-149.

Francesc Fernández

Universitat Pompeu Fabra, Barcelona

LA ORALIDAD CONCEPCIONAL EN EL ENSAYO HISTÓRICO *NEMESIS*. ANÁLISIS DE SU TRADUCCIÓN AL ESPAÑOL*

1. Introducción

Este artículo se propone contribuir al estudio de la traducción de la oralidad concepcional a nivel léxico combinando el modelo de Peter Koch y Wulf Oesterreicher (2007: 21) sobre este concepto con un modelo propio por acciones comunicativas que se pretende relevante para la traducción (Fernández 2010: 9-11). De esa relevancia da prueba el hecho de que ese modelo se ha visto aplicado ya al análisis de la traducción del español y al español de sendas obras que son exponentes de la oralidad concepcional en el medio gráfico: la novela *La Sombra del Viento* (Fernández 2008) y el ensayo *Die Wehrmacht* (Fernández 2009).

En el presente artículo la traducción de la oralidad concepcional en el medio gráfico se ve considerada a partir del análisis de la traducción, del inglés al español, de ejemplos de testimonios personales sobre la guerra contra Japón presentes en el ensayo *Nemesis*,[1] obra del historiador británico Max Hastings. Esos testimonios corren a cargo fundamentalmente de militares, pero también de políticos y civiles de los países aliados y se corresponden con enunciados pertenecientes, en su mayoría,

---

* Este estudio se ha escrito en el marco del grupo de investigación consolidado CEDIT (Centre d'Estudis de Discurs i Traducció) reconocido por la AGAUR (Agència de Gestió d'Ajuts Universitaris i de Recerca) de la Generalitat de Cataluña con número de referencia 2009 SGR 771, y del proyecto de investigación HUM2007-62745/FILO *La Oralidad Fingida: Descripción y Traducción* (OFDYT), financiado por el Ministerio de Educación y Ciencia.

[1] Cuando quiera que, en lo sucesivo, este título aparezca sin tilde, hará referencia a la obra del historiador británico Max Hastings, *Nemesis. The Battle for Japan, 1944-1945* (MH). Por el contrario, el título con tilde remitirá a la traducción española de dicha obra, esto es, a Max Hastings, *Némesis. La derrota del Japón. 1944-1945* (MHE).

a los géneros de concepción oral (diarios, memorias y cartas personales) constitutivos de dicho ensayo.

A tales testimonios les corresponde una valoración expresiva realizada mediante elementos léxicos con valor connotativo. Éste viene dado por la variedad diatópica, diastrática y diafásica de esos elementos y —confluyendo con ella— por su misma especificidad cultural. En ese sentido, el análisis de dichos testimonios entronca con el que se aplica tanto al habla coloquial y vulgar que define el estilo de *La Sombra del Viento* como al discurso personal de militares alemanes que resulta característico de *Die Wehrmacht*. Con éste comparte, además, la relevancia añadida de que el autor del análisis es asimismo el responsable de la traducción objeto de estudio.

2. Presentación introductoria de *Nemesis. The Battle for Japan, 1944-1945*

2.1 Resumen y sinopsis

El contenido de *Nemesis* puede resumirse en los siguientes términos, citando la presentación que aparece reseñada en la contraportada de su versión española:

> No hubo una Segunda Guerra Mundial [...] sino dos completamente distintas: la que se desarrolló en Europa y la que tuvo por escenario el oriente de Asia y el Pacífico [...]. Este libro nos habla de esa «otra» guerra, no menos dramática y trascendental, pero hasta hoy demasiado olvidada. Basándose en un gran trabajo de documentación y en la recogida de testimonios de los supervivientes, Hastings recupera esa epopeya en una sucesión de episodios que van desde la historia del «ejército olvidado» de los británicos en Birmania hasta la invasión soviética de Manchuria, pasando por los sufrimientos del pueblo chino, las grandes batallas navales, la brutalidad de los campos de la muerte, la lucha por las Filipinas, la sangrienta conquista de Iwo Jima, la destrucción de las ciudades japonesas incendiadas por los bombardeos con «napalm» o el drama secreto que se desarrolló en torno al palacio imperial de Tokio en los días de la capitulación. (MHE)

En términos más precisos, los ejemplos objeto de análisis —un total de veinte, distribuidos en once fragmentos— pertenecen a los últimos capítulos del ensayo, esto es, a los cotraducidos[2] por el autor del presente análisis y, en concreto, a los cuatro que se citan seguidamente acompañados de su respectiva sinopsis entre paréntesis:

---

[2] Dadas las dimensiones de la obra original, la traducción al español corrió a cargo de dos traductores principales, con los que colaboraron, encargándose en cada caso de diferentes capítulos del libro, tanto el autor del análisis como otra traductora.

18. El ocaso de los imperios (en el que se da cuenta de las vicisitudes vividas por los ejércitos —en particular el británico— de las otrora potencias coloniales).

19. Las bombas atómicas (referido a la fase de desarrollo de las bombas de Hiroshima y Nagasaki y su lanzamiento y a las reacciones inmediatas que éste suscitó).

20. Manchuria: el zarpazo del oso (en el que se relata la invasión soviética de ese territorio chino limítrofe con la URSS ocupado previamente por Japón).

21. El último acto (dedicado a los hechos inmediatamente posteriores a la rendición nipona).

2.2 Caracterización del ensayo

Si partimos de las reseñas sobre la obra que aparecen en la contraportada de su traducción española, pertenecientes a dos publicaciones británicas de referencia, como son *The Spectator* y *Literary Review*, una y otra destacan cómo *Nemesis* refleja los acontecimientos que se desarrollaron en el transcurso de la campaña asiática combinando acertadamente la descripción de los grandes hechos históricos con el recurso a los testimonios personales de aquellos que, de forma más o menos pública o anónima, los protagonizaron.

> Hastings nos presenta el contexto estratégico del conflicto, pero su verdadero mérito consiste en la narración de las terribles experiencias humanas vividas [...]. THE SPECTATOR

> Una historia [...] tejida a partir de los entramados de políticos y estrategas, junto a las cartas, diarios y memorias de aquellos que lucharon en ambos lados del frente. El resultado es un libro [...] convincente [... y] vívido [...]. LITERARY REVIEW[3]

Esas características se ven también recogidas y precisadas en otra reseña, procedente en este caso de una revista australiana y que cabe citar con cierto detalle, puesto que, al no figurar en la contraportada del libro, no resulta sospechosa de presentar un carácter exclusivamente laudatorio, a diferencia de las dos anteriores. Así lo demuestra su crítica —omitida de la siguiente cita a causa de su irrelevancia en el presente contexto— al capítulo dedicado justamente a la participación australiana en la guerra contra Japón:

---

[3] En muchos casos, las fuentes podrán provenir de «aportaciones individuales realizadas por todos los testigos oculares entrevistados», como reconoce el propio autor en los agradecimientos de la obra (MHE: 775).

Hastings has the born historian's gift for conveying insightful judgements with strong individual stories, and it is worth reading *Nemesis* for both [...] It is impressively even handed. He tells his story from the perspective of the Chinese and Japanese as much as the Americans or British. (Stanley 2007)

3. Oralidad concepcional y testimonios personales

Los testimonios personales de *Nemesis* dan cuenta de las impresiones de quienes vivieron de cerca los acontecimientos históricos relatados, vividos primordialmente desde diferentes escenarios bélicos del frente asiático. De ahí que tales testimonios se correspondan bien con enunciados formulados originariamente de viva voz y recogidos posteriormente en obras históricas y artículos periodísticos, así como en memorias y diarios personales (en los que la concepción hablada se ve trasladada del medio fónico al gráfico), bien con enunciados consignados directamente por escrito en cartas y también en diarios personales (en los que se aúnan la concepción hablada y el medio gráfico).

Ambos tipos de enunciados forman parte de una misma oralidad concepcional que, según el ya citado modelo de Koch y Oesterreicher, responde a una configuración hablada de la expresión, con independencia del medio (fónico o gráfico) en que ésta se realiza lingüísticamente. De ahí la inmediatez comunicativa que la caracteriza y que, entendida en términos de escasa planificación, se contrapone, a lo largo de un *continuum*, a la distancia comunicativa que, con su mayor planificación, resulta inherente a la escrituralidad concepcional (cf. Koch/Oesterreicher 2007: 21).

Uno de los principales parámetros de esa oralidad concepcional, junto con el grado de familiaridad y proximidad física entre los interlocutores, lo representa la implicación emocional del emisor. Ésta se ve determinada tanto por el propio interlocutor como por el referente de la comunicación y se manifiesta, primordialmente, en forma de sentimientos y valoraciones, especialmente cuando éstas resultan negativas o comportan expresiones de enfado tales como maldiciones, imprecaciones, etc. (cf. Koch/Oesterreicher 2007: 167-168).

En la medida en que los testimonios personales en *Nemesis* se distinguen necesariamente por una inmediatez comunicativa palpable en la implicación emocional de quienes los aportan, resulta lógico que la gran diversidad geográfica, social y situacional de tales emisores, dentro ya del mismo bando aliado, se traduzca en una variedad lingüística acorde con esas circunstancias.

De ahí que, si hablamos de la comunidad lingüística mayoritaria dentro de ese bando aliado, es decir, la de habla inglesa, sus miembros procedan a dar testimonio expresivo de sus vivencias haciendo uso, en cada caso, de distintas variedades de lengua que, consideradas en términos necesariamente sincrónicos, responden a una variación de tres tipos: diatópica, diastrática y diafásica (cf. Koch/Oesterreicher 2007: 36-37).

La *variación diatópica* se refiere a las diferencias desde el punto de vista espacial. En el caso que nos ocupa, ello se aplica a los estándares regionales de cada uno de los países de habla inglesa que participaron en la campaña asiática, esto es, a los geolectos británico, americano, australiano y del subcontinente indio, así como a variedades dialectales dentro, sobre todo, del primero. A la hora de dar cuenta de ambos tipos de variación diatópica, además de contar con el propio contexto de los ejemplos considerados, procederemos a recurrir a diccionarios monolingües, entre los que destaca el *Oxford English Dictionary* (OED). Su consulta obedece al hecho de que «the varieties of English covered include British English, American English, Australian English [...] the Englishes of the Indian subcontinent [...] among others», y de que sus etiquetas «will give a term's regional origin (e.g. U.S., Australia)», así como «the status or level of language to which it belongs (e.g. slang, dialect)» (OED).

El hecho de que en la referencia anterior los conceptos de *dialect* y *slang* (este último equiparable a «lenguaje jergal») se ven tratados a un mismo nivel pone de manifiesto la proximidad existente entre la variación diatópica y la variación diastrática. Ello se debe a que, como señalan Koch y Oesterreicher (2007: 38), «en la sincronía lo diatópico puede funcionar como diastrático». Dicha *variación diastrática* hace referencia a diferencias de pertenencia a distintos grupos y estratos sociales, de las que —en los ejemplos de *Nemesis* considerados— son reflejo las que rigen entre la clase de la tropa y la oficialidad dentro de las unidades de los ejércitos aliados que participaron en la guerra contra Japón. Las manifestaciones de la variación diastrática en esa obra resultan identificables atendiendo tanto al propio contexto, al igual que en el caso de la variación diatópica, como a la forma en que aparezca escrito el elemento de que se trate. En efecto, dicha forma podrá diferir de la norma estándar, remitiendo así a un registro social, entendido como «a particular style from which the listener reasonably confidently infers what social stereotype the speaker belongs to» (Hervey/Higgins/Loughdrige 1995: 107). Así ocurrirá con la escritura intencionadamente fonética de que son exponentes algunos de los ejemplos de oralidad concepcional trasladada al medio gráfico y que, en inglés, constituye un recurso para representar narrativamente un dialecto no estándar o un sociolecto.

Por lo que respecta a la *variación diafásica*, está referida a los llamados estilos de lengua que se adecuan a situaciones comunicativas determinadas y vienen a corresponderse con marcas de registro, tales como «formal» o «vulgar». En este sentido, y en relación con la cita anterior de Koch y Oesterreicher, hay que hace notar que si, en la sincronía, lo diatópico puede funcionar como diastrático, también lo diastrático puede hacerlo como diafásico (Koch/Oesterreicher 2007: 38). De ahí que la identificación de los elementos vinculados a dicha variación diafásica en *Nemesis* pase por considerar, como en el caso de la variación diastrática, tanto el contexto como la escritura fonética del elemento en cuestión. En efecto, el recurso a esta última contribuye a crear una impresión de iliteracidad que no resulta ajena tanto a ciertos lenguajes jergales como al lenguaje vulgar. Al margen de ello, también será de utilidad consultar el OED, ya que éste «aims to cover the full spectrum of English language usage from formal to slang» (OED). Por lo que respecta a esta última categoría, el sentido de *slang* puede equivaler en términos diafásicos al de «vulgar». Dentro de los ejemplos considerados en el presente ensayo, se situará inmediatamente tras «coloquial», sin llegar, no obstante, a constituir el nivel más bajo de la escala, representado por *coarse slang*, que cabrá asimilar a «soez».

4. La valoración expresiva en los testimonios personales

La valoración expresiva que resulta distintiva de los testimonios personales de *Nemesis* se enmarca en el modelo propio por acciones comunicativas citado en la introducción. Dicho modelo se compone de cuatro funciones que adopta del modelo de Christiane Nord (2003), la fática, la referencial, la expresiva y la apelativa, cada una de las cuales consta de diferentes tipos y subtipos de acciones comunicativas. De entre ellas, la acción expresiva de valorar el referente caracterizándolo apreciativa o emocionalmente (Fernández 2010: 10) es la que subyace a la mencionada valoración expresiva, que ya se reveló apropiada a la hora de dar cuenta del discurso personal de militares alemanes de la Segunda Guerra Mundial en *Die Wehrmacht*.

En el caso de *Nemesis*, sus testimonios presentan elementos marcados no sólo diafásicamente, como en *Die Wehrmacht*, sino también diastrática y diatópicamente. Todos ellos confieren a los enunciados en que se manifiestan un énfasis y una contundencia expresivos (Ruiz Gurillo 2000: 173) que, siendo característicos de la oralidad concepcional, refuerzan la espontánea implicación emocional del emisor, otorgando así una subjetiva veracidad a lo expuesto. Ello rige en mayor medida cuando la valoración del referente resulta ser de signo negativo, como ocurre frecuentemente en los ejemplos objeto de análisis.

5. Elementos lingüísticos que realizan la valoración expresiva

Con relación a los elementos lingüísticos y, más específicamente, léxicos que realizan la valoración expresiva dentro de tales enunciados (y en particular dentro de los ejemplos que se analizarán posteriormente), cabe distinguir los dos tipos que se exponen a continuación.

En primer lugar figuran los mismos elementos que en el análisis de *Die Wehrmacht* servían para caracterizar apreciativa o emocionalmente el referente. Dichos elementos los conforman sustantivos y adjetivos calificativos a los que en *Nemesis*, como ya se ha apuntado, corresponderán a menudo connotaciones negativas. Ello permitirá, por tanto, al emisor llevar a cabo una valoración crítica del referente, sobre todo cuando se trate del enemigo (tal como ocurría en *Die Wehrmacht*), aunque también con relación a un antagonista ideológico dentro del grupo de países aliados o a un adversario dentro de las propias filas.

Por lo que se refiere a los sustantivos, éstos pueden presentarse, bien *per se*, bien formando parte tanto de locuciones nominales como de enunciados fraseológicos. En el primer caso, puede diferenciarse entre sustantivos marcados diatópica, diastrática y diafásicamente. A los primeros pertenece *lass* (ejemplo 8), característico de las variedades dialectales del norte de Inglaterra. Por su parte, los sustantivos que cabe identificar como diastráticamente marcados aparecen bien en testimonios de militares (*the samurais*, ejemplo 10; *the Roosh*, ejemplo 15), bien formando parte del lenguaje de la prensa (*Uncle Joe Stalin*, ejemplo 16). Estos sustantivos se distinguen por una especificidad cultural no exenta de valor afectivo, como revela el hecho de que sirven para designar colectiva o individualmente a miembros de otra cultura en términos tanto negativa como positivamente connotados. Por último, el único ejemplo de sustantivo diafásicamente marcado corresponde a *chah* (ejemplo 4), que, en boca de un soldado raso británico, presenta un registro vulgar inseparable de su adscripción a la jerga soldadesca. Esa confluencia de lo diastrático y lo diafásico, esto es, de lo soldadesco y lo vulgar se da, asimismo, en la locución nominal *sonofabitch* (ejemplo 7), utilizada significativamente por un oficial. Entendidas como formas fijas con sentido unitario que tienen un sustantivo como núcleo, las locuciones nominales pueden pertenecer, dentro de *Nemesis*, también a la lengua estándar, como sucede con *old boy* (ejemplo 12). También en el caso de los enunciados fraseológicos, entendidos como combinaciones fijas que se diferencian de las locuciones por su autonomía funcional (Fernández 2008: 106), conviene destacar la presencia de formas tanto diafásicamente marcadas, en este caso como exponentes del lenguaje coloquial (*keep his pants on*, ejemplo 14; *to beat hell*, ejemplo 19), como pertenecientes al lenguaje estándar (*with no strings on it*, ejemplo 18).

Los adjetivos revelan una variedad lingüística paralela a la observada al tratar los sustantivos. Así, además de un adjetivo dialectal como es *reet* (ejemplo 9), hallamos otro, *Japanni* (ejemplo 2), cuya escritura fonética remite a su valor diastrático en boca de un soldado raso británico. Esa misma escritura fonética caracteriza igualmente a otro adjetivo, *fookin'* (ejemplo 6), al que corresponde un valor intensificador en cuanto que exponente del lenguaje soez. De ese mismo lenguaje soez es expresión otro adjetivo con valor igualmente intensificador (*bloody*, ejemplo 13). Dicho valor contrasta con el valor de atenuación despectiva que, en combinación con un sustantivo igualmente vulgar, presenta el diminutivo *little* en *the little bastard* (ejemplo 20).

En segundo lugar, hay que hablar de elementos lingüísticos que, dada la variedad diatópica, diastrática y diafásica que presentan los testimonios personales plasmados en el ensayo que nos ocupa, se revelan novedosos respecto de los que, dentro del análisis de *La Sombra del Viento* y de *Die Wehrmacht*, realizaban la acción expresiva de valorar el referente caracterizándolo apreciativa o emocionalmente. Dentro de esos nuevos elementos destacan dos categorías de palabras no contempladas en el grupo anterior, y susceptibles también de presentar la triple variedad lingüística ya mencionada, a saber:

a) Pronombres personales, entre los que destaca el dialectal *ye* (ejemplo 1), en el que, enlazando con lo expuesto más arriba, lo diatópico podrá entenderse como diastrático y lo diastrático como diafásico.

b) Formas verbales diatópicamente marcadas, ya sea de forma explícita, como *I've gotten* (ejemplo 17), expresión de inglés norteamericano, ya sea de forma implícita, como el incorrecto *War finish!* (ejemplo 11), interpretable también en términos diastráticos, en boca de un suboficial hindú con escasos conocimientos de inglés. En términos igualmente diastráticos, confluyentes con lo diafásico, puede interpretarse la escritura intencionadamente fonética utilizada en *coulda bin suppin'* (ejemplo 3), para reproducir las palabras del mencionado soldado raso británico. Su discurso se distingue, asimismo, por la presencia del verbo soez *screwin'* (ejemplo 5), en el que la ausencia de la *-g* final de la forma de gerundio vuelve a evidenciar la confluencia entre lo diastrático, esto es, lo descuidado del habla de la clase de la tropa y lo diafásico, esto es, lo vulgarmente obsceno de la misma.

6. La traducción de la oralidad concepcional en *Némesis*

6.1 El concepto de equivalencia funcional

La equivalencia funcional se basa en adoptar las acciones comunicativas como *tertium comparationis* relevante para la traducción. Esa relevancia se debe al hecho de que tales acciones resultan comunes a todas las lenguas, pese a verse realizadas en cada una de ellas mediante elementos lingüísticos propios. De ahí que la equivalencia funcional comporte traducir un elemento del texto base al servicio de una determinada acción comunicativa por otro que, realizando la misma acción en lengua meta, pueda reproducir el efecto del primero de la forma más adecuada posible, teniendo en cuenta tanto las posibilidades de la lengua a que se traduce como las convenciones en ella imperantes (Nord 2003: 3).

En el caso de los testimonios personales de *Némesis* presentes en enunciados de concepción oral, su traducción funcionalmente equivalente supondrá reproducir su característica valoración expresiva recreando el valor connotativo de los elementos diatópica, diastrática y diafásicamente marcados, si no culturalmente específicos, que la realizan. Esa recreación comportará procedimientos destinados a compensar las posibles asimetrías en esos dos planos entre lengua base y lengua meta, así como el recurso a exponentes de la oralidad concepcional en español que respondan a «las expectativas convencionales —culturalmente motivadas— del lector meta al respecto» (Fernández 2009: 245).

6.2 La oralidad concepcional plasmada inicialmente en el medio fónico y su traducción

El primer fragmento, de oralidad concepcional formulada inicialmente en el medio fónico (ejemplos 1-6), se encuadra en el capítulo «El ocaso de los imperios» y forma parte de una obra histórica sobre la guerra del Pacífico, sin que conste la fuente del testimonio aportado por un soldado británico destinado en Birmania.[4]

(1-6) A British infantryman, gazing at bloated corpses on a Burman battlefield, vented the anger and frustration common to almost every Allied soldier in those days, about the enemy's rejection of reason: 'Ye (1) stupid **Japanni** (2) sods! [...] Ye **coulda bin suppin'** (3) **chah** (4) an' **screwin'** (5) geeshas in yer **fookin'** (6) 'lal paper 'ooses [...]' (MH: 347)

Un soldado de infantería británico, contemplando fijamente los cadáveres desventrados de soldados japoneses que yacían en un campo de batalla birmano, dio rienda suelta al enojo y la frustración que en la inmensa mayoría de soldados aliados provocaba la falta de raciocinio nipona: «Ø (1) **Japoneses** (2) de mierda, gilipollas [...] **Podríais estar tomando** (3) el **té** (4) y **follando** (5) con las geishas en vuestra **mierda** (6) de casas de papel [...]» (MHE: 607)

Como puede apreciarse, en la traducción sólo se reproducen los términos marcados diafásicamente que con mayor contundencia contribuyen a dar cuenta del enojo del soldado británico, esto es, *screwin'* (5) y *fookin'* (6). Si empezamos por la traducción de *screwin'*, aunque *follando* representa su equivalente por antonomasia en lo que tiene de soez y, por tanto, de «soldadesco», habría cabido recurrir a verbos más específicos de ese sociolecto, como el traductor los recuerda de su etapa como suboficial de complemento, por ejemplo *quilar*.[5] Sin embargo, y pese al cotexto, un verbo de uso más restringido como el mencionado podría no haber resultado comprensible de un modo tan inmediato y haber restado así intensidad expresiva al testimonio citado. Por lo que se refiere a la traducción de *fookin'*, el adjetivo igualmente soez y con valor no menos intensificador *putas*, referido a las *casas de papel* de los soldados nipones, habría representado un equivalente tan funcionalmente adecuado como la locución adjetival *de mierda*. La elección de esta última se debió a que en el pasaje entre corchetes previo al ejemplo (3) ya se había calificado a los soldados japoneses de *bastards* y, con ello, de *hijos de puta*.

En cuanto al tercer elemento diafásicamente marcado, esto es, el sustantivo vulgar *chah*, la falta de un equivalente de registro similar en español, dada su especificidad

---

[4] Marcaremos en negrita los ejemplos analizados; las omisiones traductoras se indicarán mediante el símbolo Ø.

[5] Quilar: «Realizar el acto sexual» (DEP).

en la cultura británica, aconsejó recurrir al estándar *té*, neutralizando así la marca diastrática del elemento en lengua base. Ese mismo efecto neutralizador se aplica a los tres primeros elementos del fragmento, esto es, al dialectal *ye* —innecesario como vocativo en español— y a dos elementos cuya escritura fonética posee un valor diastrático que no cabe reproducir, sin más, en la lengua meta, si lo expresivo no ha de interferir en lo expositivo. Así lo evidencia la inadecuación funcional que se deriva de reproducir dicha escritura fonética en español. De ello es muestra la traducción de David Flórez, en la que el inicio del presente fragmento se ve reveladoramente plasmado en los siguientes términos: «¡Estupi'os solda'os nipones!» (Flórez 2008).

El segundo fragmento (ejemplo 7) se inscribe en el capítulo «Las bombas atómicas» y hace referencia a los recuerdos de un coronel estadounidense sobre su superior, responsable del proyecto destinado a desarrollar la bomba atómica, tal como aparecen citados, sin más indicaciones, en un libro histórico sobre dicha bomba.

(7) His deputy, Col. Kenneth Nichols, described him as 'the biggest **sonofabitch** I've ever met in my life, but also one of the most capable [...]' (MH: 355)

Su adjunto, el coronel Kenneth Nichols lo definió como «el **hijoputa** más grande con que me he encontrado en toda mi vida, pero también uno de los más capaces [...]» (MHE: 621)

En este caso, la locución nominal vulgar del texto base se reproduce en el texto meta por otra locución de registro equivalente que también aparece escrita como una sola palabra, al igual que ocurre en español en géneros de concepción fundamentalmente oral como, por ejemplo, los cómics. Esa «atropellada» pronunciación remite a la inmediatez expresiva que corresponde a ese término en boca del coronel Nichols, dada su propia implicación emocional respecto de la persona objeto de su imprecación.

En cuanto al tercer fragmento (ejemplos 8 y 9), pertenece, como el anterior, al capítulo «Las bombas atómicas» y da cuenta de los recuerdos de un ama de casa británica, tal como fueron consignados por ella misma en un diario personal.

(8-9) British housewife Nella Last recorded in her diary how she and her Lancashire neighbour received the news: 'Old Joe

Un ama de casa británica, Nella Last, dejó anotado en su diario cómo ella misma y su vecino de Lancashire recibieron

called upstairs, brandishing the *Daily Mail*: "By God, **lass** (8), but it looks as if some of your daft fancies and fears are **reel** (9)". (MH: 374)	la noticia: «El viejo Joe gritó escaleras arriba sin dejar de mostrar la primera página del *Daily Mail*: "Dios mío, **Nella** (8), parece como si algunas de tus fantasías y temores más disparatados se hubieran **hecho realidad** (9)". (MHE: 660)

Aunque sólo el sustantivo *lass*, utilizado aquí como vocativo, se atribuye a los «northern and north midland dialects» (OED), el hecho de que el adjetivo *reel* también representa «a common dialectal variety in the U.K.» (OED), permite adscribirlo al mismo dialecto que el término anterior. A ambos les corresponde, por tanto, un valor diatópico que, resultando plenamente significativo en el texto base para caracterizar al emisor, puede considerarse funcionalmente prescindible en el texto meta, si lo expresivo no ha de volver a interferir en lo expositivo. Así se explica una traducción neutralizadora de ambos elementos motivada porque «la configuración geográfica, y por tanto dialectal, de dos países y dos lenguas no son equiparables, como tampoco lo son las relaciones intrasistémicas que se establecen entre ellos» (Rabadán 1991: 112). Sin embargo, en el caso de *lass*, la neutralización de su valor diatópico no resulta incompatible con la preservación de su valor de connotación afectiva en cuanto que vocativo. Ello se logra justamente gracias a otro vocativo, no marcado diatópicamente, pero capaz de evocar esa afectividad, como sucede con *Nella*, el nombre de pila de la interlocutora.

El cuarto fragmento (ejemplo 10) se encuentra en el capítulo «Manchuria: el zarpazo del oso» y da cuenta de las impresiones que un soldado soviético plasmó en un diario de campaña con un título significativo en ruso, «yo luché contra los samuráis».

(10)	A railway guard at Chita scrounged a cigarette from Smirnov and said: 'What a host is moving east! The **samurais** are in for a bad time, and those rats must know it [...]' (MH: 380)	En la localidad de Chita un guardagujas, tras sacarle un pitillo de rondón, le espetó: «¡Qué de gente va camino del Este! A los **samuráis** les esperan malos tiempos: esas ratas han de aprender la lección [...]» (MHE: 669-670)

El recurso en el texto meta al término *samurai* se justifica por una referencia intratextual previa, por mucho que dicho término pueda también aplicarse en inglés a «any Japanese army officer» (OED). En efecto, justo una página antes de esa cita al diario de Smirnov puede leerse: «la mayoría reconocía refunfuñando que había que encargarse de "los samuráis", como los rusos llamaban despectivamente a los japoneses» (MHE: 668). De ahí que sea en la primera aparición de ese término cuando su especificidad cultural se refleja mediante unas comillas con valor modal que el texto meta no hace sino adoptar del texto base, del mismo modo que sucede cuando ese término aparece sin comillas en posteriores ocasiones.

El quinto fragmento (ejemplo 11) corresponde al capítulo «El último acto» y fue extraído de un libro dedicado a la Segunda Guerra Mundial desde la perspectiva de los países de la *Commonwealth*, sin que se aporten datos precisos sobre la fuente del testimonio citado.

(11) Balwant Singh Bahia, an Indian Army engineer, was sitting with two sergeants in a signal lorry at Tharrawaddy on the main road north of Rangoon, when an NCO called: 'Oh, **war finish! War finish!** They have dropped atom bomb on Japan.' (MH: 405)

Balwant Singh Bahia, miembro del cuerpo de ingenieros del Ejército Indio, se encontraba con dos sargentos en un vehículo de transmisiones emplazado en Tharrawaddy, en la carretera principal al norte de Rangún, cuando un suboficial especialista dijo gritando: «¡Oh, **guerra acabada! ¡Guerra acabada!** Han lanzado bomba atómica en Japón». (MHE: 719-720)

En este caso, la incorrecta forma verbal empleada por el suboficial hindú (*war finish!*) presenta un valor no sólo implícitamente diatópico, al remitir a un territorio de la *Commonwealth* que no tenía el inglés como lengua propia, sino, sobre todo, explícitamente diastrático. Así sucede desde el momento en que las manifiestas carencias en la, en aquellos tiempos, aún lengua oficial de su país permiten adscribir a dicho suboficial a un grupo social con escaso nivel de estudios, por oposición al del ingeniero y compatriota suyo que se hace eco de sus palabras. En ese sentido, la adecuada caracterización funcional del discurso de dicho suboficial en el texto meta no podía sino comportar la recreación de su rudimentario inglés mediante formas verbales igualmente rudimentarias en español, como ocurre con *guerra acabada*.

Por lo que se refiere al siguiente fragmento (ejemplos 12 y 13), se inscribe en el mismo capítulo que el precedente y proviene de un artículo aparecido en octubre de 1945 en el diario británico *Daily Mirror*.

(12-13) When the first parachute food drop landed at the camp on Japan's Shikoku Island where RAF S/Ldr David Grant was held, 'I felt a lump the size of a cricket ball crawling up to my throat. I turned to hide myself. I said to the man next to me: "Will you let me pass, please. I think I am going to cry." "That's OK, **old boy**," (12) he said in a broken voice, "half the **bloody** (13) camp is crying already." (MH: 406)

Cuando los primeros alimentos lanzados en paracaídas llegaron al campo de prisioneros emplazado en la isla japonesa de Shikokua, donde estaba internado el comandante de escuadrón de la RAF David Grant, la emoción lo embargó: «Sentí un enorme nudo en la garganta y casi no podía hablar, así que le dije al que estaba a mi lado: "¿Quieres pasar tú? Creo que me voy a poner a llorar". "No te preocupes Ø (12)", dijo él con la voz rota, "la mitad de este **cochino** (13) campo está llorando ya"». (MHE: 722)

La omisión en el texto meta de la locución nominal *old boy* (ejemplo 12), entendida como «a familiar form of address to a man» (OED), responde al hecho de que ninguno de sus posibles equivalentes en español se juzgó apropiado para reproducir el valor connotativo que, como expresión de solidario afecto masculino, le correspondía en inglés. En efecto, por una parte, se impuso descartar tanto *chico*, dado el riesgo de que evocara una relación no plenamente simétrica contraria al sentido del enunciado, como *chaval*, puesto que a lo anterior cabría sumar una quizá excesiva o displicente confianza poco probable entre oficiales británicos. Por otra parte, y aunque *compañero* e, incluso, *hombre* podría haber resultado un equivalente funcionalmente adecuado, el hecho de considerar que la ausencia de todo vocativo se adecuaba mejor a la «distante» afectividad anglosajona llevó asimismo a no contemplar esa opción. Igualmente problemática se reveló la traducción del ejemplo (13), a causa del valor del soez *bloody* como «a vague epithet expressing anger, resentment, detestation; but often a mere intensive» (OED). En ese sentido, y puesto que *puto* habría podido parecer impropiamente moderno, si no excesivamente contudente, *cochino* acabó resultando la opción menos insatisfactoria, por mucho que *mierda de*, precediendo a *campo*, habría tal vez conjugado más acertadamente intensidad y emotividad.

Si pasamos al último fragmento referido a la oralidad concepcional formulada inicialmente en el medio fónico (ejemplo 14), éste se enmarca en el mismo capítulo que los dos fragmentos anteriores. A diferencia, no obstante, de ambos y de todos los que le preceden y seguirán, el testimonio citado carece de toda referencia a una fuente externa. De ese modo, sólo la circunstancia de que, dentro del texto, MacArthur y Mountbatten se vean presentados como interlocutores permite adscribir a ambos las palabras que el autor pone en boca de cada uno de ellos.

(14) At SEAC, Mountbatten told his staff he was 'at a loss to understand why General MacArthur should wish to impose such a dangerous delay'. MacArthur said loftily to his British liaison officer: 'Tell Lord Louis **to keep his pants on** or he will get us all into trouble.' Mountbatten responded: 'Tell him I will keep my pants on if he will take Hirohito's off.' (MH: 416)

En esas circunstancias, Lord Mountbatten, jefe del Mando Aliado del Sudeste Asiático (SEAC), confesó a los miembros de su Estado Mayor sentirse «incapaz de entender por qué el general MacArthur deseaba imponer un aplazamiento tan peligroso». MacArthur, altanero, le hizo llegar el siguiente mensaje a través de su oficial de enlace británico: «Dígale a Lord Mountbatten **que se esté tranquilito** o nos meterá a todos en líos», a lo que el aludido respondió: «Dígale que yo me estaré tranquilito cuando él se ate los machos con Hirohito». (MHE: 742-743)

Como puede apreciarse, el enunciado fraseológico coloquial *to keep one's pants on*, en el sentido de «to keep calm» (OED), formulado inicialmente por MacArthur, se ve retomado por Mountbatten dando lugar así a un irónico juego de palabras. De ahí que su adecuada traducción comportara hallar un equivalente en español con similar valor coloquial que, además, recreara, en lo posible, ese juego de palabras. Dada la imposibilidad de reproducir la alternancia rimada entre *on* y *off*, el adjetivo de la expresión finalmente escogida, esto es, *estarse tranquilo*, se vio convenientemente sufijado en *-ito*. Ello respondía tanto al hecho de que este diminutivo rimaba con las dos últimas sílabas de la última palabra del enunciado, esto es, *Hirohito*, como de que la «capacidad para la expresión afectiva» (Lázaro Mora 1999) propia de ese diminutivo contribuía a intensificar el valor irónico de dicho enunciado.

6.3 La oralidad concepcional plasmada directamente en el medio gráfico y su traducción

El primer fragmento referido a la oralidad concepcional plasmada directamente en el medio gráfico (ejemplos 15 y 16) se inscribe en el capítulo «Las bombas atómicas» y pertenece a una carta escrita por un general estadounidense a su familia desde Filipinas refiriéndose a la intervención soviética en la guerra contra Japón.

(15-16) From Luzon, Maj.-Gen. Joseph Swing […] wrote home in May, dismissing reported British fears about the perils of admitting the Soviets to the Asian war: 'Everybody want **the Roosh** (15) as soon as he will come and the more the merrier. As to what **Uncle Joe Stalin** (16) will get in the East…he'll demand and probably get anything he wants.' (MH: 350)

En ese sentido, resulta revelador lo que, en una carta a su familia escrita desde Luzón, manifestaba el general de división Joseph Swing […] desestimando los temores expresados por los británicos respecto de los riesgos inherentes a una participación soviética en la guerra de Asia: «Todos quieren que **los rusos** (15) lleguen cuanto antes y cuantos más, mejor. En cuanto a lo que el "**padrecito**" **Stalin** (16) consiga en el Este… seguro que pedirá y que, posiblemente, se quedará con todo lo que quiera». (MHE: 611)

Por lo que respecta al sustantivo genérico *the Roosh* (ejemplo 15), su traducción por *rusos* se debió a la ausencia de un equivalente con similares connotaciones en español. Ello supuso neutralizar el matiz familiar apreciable en la escritura fonética de ese término y que, tal vez, habría cabido preservar hablando, no sin cierta ironía, de *nuestros amigos los rusos*. En cuanto al hipocorístico representado por *Uncle Joe* referido a Iósiv (José) Stalin (ejemplo 16), el traductor lo interpretó como una creación personal del general Swing, desconociendo que se trataba de un término acuñado por la prensa propagandística estadounidense durante la Segunda Guerra Mundial (cf. Zuljan 2003). Por consiguiente, en lugar de mantener ese hipocorístico en inglés añadiendo una nota explicativa a pie de página, como habría resultado seguramente más pertinente, el traductor se centró en recrear el afecto burlón subyacente a dicho hipocorístico recurriendo a un término equivalente que evocara en el lector meta tanto lo connotativamente apreciativo como lo específicamente ruso. Ese equivalente no fue otro que *padrecito*, que, debidamente entrecomillado, vinculaba así a Stalin con la autocrática y a la vez patriarcal figura del zar.

El segundo fragmento de oralidad concepcional plasmada directamente en el medio gráfico (ejemplos 17 y 18) pertenece al mismo capítulo que el anterior y proviene de una carta del presidente Harry S. Truman a su esposa sobre la entrada de la URSS en la guerra contra Japón.

(17-18) The president wrote to his wife Bess next day: '[…] Anyway a start has been made

Refiriéndose a ello, Truman escribía al día siguiente a su esposa lo siguiente: «[…]

and I've **gotten** (17) what I came for — Stalin goes to war August 15 **with no strings on it** (18) [...]' (MH: 363)	De todos modos, ya se ha dado un primer paso y **he conseguido** (17) lo que vine a buscar: Stalin va a entrar en guerra, **sin más condiciones** (18), el quince de agosto [...]» (MHE: 638)

Por lo que se refiere a *gotten* (ejemplo 17), como forma verbal propia del inglés hablado norteamericano (cf. OALD), la ausencia en lengua meta de un equivalente capaz de evocar adecuadamente el tono familiar derivado del recurso a dicha variante diatópica, comportó la utilización de la forma estándar correspondiente en español. Por otra parte, el hecho de que Truman, como uno de los «Tres Grandes», utilizara el enunciado fraseológico de registro igualmente estándar *with no strings on it* (ejemplo 18) en alusión al máximo dirigente de la URSS, aconsejó traducir dicho enunciado de forma comparativamente menos idiomática en español (*sin más condiciones*). De ese modo, se garantizaba que la caracterización de Stalin por parte de todo un presidente de Estados Unidos se ajustaría en mayor medida a las expectativas del lector meta respecto del grado de formalidad, comparativamente mayor, que, convencionalmente, cabría esperar de Truman refiriéndose en español a otro de los «Tres Grandes».

Si pasamos a considerar el siguiente fragmento (ejemplo 19), éste se enmarca, al igual que los precedentes, en el capítulo dedicado a las bombas atómicas y reproduce un pasaje del diario personal escrito por Truman durante la Conferencia de Potsdam.

| (19) | Truman was not overawed by the greatest Englishman. 'We had a most pleasant conversation,' he wrote of their first meeting, in a characteristic passage of his Potsdam diary. '[...]. I am sure we can get along if he doesn't try to give me too much soft soap. You know, soft soap is made of ash hopper rye and it burns **to beat hell** when it gets into the eyes.' (MH: 365) | Truman, por su parte, no dejó que la presencia del más grande de los líderes británicos acabara intimidándole, tal como anotó el presidente estadounidense en una de las características entradas de su diario de Potsdam: [...] «Estoy seguro de que nos llevaremos bien si no intenta darme demasiado jabón, ya sabes, del que luego escuece **que es un horror** cuando te entra en los ojos». (MHE: 642) |

Al igual que en el fragmento anterior, un enunciado fraseológico, esto es, *to beat hell*, al que, en razón de su sustantivo, corresponde un registro que «ranges from informal to impolite» (OED) sirve a Truman para caracterizar al tercero de los dignatarios participantes en la Conferencia de Potsdam. De ahí que, por coherencia intratextual respecto del discurso previo del presidente estadounidense, la expresión empleada en el texto meta para dar cuenta de dicho enunciado (*que es un horror*) resulte ahora comparativamente menos «campechana», a fin de responder de nuevo a las expectativas culturalmente motivadas del lector meta.

En cuanto al último fragmento vinculado a la oralidad concepcional plasmada directamente en el medio gráfico (ejemplo 20), éste se inscribe, como los tres precedentes, en el capítulo sobre las bombas atómicas y presenta el testimonio, extraído de su diario personal, de un cabo británico destinado en Birmania.

(20) British corporal of 14th Army in Burma George Macdonald Fraser noted: 'It is now widely held that the dropping of atomic bombs was unnecessary because the Japanese were ready to give in... I wish those who hold that view had been present to explain the position to the **little bastard** who came howling out of a thicket near the Sittang, full of spite and fury, in that first week of August [...]'.
(MH: 375)

Un cabo británico del 14° Ejército destinado en Birmania, George Macdonald Fraser, escribió por aquel tiempo lo siguiente en su diario: «Ahora todo el mundo dice que no habría hecho falta lanzar las bombas atómicas porque los japoneses estaban ya a punto de entregarse... Me gustaría que los que dicen eso hubieran estado conmigo la primera semana de agosto para explicárselo al **cabrón** que salió de entre unos matorrales cerca de Sittang, aullando y corriendo con toda su mala leche hacia nosotros [...]».
(MHE: 661)

Dentro del ejemplo que nos ocupa, *little*, más que hacer referencia meramente a la complexión del soldado japonés, se utiliza en sentido despectivo «to convey an implication of [...] depreciation» (OED) que se aplica al sustantivo vulgar *bastard*, entendido aquí «as the equivalent of "fellow", "chap"» (OED). Cabría, por tanto, haber traducido la combinación de ambos elementos por un sustantivo de registro igualmente vulgar caracterizado mediante el sufijo *-ete*, toda vez que éste aporta «una especie de aprecio burlador, capaz igualmente de [...] descalificar y despreciar» (Lázaro Mora 1999: 4673). Pese a ello, no fue el diminutivo *cabroncete* la opción finalmente escogida sino *cabrón* propiamente dicho, que, dado lo atenuante del enunciado, se prefirió al más contundente *hijo(de)puta*, en cuanto que traducción más próxima al sentido de *bastard*.

Efectivamente, basándose de nuevo en su relativa familiaridad con el sociolecto militar, el traductor consideró que *cabroncete*, por su propia condición de diminutivo, resultaba demasiado afectivo para caracterizar a un miembro del ejército oponente. En cambio, *cabrón*, proferido con la debida entonación, podría evocar con intensidad convencionalmente más apropiada la implicación emocional del protagonista de la imprecación respecto de su, aunque vencido, no por ello menos visceral enemigo.

7. Conclusiones

Tal como revela el análisis de los ejemplos de oralidad concepcional formulados inicialmente en el medio fónico y los plasmados directamente en el medio gráfico, aunque unos y otros sean exponente de una misma inmediatez comunicativa vinculada a la implicación emocional del emisor, los primeros presentan una mayor profusión y variedad de marcas diatópicas, diastráticas y diafásicas que los últimos, por oposición, no obstante, a lo que sucede con los elementos culturalmente específicos. Así pues, ese medio gráfico limita la presencia de elementos con un valor connotativo que remita a lo tabú en aquellos testimonios personales en los que la palabra hablada no precedió a la palabra escrita a la hora de caracterizar apreciativa y emocionalmente el referente. Ello sucede en tanta mayor medida cuanto más elevado resulta el estatus social del emisor, comportando, además, diferencias culturalmente motivadas respecto al grado de formalidad con que resulta posible trasladar el discurso oralmente escrito de dichos emisores en español, tal y como revelan los ejemplos relativos a los escritos personales de Truman.

En cuanto a la evocación en el texto meta del valor connotativo de tales marcas y elementos, sólo de forma excepcional cabe reproducir las marcas diatópicas y diastráticas, tal como es el caso, respectivamente, con el afectivo *lass* (ejemplo 7) y con el «iletrado» *war finish* (ejemplo 11), sin recurrir, por tanto, a una traducción neutralizadora. De ahí que las marcas diafásicas acaben supliendo a las diatópicas y diastráticas a la hora de caracterizar apreciativa o emocionalmente el referente, toda vez que los registros a ellas asociados sí pueden, en general, verse preservados en lengua meta, gracias a su base léxica, siempre que no se trate de términos idiosincráticos de la cultura base, tal como ocurre con *chah* (ejemplo 4). Con relación, justamente, a los términos culturalmente específicos sin más, su recreación viene dada por el grado de distancia respecto de la cultura meta. De ahí que no quepa traducir *the Roosh* (ejemplo 15) más que por un término estándar, a diferencia de *Uncle Joe Stalin* (ejemplo 16) y sobre todo de *the samurais* (ejemplo 10) en cuanto que término ruso metalingüísticamente equidistante de las culturas británica y española.

8. Corpus

MH = Hastings, Max (2007). *Nemesis. The Battle for Japan, 1944-1945*. London: Harper Press.

MHE = Hastings, Max (2008). *Némesis. La derrota del Japón. 1944-1945*. Traducción de Cecilia Belza y Gonzalo García, con la colaboración de Francesc Fernández y Noelia Jiménez. Barcelona: Crítica.

9. Referencias bibliográficas

DEP = SANTILLANA (ed.). *ELPAÍS.com. Diccionario castellano*. [Madrid]: Ediciones El País. URL: <http://www.elpais.com/diccionarios/castellano>; fecha de consulta: 30-6-2010.

FERNÁNDEZ, Francesc (2008). «El habla coloquial y vulgar en *La Sombra del Viento*». En BRUMME, Jenny; RESINGER, Hildegard (eds.) (2008). *La oralidad fingida: obras literarias. Descripción y traducción*. Con la colaboración de Amaia Zaballa. Madrid: Iberoamericana; Frankfurt: Vervuert. 101-119.

FERNÁNDEZ, Francesc (2009). «La traducción al español del discurso personal de militares alemanes sobre la guerra de exterminio en *La Wehrmacht*». En ALSINA, Victòria; ANDÚJAR, Gemma; TRICÁS, Mercè (eds.) (2009). *La representación del discurso individual en traducción*. Frankfurt: Peter Lang. 239-255.

FERNÁNDEZ, Francesc (2010). *Las convenciones de género en alemán y español: el ejemplo del folleto de cursos de idiomas*. Saarbrücken: VDM.

FLÓREZ, David (2008). «Total War (y III)» (27-11-2008). En FLÓREZ, David (2005-). *Caminando en círculos. De esto y aquello, de acá y acullá, sin rumbo, pero con escalas... Bloc de internet*. Madrid: David Flórez. URL: <http://encirculos.blogspot.com/2008/11/total-war-y-iii.html>; fecha de consulta 30-6-2010.

HERVEY, Sándor; HIGGINS, Ian; LOUGHRIDGE, Michael (1995). *Thinking German Translation. A course in translation method: German to English*. London: Routledge.

KOCH, Peter; OESTERREICHER, Wulf (2007). *Lengua hablada en la Romania: español, francés, italiano*. Traducción de Araceli López Serena. Madrid: Gredos.

LÁZARO MORA, Fernando Á. (1999). «La derivación apreciativa». En BOSQUE, Ignacio; DEMONTE, Violeta (dirs.) (1999). *Gramática descriptiva de la lengua española*. Vol. 3, *Entre la oración y el discurso. Morfología*. Madrid: Espasa. 4645-4682.

NORD, Christiane (2003). *Kommunikativ handeln auf Spanisch und Deutsch. Übersetzungsorientierte komparative Stilistik*. Wilhelmsfeld: gottfried egert.

OALD = WEHMEIER, Sally (ed.) (2005-). *Oxford Advanced Learner's Dictionary*. Oxford: Oxford University Press. URL: <http://www.oup.com/elt/catalogue/teachersites/oald7/?cc=global>; fecha de consulta 30-6-2010.

OED = SIMPSON, John; WEINER, Edmund (eds.) (2000-). *Oxford English Dictionary Online.* Oxford: Oxford University Press. URL: <http://www.oed.com>; fecha de consulta 30-6-2010.

RABADÁN, Rosa (1991). *Equivalencia y traducción. Problemática de la equivalencia translémica inglés-español.* León: Universidad de León.

RUIZ GURILLO, Leonor (2000). «La fraseología». En BRIZ, Antonio; Grupo Val.Es.Co (2000). *¿Cómo se comenta un texto coloquial?* Barcelona: Ariel. 169-189.

STANLEY, Peter (2007). «Nemesis: The Battle for Japan, 1944-45, Max Hastings». *Defender. The National Journal of the Australia Defence Association* 24/3. 37. URL: <http://ada.asn.au/defender/Spring2007/Review-Nemesis(Defender,Spring2007).pdf>; fecha de consulta 30-6-2010.

ZULJAN, Ralph (2003). «Uncle Joe». En ZULJAN, Ralph (2001-) *OnWar.com.* Bloc de internet. S. l.: Ralph Zuljan. URL: <http://www.onwar.com/articles/0011.htm>; fecha de consulta 30-6-2010.

TRANSÜD. Arbeiten zur Theorie und Praxis des Übersetzens und Dolmetschens

Die Bände 1 bis 5 sind bei der Peter Lang GmbH erschienen und dort zu beziehen.

Bd. 6 Przemysław Chojnowski: Zur Strategie und Poetik des Übersetzens. Eine Untersuchung der Anthologien zur polnischen Lyrik von Karl Dedecius. 300 Seiten. ISBN 978-3-86596-013-9

Bd. 7 Belén Santana López: Wie wird *das Komische* übersetzt? *Das Komische* als Kulturspezifikum bei der Übersetzung spanischer Gegenwartsliteratur. 456 Seiten. ISBN 978-3-86596-006-1

Bd. 8 Larisa Schippel (Hg.): Übersetzungsqualität: Kritik – Kriterien – Bewertungshandeln. 194 Seiten. ISBN 978-3-86596-075-7

Bd. 9 Anne-Kathrin D. Ende: Dolmetschen im Kommunikationsmarkt. Gezeigt am Beispiel Sachsen. 228 Seiten. ISBN 978-3-86596-073-3

Bd. 10 Sigrun Döring: Kulturspezifika im Film: Probleme ihrer Translation. 156 Seiten. ISBN 978-3-86596-100-6

Bd. 11 Hartwig Kalverkämper: „Textqualität". Die Evaluation von Kommunikationsprozessen seit der antiken Rhetorik bis zur Translationswissenschaft. ISBN 978-3-86596-110-5

Bd. 12 Yvonne Griesel: Die Inszenierung als Translat. Möglichkeiten und Grenzen der Theaterübertitelung. 362 Seiten. ISBN 978-3-86596-119-8

Bd. 13 Hans J. Vermeer: Ausgewählte Vorträge zur Translation und anderen Themen. Selected Papers on Translation and other Subjects. 286 Seiten. ISBN 978-3-86596-145-7

Bd. 14 Erich Prunč: Entwicklungslinien der Translationswissenschaft. Von den Asymmetrien der Sprachen zu den Asymmetrien der Macht. 442 Seiten. ISBN 978-3-86596-146-4 (vergriffen, siehe Band 43 der Reihe)

Bd. 15 Valentyna Ostapenko: Vernetzung von Fachtextsorten. Textsorten der Normung in der technischen Harmonisierung. 128 Seiten. ISBN 978-3-86596-155-6

Bd. 16 Larisa Schippel (Hg.): TRANSLATIONSKULTUR – ein innovatives und produktives Konzept. 340 Seiten. ISBN 978-3-86596-158-7

Bd. 17 Hartwig Kalverkämper/Larisa Schippel (Hg.): Simultandolmetschen in Erstbewährung: Der Nürnberger Prozess 1945. Mit einer orientierenden Einführung von Klaus Kastner und einer kommentierten fotografischen Dokumentation von Theodoros Radisoglou sowie mit einer dolmetsch-wissenschaftlichen Analyse von Katrin Rumprecht. 344 Seiten. ISBN 978-3-86596-161-7

Frank & Timme

TRANSÜD. Arbeiten zur Theorie und Praxis des Übersetzens und Dolmetschens

Bd. 18 Regina Bouchehri: Filmtitel im interkulturellen Transfer. 174 Seiten.
ISBN 978-3-86596-180-8

Bd. 19 Michael Krenz/Markus Ramlow: Maschinelle Übersetzung und XML im Übersetzungsprozess. Prozesse der Translation und Lokalisierung im Wandel. Zwei Beiträge, hg. von Uta Seewald-Heeg. 368 Seiten. ISBN 978-3-86596-184-6

Bd. 20 Hartwig Kalverkämper/Larisa Schippel (Hg.): Translation zwischen Text und Welt – Translationswissenschaft als historische Disziplin zwischen Moderne und Zukunft. 700 Seiten. ISBN 978-3-86596-202-7

Bd. 21 Nadja Grbić/Sonja Pöllabauer: Kommunaldolmetschen/Community Interpreting. Probleme – Perspektiven – Potenziale. Forschungsbeiträge aus Österreich. 380 Seiten. ISBN 978-3-86596-194-5

Bd. 22 Agnès Welu: Neuübersetzungen ins Französische – eine kulturhistorische Übersetzungskritik. Eichendorffs *Aus dem Leben eines Taugenichts*. 506 Seiten. ISBN 978-3-86596-193-8

Bd. 23 Martin Slawek: Interkulturell kompetente Geschäftskorrespondenz als Garant für den Geschäftserfolg. Linguistische Analysen und fachkommunikative Ratschläge für die Geschäftsbeziehungen nach Lateinamerika (Kolumbien). 206 Seiten. ISBN 978-3-86596-206-5

Bd. 24 Julia Richter: Kohärenz und Übersetzungskritik. Lucian Boias Analyse des rumänischen Geschichtsdiskurses in deutscher Übersetzung. 142 Seiten. ISBN 978-3-86596-221-8

Bd. 25 Anna Kucharska: Simultandolmetschen in defizitären Situationen. Strategien der translatorischen Optimierung. 170 Seiten. ISBN 978-3-86596-244-7

Bd. 26 Katarzyna Lukas: Das Weltbild und die literarische Konvention als Übersetzungsdeterminanten. Adam Mickiewicz in deutschsprachigen Übertragungen. 402 Seiten. ISBN 978-3-86596-238-6

Bd. 27 Markus Ramlow: Die maschinelle Simulierbarkeit des Humanübersetzens. Evaluation von Mensch-Maschine-Interaktion und der Translatqualität der Technik. 364 Seiten. ISBN 978-3-86596-260-7

Bd. 28 Ruth Levin: Der Beitrag des Prager Strukturalismus zur Translationswissenschaft. Linguistik und Semiotik der literarischen Übersetzung. 154 Seiten. ISBN 978-3-86596-262-1

Bd. 29 Iris Holl: Textología contrastiva, derecho comparado y traducción jurídica. Las sentencias de divorcio alemanas y españolas. 526 Seiten. ISBN 978-3-86596-324-6

Frank & Timme

TRANSÜD. Arbeiten zur Theorie und Praxis des Übersetzens und Dolmetschens

Bd. 30　Christina Korak: Remote Interpreting via Skype. Anwendungsmöglichkeiten von VoIP-Software im Bereich Community Interpreting – Communicate everywhere? 202 Seiten. ISBN 978-3-86596-318-5

Bd. 31　Gemma Andújar/Jenny Brumme (eds.): Construir, deconstruir y reconstruir. Mímesis y traducción de la oralidad y la afectividad. 224 Seiten. ISBN 978-3-86596-234-8

Bd. 32　Christiane Nord: Funktionsgerechtigkeit und Loyalität. Theorie, Methode und Didaktik des funktionalen Übersetzens. 338 Seiten. ISBN 978-3-86596-330-7

Bd. 33　Christiane Nord: Funktionsgerechtigkeit und Loyalität. Die Übersetzung literarischer und religiöser Texte aus funktionaler Sicht. 304 Seiten. ISBN 978-3-86596-331-4

Bd. 34　Małgorzata Stanek: Dolmetschen bei der Polizei. Zur Problematik des Einsatzes unqualifizierter Dolmetscher. 262 Seiten. ISBN 978-3-86596-332-1

Bd. 35　Dorota Karolina Bereza: Die Neuübersetzung. Eine Hinführung zur Dynamik literarischer Translationskultur. 108 Seiten. ISBN 978-3-86596-255-3

Bd. 36　Montserrat Cunillera/Hildegard Resinger (eds.): Implicación emocional y oralidad en la traducción literaria. 230 Seiten. ISBN 978-3-86596-339-0

Bd. 37　Ewa Krauss: Roman Ingardens „Schematisierte Ansichten" und das Problem der Übersetzung. 226 Seiten. ISBN 978-3-86596-315-4

Bd. 38　Miriam Leibbrand: Grundlagen einer hermeneutischen Dolmetschforschung. 324 Seiten. ISBN 978-3-86596-343-7

Bd. 39　Pekka Kujamäki/Leena Kolehmainen/Esa Penttilä/Hannu Kemppanen (eds.): Beyond Borders – Translations Moving Languages, Literatures and Cultures. 272 Seiten. ISBN 978-3-86596-356-7

Bd. 40　Gisela Thome: Übersetzen als interlinguales und interkulturelles Sprachhandeln. Theorien – Methodologie – Ausbildung. 622 Seiten. ISBN 978-3-86596-352-9

Bd. 41　Radegundis Stolze: The Translator's Approach – Introduction to Translational Hermeneutics. Theory and Examples from Practice. 304 Seiten. ISBN 978-3-86596-373-4

Bd. 42　Silvia Roiss/Carlos Fortea Gil/María Ángeles Recio Ariza/Belén Santana López/ Petra Zimmermann González/Iris Holl (eds.): En las vertientes de la traducción e interpretación del/al alemán. 582 Seiten. ISBN 978-3-86596-326-0

Frank & Timme

TRANSÜD. Arbeiten zur Theorie und Praxis des Übersetzens und Dolmetschens

Bd. 43   Erich Prunč: Entwicklungslinien der Translationswissenschaft. 3., erweiterte und verbesserte Auflage (1. Aufl. 2007. ISBN 978-3-86596-146-4). 528 Seiten. ISBN 978-3-86596-422-9

Bd. 44   Mehmet Tahir Öncü: Die Rechtsübersetzung im Spannungsfeld von Rechtsvergleich und Rechtssprachvergleich. Zur deutschen und türkischen Strafgesetzgebung. 380 Seiten. ISBN 978-3-86596-424-3

Bd. 45   Hartwig Kalverkämper/Larisa Schippel (Hg.): „Vom Altern der Texte". Bausteine für eine Geschichte des interkulturellen Wissenstransfers. 456 Seiten. ISBN 978-3-86596-251-5

Bd. 46   Hannu Kemppanen/Marja Jänis/Alexandra Belikova (eds.): Domestication and Foreignization in Translation Studies. 240 Seiten. 978-3-86596-470-0

Bd. 47   Sergey Tyulenev: Translation and the Westernization of Eighteenth-Century Russia. A Social-Systemic Perspective. 272 Seiten. ISBN 978-3-86596-472-4

Bd. 48   Martin B. Fischer/Maria Wirf Naro (eds.): Translating Fictional Dialogue for Children and Young People. 422 Seiten. ISBN 978-3-86596-467-0

Bd. 49   Martina Behr: Evaluation und Stimmung. Ein neuer Blick auf Qualität im (Simultan-)Dolmetschen. 356 Seiten. ISBN 978-3-86596-485-4

Bd. 50   Anna Gopenko: Traduire le sublime. Les débats de l'Église orthodoxe russe sur la langue liturgique. 228 Seiten. ISBN 978-3-86596-486-1

Bd. 51   Lavinia Heller: Translationswissenschaftliche Begriffsbildung und das Problem der performativen Unauffälligkeit von Translation. 332 Seiten. ISBN 978-3-86596-470-0

Bd. 52   Claudia Dathe/Renata Makarska/Schamma Schahadat (Hg.): Zwischentexte. Literarisches Übersetzen in Theorie und Praxis. 300 Seiten. ISBN 978-3-86596-442-7

Bd. 53   Regina Bouchehri: Translation von Medien-Titeln. Der interkulturelle Transfer von Titeln in Literatur, Theater, Film und Bildender Kunst. 334 Seiten. ISBN 978-3-86596-400-7

Bd. 54   Nilgin Tanış Polat: Raum im (Hör-)Film. Zur Wahrnehmung und Repräsentation von räumlichen Informationen in deutschen und türkischen Audiodeskriptionstexten. 138 Seiten. ISBN 978-3-86596-508-0

Bd. 55   Eva Parra Membrives/Ángeles García Calderón (eds.): Traducción, mediación, adaptación. Reflexiones en torno al proceso de comunicación entre culturas. 336 Seiten. ISBN 978-3-86596-499-1

Frank & Timme

TRANSÜD. Arbeiten zur Theorie und Praxis des Übersetzens und Dolmetschens

Bd. 56 Yvonne Sanz López: Videospiele übersetzen – Probleme und Optimierung. 126 Seiten. ISBN 978-3-86596-541-7

Bd. 57 Irina Bondas: Theaterdolmetschen – Phänomen, Funktionen, Perspektiven. 240 Seiten. ISBN 978-3-86596-540-0

Bd. 58 Dinah Krenzler-Behm: Authentische Aufträge in der Übersetzerausbildung. Ein Leitfaden für die Translationsdidaktik. 480 Seiten. ISBN 978-3-86596-498-4

Bd. 59 Anne-Kathrin Ende/Susann Herold/Annette Weilandt (Hg.): Alles hängt mit allem zusammen. Translatologische Interdependenzen. Festschrift für Peter A. Schmitt. 544 Seiten. ISBN 978-3-86596-504-2

Bd. 60 Saskia Weber: Kurz- und Kosenamen in russischen Romanen und ihre deutschen Übersetzungen. 256 Seiten. ISBN 978-3-7329-0002-2

Bd. 61 Silke Jansen/Martina Schrader-Kniffki (eds.): La traducción a través de los tiempos, espacios y disciplinas. 366 Seiten. ISBN 978-3-86596-524-0

Bd. 62 Annika Schmidt-Glenewinkel: Kinder als Dolmetscher in der Arzt-Patienten-Interaktion. 130 Seiten. ISBN 978-3-7329-0010-7

Bd. 63 Klaus-Dieter Baumann/Hartwig Kalverkämper (Hg.): Theorie und Praxis des Dolmetschens und Übersetzens in fachlichen Kontexten. 756 Seiten. ISBN 978-3-7329-0016-9

Bd. 64 Silvia Ruzzenenti: «Präzise, doch ungenau» – Tradurre il saggio. Un approccio olistico al *poetischer Essay* di Durs Grünbein. 406 Seiten. ISBN 978-3-7329-0026-8

Bd. 65 Margarita Zoe Giannoutsou: Kirchendolmetschen – Interpretieren oder Transformieren? 498 Seiten mit CD. ISBN 978-3-7329-0067-1

Bd. 66 Andreas F. Kelletat/Aleksey Tashinskiy (Hg.): Übersetzer als Entdecker. Ihr Leben und Werk als Gegenstand translationswissenschaftlicher und literaturgeschichtlicher Forschung. 376 Seiten. ISBN 978-3-7329-0060-2

Bd. 67 Ulrike Spieler: Übersetzer zwischen Identität, Professionalität und Kulturalität: Heinrich Enrique Beck. 340 Seiten. ISBN 978-3-7329-0107-4

Bd. 68 Carmen Klaus: Translationsqualität und Crowdsourced Translation. Untertitelung und ihre Bewertung – am Beispiel des audiovisuellen Mediums *TEDTalk*. 180 Seiten. ISBN 979-3-7329-0031-1

Bd. 69 Susanne J. Jekat/Heike Elisabeth Jüngst/Klaus Schubert/Claudia Villiger (Hg.): Sprache barrierefrei gestalten. Perspektiven aus der Angewandten Linguistik. 276 Seiten. ISBN 978-3-7329-0023-7

Frank & Timme

TRANSÜD. Arbeiten zur Theorie und Praxis des Übersetzens und Dolmetschens

Bd. 70   Radegundis Stolze: Hermeneutische Übersetzungskompetenz. Grundlagen und Didaktik. 402 Seiten. ISBN 978-3-7329-0122-7

Bd. 71   María Teresa Sánchez Nieto (ed.): Corpus-based Translation and Interpreting Studies: From description to application / Estudios traductológicos basados en corpus: de la descripción a la aplicación. 268 Seiten. ISBN 978-3-7329-0084-8

Bd. 72   Karin Maksymski/Silke Gutermuth/Silvia Hansen-Schirra (eds.): Translation and Comprehensibility. 296 Seiten. ISBN 978-3-7329-0022-0

Bd. 73   Hildegard Spraul: Landeskunde Russland für Übersetzer. Sprache und Werte im Wandel. Ein Studienbuch. 360 Seiten. ISBN 978-3-7329-0109-8

Bd. 74   Ralph Krüger: The Interface between Scientific and Technical Translation Studies and Cognitive Linguistics. With Particular Emphasis on Explicitation and Implicitation as Indicators of Translational Text-Context Interaction. 482 Seiten. ISBN 978-3-7329-0136-4

Bd. 75   Erin Boggs: Interpreting U.S. Public Diplomacy Speeches. 154 Seiten. ISBN 978-3-7329-0150-0

Bd. 76   Nathalie Mälzer (Hg.): Comics – Übersetzungen und Adaptionen. 404 Seiten. ISBN 978-3-7329-0131-9

Bd. 77   Sophie Beese: Das (zweite) andere Geschlecht – der Diskurs „Frau" im Wandel. Simone de Beauvoirs *Le deuxième sexe* in deutscher Erst- und Neuübersetzung. 264 Seiten. ISBN 978-3-7329-0141-8

Bd. 78   Xenia Wenzel: Die Übersetzbarkeit philosophischer Diskurse. Eine Übersetzungskritik an den beiden englischen Übersetzungen von Heideggers *Sein und Zeit*. 162 Seiten. ISBN 978-3-7329-0199-9

Bd. 79   María-José Varela Salinas/Bernd Meyer (eds.): Translating and Interpreting Healthcare Discourses/Traducir e interpretar en el ámbito sanitario. 266 Seiten. ISBN 978-3-86596-367-3

Bd. 80   Susanne Hagemann: Einführung in das translationswissenschaftliche Arbeiten. Ein Lehr- und Übungsbuch. 360 Seiten. ISBN 978-3-7329-0125-8

Bd. 81   Anja Maibaum: Spielfilm-Synchronisation. Eine translationskritische Analyse am Beispiel amerikanischer Historienfilme über den Zweiten Weltkrieg. 144 Seiten mit CD. ISBN 978-3-7329-0220-0

Bd. 82   Sybille Schellheimer: La función evocadora de la fraseología en la oralidad ficcional y su traducción. 356 Seiten. ISBN 978-3-7329-0232-3

Frank & Timme

TRANSÜD. Arbeiten zur Theorie und Praxis des Übersetzens und Dolmetschens

Bd. 83 Franziska Heidrich: Kommunikationsoptimierung im Fachübersetzungsprozess. 276 Seiten. ISBN 978-3-7329-0262-0

Bd. 84 Cristina Plaza Lara: Integración de la competencia instrumental-profesional en el aula de traducción. 222 Seiten mit CD. ISBN 978-3-7329-0309-2

Bd. 85 Andreas F. Kelletat/Aleksey Tashinskiy/Julija Boguna (Hg.): Übersetzerforschung. Neue Beiträge zur Literatur- und Kulturgeschichte des Übersetzens. 366 Seiten. ISBN 978-3-7329-0234-7

Bd. 86 Heidrun Witte: Blickwechsel. Interkulturelle Wahrnehmung im translatorischen Handeln. 274 Seiten. ISBN 978-3-7329-0333-7

Bd. 87 Susanne Hagemann/Julia Neu/Stephan Walter (Hg.): Translationslehre und Bologna-Prozess: Unterwegs zwischen Einheit und Vielfalt / Translation/Interpreting Teaching and the Bologna Process: Pathways between Unity and Diversity. 434 Seiten. ISBN 978-3-7329-0311-5

Bd. 88 Ursula Wienen/Laura Sergo/Tinka Reichmann/Ivonne Gutiérrez Aristizábal (Hg.): Translation und Ökonomie. 274 Seiten. ISBN 978-3-7329-0203-3

Bd. 89 Daniela Eichmeyer: Luftqualität in Dolmetschkabinen als Einflussfaktor auf die Dolmetschqualität. Interdisziplinäre Erkenntnisse und translationspraktische Konsequenzen. 144 Seiten. ISBN 978-3-7329-0362-7

Bd. 90 Alexander Künzli: Die Untertitelung – von der Produktion zur Rezeption. 264 Seiten. ISBN 978-3-7329-0393-1

Bd. 91 Christiane Nord: Traducir, una actividad con propósito. Introducción a los enfoques funcionalistas. 228 Seiten. ISBN 978-3-7329-0410-5

Bd. 92 Fabjan Hafner/Wolfgang Pöckl (Hg.): „... übersetzt von Peter Handke" – Philologische und translationswissenschaftliche Analysen. 294 Seiten. ISBN 978-3-7329-0443-3

Bd. 93 Elisabeth Gibbels: Lexikon der deutschen Übersetzerinnen 1200–1850. 216 Seiten. ISBN 978-3-7329-0422-8

Bd. 94 Encarnación Postigo Pinazo: Optimización de las competencias del traductor e intérprete. Nuevas tecnologías – procesos cognitivos – estrategias. 194 Seiten. ISBN 978-3-7329-0392-4

Bd. 95 Marta Estévez Grossi: Lingüística Migratoria e Interpretación en los Servicios Públicos. La comunidad gallega en Alemania. 574 Seiten. ISBN 978-3-7329-0411-2

Frank & Timme